건주기정도기

建州紀程圖記

인문학 학술총서④

건주기정도기

建州紀程圖記

申忠一 원저·申海鎭 역주

1595년 12월 22일부터 1596년 1월 5일까지 만포첨사 군관의 정탐 보고서
누르하치 성의 견문록, 경유지 약도, 발문 등 역주
〈건주기정도기〉 관련 문헌 자료 영인

보고사

이 책은 2017년도 한국연구재단 대학 인문역량 강화사업(CORE)
지원에 의해 출판되었음

머리말

이 책은 임진왜란 중에 건주위(建州衛) 누르하치에게 답서를 전하고 그곳 정세를 정탐한 신충일(申忠一, 1554~1622)의 보고서 〈건주기정도기(建州紀程圖記)〉를 번역하고 주석한 것이다.

건주위도독(建州衛都督) 누르하치는 임진왜란이 발발하자 조선과 명나라를 위해 구원병을 보내겠다고 자청했을 뿐만 아니라, 1595년 7월 5일에는 90여 명의 부하를 만포(滿浦)로 보내 그곳 첨사(僉使)에게 '앞서 4월에 건주여진 땅으로 들어와 사로잡은 조선인 14명과 물자를 돌려보낼 터이니 두 나라가 서로 영구히 사이좋게 지내자.'는 서계(書契)를 보내면서 회답을 요구하였다. 당시 조선은 이 서계를 거절하고 받지 않았지만 전란 중인 마당에 북방의 변경에서 소요가 일어날까 염려하여 7월 25일에 만포첨사로 하여금 답장하게 했는바, 그 대강의 뜻은 "쇄환한 사람이 14명이나 되니, 후의를 가상히 여긴다. 그러므로 나온 사람들에게 잔치를 베풀어 주고 또 상품을 주어 보낸다. 다만 명나라 조정에서 법으로 금지하여 우리나라가 그대들과 국경이 서로 가깝지만 사적으로 왕래하지 못한 지가 이미 오래되었다. 지금 만약 명나라의 법을 어기고 전에 없었던 준례를 만들어 국경을 넘어 마음대로 인삼을 캐도록 하면, 두 곳의 백성 간에 사사로운 틈이 생겨 호의(好意)를 잃게 될 뿐만 아니라, 명나라 조정에서도 반드시 옳지 않게 여길 것이다."는 내용이다. 이는 문서를 교환하며 서로 교섭하지 않던 때에 예기치 못한 상황의 전개이었던 것이다.

바로 이러한 때, 건주여진인(建州女眞人) 28명이 평안도 위원군(渭原郡)에 인삼을 캐러 월경하자, 군수 김대축(金大畜)이 27명이나 되는 대부분을 죽이는 과정에서 동해로(童海老)만 겨우 살아간 사건이 발생했다. 이러한 사건이야 한두 번 일어난 것이 아니지만, 이번에는 누르하치가 복수하기 위해 많은 인마(人馬)를 모아서 압록강이 얼기를 기다려 서쪽 변경을 침입하리라는 풍문이 전해졌다. 당시 조선은 일본과 전쟁 중에 있던 터라, 그들의 침입을 방비할 만한 여력이 전혀 없었다. 그리하여 8월 13일 선조(宣祖)는 평양 부근에 주둔 중인 명나라 유격(遊擊) 호대수(胡大受)에게 그의 부하를 누르하치에게 보내어 "여진과 조선은 모두 천조(天朝)의 속국이라 그 영토가 분명할지니, 너희 여진은 압록강을 넘어서 사사로이 조선과 통하지 말 것이며, 조선도 천조의 명이 없는 한 사사로이 여진과 통할 수 없는 일이다."고 하면서 조선과 화평하게 지내도록 중재해 줄 것을 부탁하기로 하였다.

　　다행히도 호대수는 조선의 부탁을 받아들여 자신의 부하 여희원(余希元)을 만포로 보냈고, 만포에 도착한 여희원은 8월 18일 조선의 여진통사(女眞通事) 하세국(河世國)에게 유격 호대수의 선유문(宣諭文)을 주어 누르하치를 만나도록 하였다. 10월 18일에야 선유관 여희원의 가정(家丁) 양대조(楊大朝)와 함께 누르하치에게 호대수의 선유문을 전하러 갔던 하세국이 만포로 돌아올 때 누르하치는 그의 부장(副將)인 마신(馬臣) 등을 동행케 하였으니, 11월 2일 만포에 도착한 마신 등은 다시 만포첨사에게 서계(書契)를 제출하였다. 또 하세국이 가지고 온 누르하치의 서간에 '조선과 평화롭게 지내기를 원한다.'는 내용이 있어 선조(宣祖)가 다행으로 여겼다. 뿐만 아니라 마신 등은 여희원에게 직접 선유(宣諭)도 들었는데, 이때 여희원은 마신 일행에게 다음해 정월에 상으로 많은 물품을 가지고 직접 누르하치를 찾아가 만나겠다고 약속하였다.

이 약속을 지키기 위해 여희원이 방문할 때 조선은 여진통사 하세국만 동행케 할 것이 아니라 그곳 정세를 제대로 탐문할 만한 인물도 더불어 동행하게 하려 했으니, 이를 위해 선발된 이가 바로 남부주부(南部主簿) 신충일이다.

그런데 유격 호대수가 여희원이 돌아오기를 기다리며 회첩(回帖)을 미루자, 11월 18일 비변사(備邊司)에서 북방의 상황이 한창 급한 때이니 별도의 계략이 있고 일을 아는 무신(武臣) 1인을 뽑아서 하세국과 함께 하루라도 빨리 누르하치에게 달려가게 하여 한편으로는 개유(開諭)하고 또 한편으로는 정탐케 하자고 한다. 이에 여러 논란들이 있었지만, 11월 23일 비변사에서는 "신충일·하세국 등을 만포첨사 류염(柳濂)의 답서만 가지고 급급히 먼저 들여보내어 형편을 살펴보고 알맞은 계책으로 응하는 것이 시기에 합당할 듯하다. 여희원이 온 뒤에 유격의 답서가 있으면 또 별도로 사람을 차임하여 보내는 것도 역시 해롭지 않다."고 하였다. 그리하여 이 의견이 채용되자, 신충일이 여희원과는 별도로 즉시 서울을 출발해 만포로 가게 되었던 것이다.

신충일은 1595년 12월 22일부터 1596년 1월 5일까지 만포첨사 류염(柳濂)의 군관으로서 답서를 가지고 가 전달하고 누르하치의 회첩을 받아 돌아왔는데, 그 일련의 과정에 대한 보고서가 바로 〈건주기정도기(建州紀程圖記)〉이다. 1595년 12월 22일 만포진을 떠나 건주까지 가면서 경유한 산천과 지명, 촌락의 다소, 군비의 유무를 기록한 지도를 작성하고, 성내에 있는 누르하치 집의 약도와 외성(外城)에 있는 누르하치의 아우 슈르가치 집의 약도도 그렸다. 자신이 누르하치의 성에 머물면서 견문한 사항을 97개조로 나누어 기록했고, 끝에는 그의 당숙 신숙(申熟)의 발문이 붙어 있어, 이 문헌의 저술경위를 알 수 있다.

이 〈건주기정도기〉는 《선조실록》 권71에 1596년 1월 30일 3번째 기사로 수록되어 있으나, 지도가 있다는 기록만 있고 실제 지도는 없다. 또 성해응(成海應, 1760~1839)의 《연경재전집(研經齋全集)》 외집(外集) 권50에 수록되었으나, 실록에 없던 지도가 있지만 신충일 보고서의 요약본이다. 그러다가 1939년 8월 하순에 신충일의 후손가에서 발견되어 이인영(李仁榮, 1911~?)이 『진단학보』 10호(진단학회, 1939.6)에 도면은 초서로 된 필사체로, 97개 조목은 활자체로 수록함으로써 그 전모가 비로소 공개되었다. 곧이어 1940년 8월에 조선인쇄주식회사가 출간한 『건주기정도기해설』의 〈건주기정도기〉는 진단학보 수록본과 동일하나 도면이 없는 대신 도면에 있던 초서의 글자들이 활자화되었을 뿐이다. 다만, 이인영이 진단학보 10호에 게재했던 「신충일의 건주기정도기에 대하야」라는 자신의 글을 한역(漢譯)하여 수록한 것이 다른 점이다.

한편, 후손가에서 발견된 소장본이 1940년 조선인쇄주식회사에서 활자화되어 출간될 때 원본 그대로 200부 한정판 두루마리가 영인된 것으로 확인되나 실체를 알 수가 없었다. 1970년 대만의 대련국풍출판사에서 간행한 『개국사료(開國史料)』 3에 수록된 〈건주기정도록〉은 초서로 된 필사체의 원전이 전반부에 첨부되어 있고 후반부에 그것을 활자화하였는지라, 비로소 원래의 모습이 어떠했는지 대강이라도 알 수 있게 되었다. 그럼에도 이 지도에 물은 청색, 길은 적색, 산은 묵으로 그렸다고 소개한 글이 있는 것을 보면, 영인 자료들이 컬러가 아닌 흑백의 평면지인데서 오는 한계로 말미암아 두루마리의 온전한 실체를 보지 못하고 있는 셈이다.

이 책은 실록의 번역에 대해 정밀히 검토하면서 『진단학보』 게재 〈건주기정도기〉의 역주 작업을 한 것인데, 누르하치의 회첩(回帖), 도면상의 단어를 제외한 문장, 신숙의 발문에 대해서도 역주 작업을 병행하여 그 완역을 한 셈이다. 또한 성해응의 요약문 〈기정도기〉와 〈제

건주기정후(題建州紀程後)〉도 역주 작업을 하였다. 아울러 이인영이 처음으로 해설한 「신충일의 건주기정도기에 대하야」라는 글도 오늘날 독자들이 보다 읽기 쉽도록 윤문하여 실었을 뿐만 아니라, 이인영이 직접 한역한 자료도 실었다. 그리고 〈건주기정도기〉와 관련된 문헌자료의 이미지도 모두 책 말미에 영인하여 첨부하였다.

이제, 관련 연구자들에게 기여할 수 있기 바라며 〈건주기정도기〉를 상재하니, 대방가의 질정을 청하는 바다. 이 책이 선약해(宣若海)의 〈심양사행일기〉(보고사, 2013)와 위정철(魏廷喆)의 〈심양왕환일기〉(보고사, 2014) 등과 함께 다양한 분야에서 새롭게 조명되기를 희망한다. 끝으로 편집을 맡아 수고해 주신 보고사 가족들의 노고와 따뜻한 마음에 심심한 고마움을 표한다.

2017년 10월 빛고을 용봉골에서
무등산을 바라보며 신해진

차 례

영인자료

일러두기

이 책은 다음과 같은 요령으로 엮었다.

1. 번역은 직역을 원칙으로 하되, 가급적 원전의 뜻을 해치지 않는 범위 내에서 호흡을 간결하게 하고, 더러는 의역을 통해 자연스럽게 풀고자 했다.

2. 원문은 저본을 충실히 옮기는 것을 위주로 하였으나, 활자로 옮길 수 없는 古體字는 今體字로 바꾸었다.

3. 원문표기는 띄어쓰기를 하고 句讀를 달되, 그 구두에는 쉼표(,), 마침표(.), 느낌표(!), 의문표(?), 홑따옴표(' '), 겹따옴표(" "), 가운데점(·) 등을 사용했다.

4. 주석은 원문에 번호를 붙이고 하단에 각주함을 원칙으로 했다. 독자들이 사전을 찾지 않고도 읽을 수 있도록 비교적 상세한 註를 달았다. 단, 원저자의 주석은 번역문에 '협주'라고 명기하여 구별하도록 하였다.

5. 주석 작업을 하면서 많은 문헌과 자료들을 참고하였으나 지면관계상 일일이 밝히지 않음을 양해바라며, 관계된 기관과 여러분들께 진심으로 감사드린다.

6. 이 책에 사용한 주요 부호는 다음과 같다.

   1) ( )　　: 同音同義 한자를 표기함.
   2) [ ]　　: 異音同義, 出典, 교정 등을 표기함.
   3) " "　　: 직접적인 대화를 나타냄.
   4) ' '　　: 간단한 인용이나 재인용, 강조나 간접화법을 나타냄.
   5) 〈 〉　　: 편명, 작품명, 누락 부분의 보충 등을 나타냄.
   6) 「 」　　: 시, 제문, 서간, 관문, 논문명 등을 나타냄.
   7) 《 》　　: 문집, 작품집 등을 나타냄.
   8) 『 』　　: 단행본, 논문집 등을 나타냄.

7. 신충일과 〈건주기정도기〉 관련한 글은 다음과 같다.(연도순)

이인영, 「申忠一의 〈建州紀程圖記〉에 대하야: 최근 발견 淸初史料」, 『진단학보』 10,
　　진단학회, 1939.6. 134-144면.

이인영, 『韓國滿洲關係史硏究』, 을유문화사, 1954.

서병국, 「宣祖 25년경의 建州女眞」, 『백산학보』, 백산학회, 1970, 61-98면.

최호균, 「조선중기 對女眞관계의 연구」, 성균관대학교 대학원 박사학위논문, 1995.8.

최호균, 「申忠一의 建州女眞 파견과 對女眞 認識의 변화」, 『논문집』 20, 상지영서대학,
　　2001.8.

주경희, 「建州女眞의 성장과 조선과의 교섭」, 경북대학교 교육대학원 석사학위논문,
　　2008.

유지원, 「조선인의 기록을 통해 본 滿洲의 都城」, 『열린정신 인문학연구』 13, 원광대학교
　　인문학연구소, 2012.6. 5-40면.

계승범, 「Nurhaci in Korean Source, 1594-1622(조선사료 속의 누르하치, 1594~1622)」,
　　『international Journal of Korean History』 21, 고려대학교 한국사연구소, 2016. 87-119면.

장정수, 「16세기 말~17세기 초 朝鮮과 建州女眞의 배후 교섭과 申忠一의 역할」, 『한국인물
　　사연구』 25, 한국인물사연구회, 2016. 133-183면.

『진단학보』10호
(1939)

建州紀程圖記

신(臣)이 지난해(1595년) 11월 이십 며칠에 조정을 떠나 **12월 15일** 강계(江界)에 이르렀습니다. 마침 부사(府使) 허욱(許頊)이 방비를 점검하고 감독하기 위해 자신의 경내에 있는 진보(鎭堡)에 나가 있어서 강계부에 그대로 머물며 그가 돌아오기를 기다렸습니다. 17일 그가 임소로 돌아와 마침내 서로 만나서 변방 오랑캐의 정세에 대해 물어야 할 것을 묻고는 반전(盤纏: 노잣돈 따위)을 마련해 **20일** 출발하여 **21일** 만포진(滿浦鎭)에 도착하였습니다. 그곳에서 길을 인도할 호인[嚮導胡人]이 오기를 기다렸는데, 날이 저물어지자 이파(梨坡)에 사는 추장 동여을고(童汝乙古)와 동퍅응고(童愎應古) 등이 나왔습니다. **22일** 아침에 전(前) 첨사(僉使: 만포첨사) 류렴(柳濂)이 회원관(懷遠館)에 나와 있다가 두 호인(胡人)을 불러 술과 음식을 먹이고 각각 쌀과 피륙을 준 뒤로, 신(臣)은 향통사(鄕通事: 통역관) 나세홍(羅世弘)과 하세국(河世國) 및 만포진의 노비 강수(姜守), 신(臣)의 노비 춘기(春起) 등과 함께 점심 때 만포진을 떠나서 얼어붙은 압록강(鴨綠江)을 건너 누르하치[奴酋]의 집을 향해 갔습니다.

 22일부터 28일까지 지나간 곳의 일은 도면에 기록하여 실었습니다.

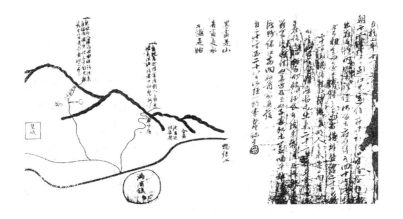

금암(金岩)은 심사손(沈思遜)이 살해된 곳입니다.

하나, 심사손이 살해된 후로 호인(胡人)들은 이파(梨坡)에서 이 길로 오가는 것이 일절 중단되었습니다.

하나, 이파에 사는 호인들이 귀순할 때 이 길로 해서 오고갔습니다. 만포(滿浦)에서 이파(梨坡)까지의 거리는 30여 리입니다. 부락은 십 몇 채였는데, 추장(酋長)은 동여을고(童汝乙古)라 하였습니다.

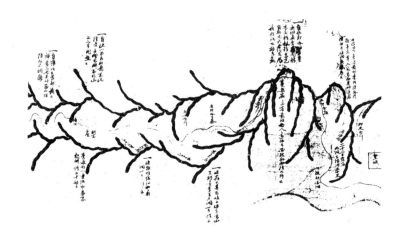

하나, 자피동(者皮洞)은 곧 만차(蔓遮) 부락의 오랑캐 추장 이아장합(李阿將哈)이 신해년(1551)에 고산리(高山里)를 쳐들어왔을 때 그 마을에서 자피선(者皮船)을 만들었기 때문에 이름을 붙인 것이라 합니다.

자피동(者皮洞)。

22일, 한데에서 잤습니다.

이 동네는 만포로부터 50리 거리에 떨어져 있습니다.

하나, 구랑합동(仇郞哈洞)에서 만차동(蔓遮洞)이 끝나는 곳에 이르기까지 그 사이에는 숲을 이룬 나뭇가지들이 서로 얽혀 있고 소나무들이 하늘에 닿은 듯했으며, 절로 말라 죽은 나무의 크고 작은 가지들이 바람에 꺾여 길에 널렸는데 그 수를 셀 수가 없었습니다.

만차령(蔓遮嶺)의 고갯마루에는 서낭당[叢祠]이 있는데, 호인(胡人)들이 이곳을 지나는 자는 반드시 공경히 절한 뒤에야 간다고 하였습니다.

하나, 이 만차령은 그다지 높거나 가파르지 않다고 하였습니다. 이곳은 고산리(高山里)의 건너편 쪽에 있는 이만호동(李萬戶洞)으로부터 하루길 정도라고 하였습니다.

열어령(列於嶺).

하나, 이곳에서 압록강의 가을헌동(加乙軒洞)과의 거리는 하루에 갈 수 있다고 하였습니다.

부을갸천(夫乙家川).

하나, 여기부터 서쪽으로 누르하치[奴酋]의 집에 이르기까지 지나간 곳에는 들판을 일구지 않은 곳이 없었고 심지어 산꼭대기에도 또한 개간한 곳이 많았습니다.

묵힌 땅이나 생땅을 일구어 밭을 만드는 데에는 겨우 20여 일이면 되었습니다.

노루목[獐項].

하나, 노루목에서 영 부락(營部落)에 이르기까지 거의 6,7리 정도 되었는데, 양쪽의 산이 험준하였고 수목이 **빽빽**하였습니다.

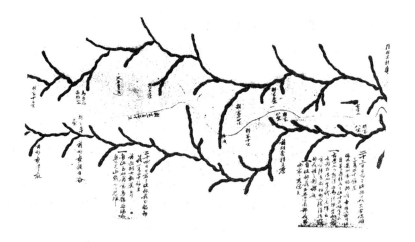

호인의 집이 8채 있었습니다.

23일, 이 부락에서 머물러 묵었는데, 자피동(者皮洞)과의 거리는 110여 리입니다.

그곳은 바로 건주위(建州衛) 초기의 부락입니다. 동저닥고(童楮叱古)가 만차동(蔓遮洞)에서 이곳으로 옮겨와 산 지 15여 년이 되었다고 하였습니다.

하나, 옛 군영의 언덕은 바로 조선의 군대가 진을 친 곳이라 하였으나, 오직 노인들이 전하는 말만 있고 그 연대도 자세히 알 수 없었습니다.

영(營)이란 글자가 한어(漢語)로 잉(剩)이라 하기 때문에, 호인(胡人)들은 한어를 좇아서 그 부락을 명명하여 잉(剩) 부락이라 하였습니다.

하나, 그 부락에서 왕골적(王骨赤) 부락에 이르기까지 남녀들이 집집마다 가득하였습니다.

호인의 집이 120채 있었습니다.

24일, 이 부락에서 머물러 묵었는데, 첫 부락과의 거리는 50리입니다.

추장 오랑캐 여자는 쵸기(椒箕)였습니다.

하나, 여기서부터 누르하치의 집에 이르기까지 까막까치와 까마귀나 솔개 등을 전혀 보지 못했고, 산과 들에서 또한 꿩을 보지 못했습니다.

말 50여 필을 들판에서 방목하였습니다.

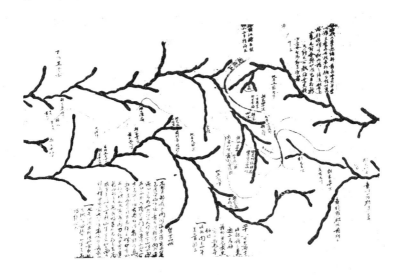

성천(性川)。

하나, 토성에는 바로 만차(蔓遮)의 여러 부족이 있었는데, 추장(酋長) 이대두(李大斗)·이이난주(李以難主)·이림고치(李林古致) 등이 용맹한 사내 천여 명을 뽑아 거느리고 이 토성에 살면서 누르하치[奴酋]의 침범을 공동으로 막아내었지만, 누르하치가 마침내 무리들을 거느리고 쳐들어와서 싸우게 되자, 네 번이나 서로 맞붙어 싸웠고 게다가 버텨냈으나 끝내 대적할 수가 없어서 한밤중을 틈타 목숨을 건지기 위해 달아나 지금 행방불명이 된 자는 셀 수가 없다고 하였습니다.

다시 돌아올 때에 이 고개를 넘으면서 울영산성(鬱靈山城) 보기를 바랐습니다.

하나, 파저강(波猪江)의 근원은 이파(梨坡)의 북쪽으로 이틀거리 정도
되는 곳에서 흘러나온다고 하였습니다.

호인의 집이 50여 채 있었습니다.

25일, 이 부락에서 머물러 묵었는데, 만차(蔓遮)와 60여 리가 떨어져
있습니다.

집안에서 전마(戰馬) 50여 필을 기르고 있었습니다.

소령(小嶺)。

하나, 이 부락은 남쪽으로 산양회(山羊會)와 사흘거리라고 하였습니다.

울영산성(鬱靈山城)。

하나, 니구리(尼求里) 부락의 서남 방향에 산 하나가 유달리 가파르게
하늘 한가운데 높이 솟아 있어서 멀리 산꼭대기를 바라보니, 보일락
말락 석성(石城)이 비스듬히 서쪽으로 구불구불 둘러 있어 그것에 대해
묻자, 바로 야로강(也老江) 가에 하늘이 만들어낸 울영산성으로 사면에
석벽(石壁)이 깎아지른 듯하고 남쪽에 있는 석문(石門)을 통해서만 통행할
수 있어 한 장정이 관문을 지키면 만 명의 군사도 뚫고 들어올 수 없다
는 험준한 곳인데, 노인들 전하는 말에 조선의 군대가 주둔하던 곳이
나 그 연대를 자세히 알 수가 없다고 하였습니다. 성안에는 강물이 흘
러 자피선(者皮船)을 띄울 만하며, 또한 동굴이 있어 동굴 안에는 칼과
창, 갑옷과 투구들이 많이 쌓여있는데 그것들을 취하기만 하면 곧 죽
었기 때문에 지금까지도 그대로 있다고 하였습니다. 니구리(尼求里) 부
락과는 하룻길 정도 떨어져 있고, 산양회(山羊會)와는 북쪽으로 나흘길
정도 떨어져 있다고 하였습니다. 성안에는 호인(胡人)의 집들이 일흔 여

든 채인데 마가(麻家)를 추장으로 삼았다고 하였습니다.

하나, 야로강(也老江)의 근원은 애양(靉陽) 지방의 동쪽에서 흘러나오
는데, 파저강(波猪江)과 합쳐져 산양회(山羊會) 앞에서 압록강(鴨綠江)으로
흘러간다고 하였습니다.

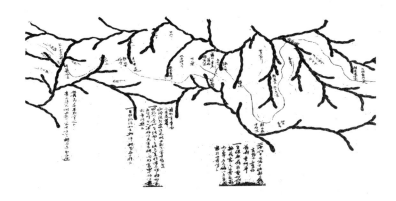

호인의 집이 50여 채 있었습니다.

26일, 이 부락에 머물러 묵었는데, 이하(籬下)와는 90여 리 정도 떨어
져 있습니다.

노루목[獐項]。

하나, 이 부락에서 동시벌이(童時伐伊) 부락에 이르기까지 집집마다
집지키는 남녀 약간 명만을 남겨두고 그 나머지는 설을 쇠는 일 등으로
노추성(奴酋城)에 돌아갔다고 하였습니다.

산 끝자락이 우뚝 솟은 곳에 목책(木柵)을 설치하였는데, 그 위에는
궁가(宮家)를 10여 곳에 배치하였습니다.

연대(烟臺)。

하나, 왈미천(曰彌川)의 북쪽 강변에 길이 있어 물었더니 이곳에서 30

리쯤 되는 길이라 하였습니다. 석성(石城)이 있어 성안에는 호인(胡人)의 집 5채가 성 밖에는 60여 채가 있었으며, 또 목책이 있어 목책 안에는 호인의 집 40여 채가 있었는데 추호(酋胡)는 동아수(童阿愁)라고 하였습니다.

하나, 왈미천(曰彌川)에서 길 북쪽으로 여허(如許) 지경까지는 닷새거리라고 하였습니다.

산봉우리의 정상에 목책 하나를 설치하였는데, 그 위에는 궁가(弓家)를 10여 곳에 배치하였고 목책 안에는 집 3채를 지었습니다.

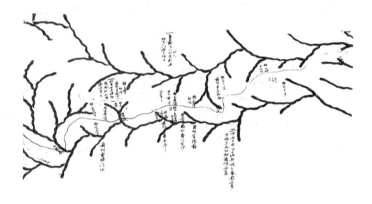

호인(胡人)의 집 8채가 지금은 빈 채로 있었습니다.
말 8필과 소 7필이 들에서 방목되고 있었습니다.

27일, 이 부락에 머물러 묵었는데, 교로(喬老)까지는 70여 리 떨어져 있고, 서쪽으로 노추성(奴酋城)까지의 거리는 60여 리입니다.

하나, 소을고(蘇乙古) 부락에서 북쪽으로 홀라온(忽剌溫) 지경까지는 엿새나 이레 거리라고 하였습니다.

호로령(胡老嶺)。

하나, 누르하치[奴酋]가 이 부락에서 세거하다가 지금은 임고타(林古打)로 옮겨 산 지 10년이라고 하였습니다.

하나, 이 고개로 해서 동남쪽으로 쏜살같이 달려가 3일이면 대길호리(大吉號里)에 도달할 수 있을 것이라고 하였습니다.

하나, 이 부락에는 배나무 한 그루가 있었습니다.

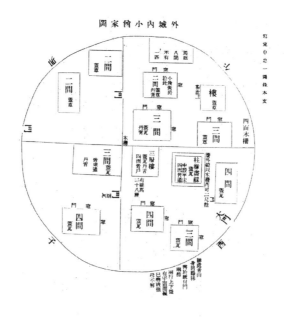

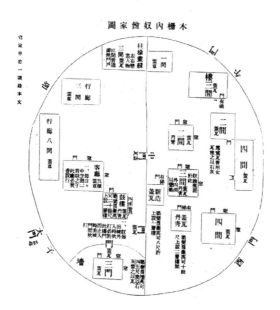

하나, 누르하치[奴酋]의 집은 슈르가치[小酋]의 집 북쪽에 있되 남향으로 만들어 배치해 놓았고, 슈르가치의 집은 누르하치의 집 남쪽에 있되 북향으로 만들어 배치해 놓았습니다.

하나, 외성(外城)의 둘레는 겨우 10리이었고, 내성(內城)의 둘레는 2마장(馬場)쯤 되었습니다.

하나, 외성은 먼저 돌로써 위로 두서너 자쯤 쌓은 다음에 연목(椽木)을 깔고, 또 돌로써 위로 두서너 자를 쌓은 뒤에 또 연목을 깔았습니다. 이렇게 하기를 마쳤는데, 높이는 10여 자 남짓하고 성벽 안팎은 모두 진흙으로 발랐으며 성가퀴[雉堞]도 활터도 격대(隔臺: 성 위에 드문드문 지은 집)도 해자(垓子: 성 주위에 둘러 판 못)도 없었습니다.

하나, 외성문(外城門)은 나무판자로 만들었지만 또한 자물쇠가 없어서 문을 닫은 뒤에 나무로 빗장처럼 가로질렀는데, 마치 우리나라의 장군목(將軍木) 방식과 같았습니다. 외성문 위에는 적루(敵樓)를 설치하고 풀로 덮었습니다만, 내성문(內城門)은 외성문과 같은 방식이나 문루(門樓)가 없었습니다.

하나, 내성을 쌓은 방식 또한 외성을 쌓은 방식과 같으나 원첩(垣堞)과 격대(隔臺)가 동문에서 남문을 지나 서문에 이르기까지 있었습니다만, 내성의 위에는 적을 살피며 경계하는 판자집[板屋]이 설치되었으나 지붕 덮개가 없이 사다리를 설치해 오르내리었습니다.

하나, 내성의 안에다 또 목책(木柵)을 설치하고 그 목책 안에서 누르하치[奴酋]가 살고 있었습니다.

하나, 내성 안에는 호인(胡人)의 집이 100여 채, 외성 안에는 호인의 집이 겨우 300여 채, 외성 밖의 사면에는 호인의 집이 400여 채가 되었습니다.

하나, 내성 안에는 친근한 일가붙이가 살고, 외성 안에는 모든 장수 및 그 겨레붙이가 살며, 외성 밖에 사는 자는 모두 군인들이라고 하였습니다.

하나, 외성의 밑바닥은 넓이가 네다섯 자 남짓하고 상단은 한두 자 남짓하며, 내성의 밑바닥은 넓이가 일고여덟 자 남짓하고 상단의 넓이도 같았습니다.

하나, 성안에는 샘물[泉井]이 겨우 네댓 곳이고 흐르는 물줄기가 길지 못하기 때문에, 성안의 사람들은 시내에서 얼음장을 떠내어 들것에 싣고 끌어들이기를 아침저녁으로 끊이지 않았습니다.

하나, 밤새도록 단지 북 세 번만을 칠 뿐 달리 야경을 돌거나 불침번을 서는 일이 없었으며, 외성문은 닫지만 내성문은 열어둔 채 닫지 않았습니다.

하나, 호인의 목책(木柵)은 마치 우리나라의 담장이나 울타리 같았는데, 집집마다 목책을 설치하기는 했지만 견고한 것이라고는 부락마다 서너 곳에 불과하였습니다.

하나, 성곽에는 방비하는데 쓰는 기구들을 볼 수 없었습니다.

하나, 노추성(奴酋城)에서 서북쪽으로 상국(上國: 명나라) 무순(撫順)까지의 거리는 이틀길이며, 서쪽으로 청하(淸河)까지의 거리는 하룻길이

며, 서남쪽으로 애양(靉陽)까지의 거리는 사흘길이며, 남쪽으로 신보(新
堡)까지의 거리는 나흘길이며, 남쪽으로 야로강(也老江)까지의 거리는
사흘길이며, 야로강에서 남쪽으로 압록강(鴨綠江)까지의 거리는 하룻길
이라 하였습니다.

　하나, 28일 미시(未時: 오후 1~3시)경 일행이 누르하치[奴酋] 집에 이르
러 곧장 그 목책 안에 있는 이른바 객청(客廳)이라고 하는 곳에 도착하
니, 마신(馬臣)·동양재(佟羊才)·왜내(歪乃) 등이 찾아와서 신(臣)을 보고
는 누르하치의 말을 신(臣)에게 전하면서 말하기를, "험난한 먼 길을 오
느라 수고하였으며, 정성스러운 뜻이 참으로 은근하니 깊이 감사해 마
지않는다." 하고 이어 문서를 가지고 왔는지 여부를 물어서 신(臣)이 대
답하기를, "우리 첨사(僉使: 柳濂)께서는 도독(都督: 누르하치의 명나라 직
함)이 차장(次將)에게 맡겨 보냈기 때문에 통역관이나 졸예(卒隸)들이 허
둥지둥 대강 답장을 보낼 수 없다 하였다. 이에 사자(使者)를 보내어 회
답의 글[回帖]을 가지고 가게 했으며, 오는 도중에 특별히 괴롭고 고생
스러운 일이 없었으니 무슨 수고로움이 있었겠는가?" 하고 마침내 회
답하는 글을 꺼내어 건네주며 보냈습니다. 조금 뒤에 누르하치가 중문
(中門) 밖에 나와서 서로 만나 보기를 원하였는데, 신(臣)은 누르하치 앞
에 서고 나세홍(羅世弘)과 하세국(河世國)은 신(臣)의 좌우로 조금 뒤에 서
서 상견례(相見禮)를 행하였고, 예식이 끝나자 조촐한 술자리를 베풀었
습니다. 마신(馬臣) 등으로 하여금 신(臣)을 객청(客廳)에서 위로하게 하
고, 신(臣)에게 일러 그대로 객청에 유숙하도록 하였습니다. 신이 생각
하건대 만약 여기에 머물러 있으면 오랑캐의 온갖 실정을 들을 길이
없을 것으로 여겨져서 핑계를 대며 말하기를, "몸에 질병이 많아 따뜻
한 방에서 조리하기를 원한다."고 하였더니, 마침내 신(臣)을 외성(外城)

안의 동친자합(童親自哈) 집에 묵도록 해주었습니다.

하나, 신(臣)들이 입성했던 날 저녁이 되자, 마신(馬臣)이 동친자합(童親自哈) 집에 찾아와 말하기를, "말먹이가 외곽 변두리에 있어서 미처 가져오지 못해 보내줄 수가 없으니, 오늘은 그대가 갖추어 드려라."고 하였습니다.

하나, 신이 반전(盤纏: 노잣돈)으로 가져간 동로구(銅爐口: 놋쇠로 만든 작은 솥) 2개, 숟가락 20매, 젓가락 20쌍, 종이 뭉치, 선어물 등을 마신(馬臣)에게 보이며 말하기를, "우리가 오는 도중에 혹여 부족한 것이 생길까 염려하여 이 물건들을 가져왔는데, 지금 별로 쓸 곳이 없어 도독(都督: 누르하치의 명나라 직함)에게 바치려 하니 이러한 뜻이 어떠한가?" 하자, 마신이 말하기를, "그렇게 해도 무방한 일이다." 하는지라, 신(臣)은 즉시 마신으로 하여금 누르하치[奴酋] 형제에게 보내도록 하였습니다. 누르하치 형제는 모두 그것들을 받고 대단히 감사하다고 하였습니다.

하나, 누르하치[奴酋] 형제는 마신(馬臣)과 동양재(佟羊才)를 보내어 날마다 아침저녁으로 문안하게 하면서 만일 부족한 것이 있으면 그 즉시 찾아오라고 하였습니다. 생선과 고기 및 술을 계속해서 보내왔고, 심지어 말먹이까지도 계속해서 보내와 끊이지 않았습니다. 왜내(歪乃)는 혹은 날마다 혹은 하루씩 걸러 찾아와 문안하였습니다.

하나, 마신(馬臣)의 본명은 시하(時下)이고 동양재(佟羊才)의 본명은 소시(蘇屎)였는데, 지난해 상공(相公) 여희원(余希元)과 서로 만날 일 때문에 만포진(滿浦鎭)에 나왔을 때 이 이름으로 고쳤다고 하였습니다. 왜내(歪乃)는 본래 상국(上國: 명나라) 사람인데 누르하치가 있는 곳으로 찾아와서 문서를 관장한다고 하나 문리(文理)가 통하지 않았습니다. 이 사람들 외에는 글을 아는 자가 더도 없었고 글을 익힌 자도 없었습니다.

하나, **29일** 슈르가치[小酋]는 신을 불러 만나본 후에 동양재(佟羊才)로 하여금 조촐한 술자리를 베풀어 위로하게 하였습니다.

하나, **병신년(1596) 정월 1일** 사시(巳時: 오전 9시~11시)에 마신(馬臣)과 왜내(歪乃)가 누르하치[奴酋]의 말을 받들어 찾아와서 연회에 참석하기를 청하였으므로, 신(臣)은 나세홍(羅世弘)·하세국(河世國)과 함께 가서 참석하였습니다. 누르하치 집안의 피붙이 및 그 형제의 인척(姻戚)과 당통사(唐通事: 중국어 통역관)는 동쪽에 앉았고, 몽골(蒙古)의 사할자(沙割者)·홀가(忽可)·과을자(果乙者)·이마거(尼麻車)·제비시(諸憊時)·속온(束溫)·올라각부(兀剌各部)는 북쪽에 앉았고, 신(臣)들 및 누르하치의 여족(女族)은 서쪽에 앉았고, 누르하치 형제의 아내 및 제장(諸將)의 아내는 모두 남쪽의 온돌 밑에 섰는데 누르하치의 형제는 남쪽의 동쪽 모퉁이 땅위에서 서북쪽을 향해 검은 의자에 앉았으며 제장(諸將)들은 누르하치의 뒤에 함께 섰습니다. 술이 몇 순배 돌자, 올라(兀剌) 부락의 새로이 항복한 장수 부자태(夫者太)가 일어나 춤을 추었고, 누르하치도 문득 의자에서 내려와 직접 비파(琵琶)를 타면서 몸을 흔들었습니다. 춤추는 것이 끝나자, 광대[優人] 8명이 각각 재주를 보였는데 그 재주가 몹시 생소하였습니다.

하나, 이날 연회의 시작에 앞서서 서로 만났을 때 누르하치[奴酋]가 마신(馬臣)으로 하여금 전하게 한 말에 이르기를, "지금부터는 두 나라가 한 나라 같고 두 집이 한 집 같아서 영원히 우호를 맺고 대대로 변치 말자."고 하였습니다. 대체로 우리나라의 덕담(德談)과 같았습니다.

하나, 연회를 베풀 때에 객청(客廳) 밖에서는 나팔을 불고 북을 쳤으며 객청 안에서는 비파를 타고 버들피리를 불었습니다. 나머지는 모두 둘러서서 손으로 박자를 맞추며 노래를 불러 술 마시는 흥을 돋우었습니다.

하나, 여러 장수들이 누르하치[奴酋]에게 잔을 바칠 때에는 모두 귀마개[耳掩]를 벗었고 춤을 출 때에도 또한 벗었는데, 오직 슈르가치[小酋]만은 벗지 않았습니다.

하나, 2일 슈르가치[小酋]가 말 3필을 보내어 신(臣)들을 청해 와서 그 말을 타고 가 연회에 참석했는데, 모든 기구들이 자기 형의 것에 훨씬 미치지 못하였습니다. 이날은 바로 나라의 제삿날(明宗의 妃인 仁順王后 沈氏의 國忌日)인데도 그곳의 형편을 살펴보려고 갔지만 고기는 먹지 않았습니다. 슈르가치가 고기 먹기를 간절히 권했으나, 신(臣)은 돌아가신 부모의 제삿날이라고 대답하였습니다.

하나, 3일 추호(酋胡) 동호라후(童好羅厚)·동망자합(童亡自哈)과 여추(女酋) 쵸기(椒箕)가 신(臣)을 청하여 연회를 베풀었는데, 누르하치[奴酋]가 시킨 것이라 하였습니다.

하나, 동호라후(童好羅厚)가 연회 마칠 무렵에 한쪽 눈이 애꾸인 자를 데려와 보이며 말하기를, "이 사람은 바로 산양회(山羊會) 근처에서 사냥하는 자이다. 산양회 건너편 박시천(朴時川)은 곧 새매를 잡는 곳인데, 그대의 나라 사람들이 반드시 기회를 엿보아 훔쳐가니 금지시킬 수 없는가?" 하는지라, 신(臣)이 대답하기를, "언제 어디서 우리나라 사람이 훔쳐갔다는 것인가? 그 사람의 생김새는 어떠하던가? 우리나라의 법령은 매우 엄한데 누가 감히 불법으로 변경을 넘어 그대들의 물건을 훔치겠는가? 결코 그럴 리가 없다."고 하였습니다. 그러자 호라후

(好羅厚)가 말하기를, "근래에는 훔쳐간 자가 없지만, 만일 혹시라도 있을 경우에는 별도로 금지시켜야 한다."고 하였습니다.

하나, **4일** 슈르가치[小酋]가 동양재(佟羊才)를 보내어 신(臣)에게 청하기를, "군관(軍官)은 단지 형을 위해서만 온 것이 아닐지니, 나 또한 접대함이 마땅하다."고 하면서 마침내 그의 장수 다지(多之)의 집에 머물게 하였습니다. 다지는 바로 슈르가치의 4촌 형이었습니다. 이어 술자리를 베풀었는데 밤이 되어서야 파하였습니다.

하나, 다지(多之)가 우리나라 사람이 용맹스러운지 나약한지 그 여부를 동양재(佟羊才)에게 묻자, 동양재가 말하기를, "만포(滿浦)에서의 잔치 때 죽 벌이어 늘어선 군사의 수가 대략 삼사백 명이었습니다. 뒤로는 화살통을 지고 앞으로는 활집을 안았는데, 화살은 깃털이 떨어지고 활촉이 없었으며 활은 앞이 터지고 뒤가 찢어졌는지라, 다만 타국의 웃음거리가 될 뿐이었습니다. 이와 같은 무리들이야 활과 화살을 쓰지 않고 단지 한 자의 칼만으로도 사오백 명을 벨 수 있지만 팔의 힘에 한계가 있음이 한스러울 뿐입니다."고 하면서 두 사람이 서로 껄껄 웃었습니다. 그래서 신(臣)이 말하기를, "우리 첨사(僉使)께서 만약 군대의 위신을 과시하고자 했으면 마땅히 사나운 정예의 병졸과 강한 활에 날카로운 화살촉으로 크게 명성과 위세를 떨쳤을 것이다. 동양재가 본 것은 군사가 아니라 다만 잔치의 뜨락에서 공급하는 사람과 금훤군뢰(禁喧軍牢: 어지러이 떠드는 것을 금지시키는 군졸)일 뿐이다."고 하였습니다.

하나, 다지(多之)가 말하기를, "우리 왕자(王子: 누르하치)는 그대의 나라와 장차 일가(一家)의 인연을 맺으려하였기 때문에 그대 나라의 포로들을 후하게 전매(轉買)하여 많은 사람을 쇄환하도록 했다. 이토록 우리

왕자는 그대의 나라를 저버리지 않았거늘 그대의 나라는 산삼을 캔 우
리 백성들을 많이도 죽였으니, 산삼을 캐는 것이 무슨 소동을 일으키
고 해를 입혀서 살상이 이 지경에 이르렀는가? 사람의 따뜻한 마음과
의리가 몹시 야박하니, 깊이 원망과 유감을 품고 있다." 하였습니다.
이에 신(臣)이 대답하기를, "우리나라의 법은 무릇 호인(胡人)으로서 무
단히 우리의 국경을 잠입하면 적호(賊胡)로 논죄한다. 하물며 그대 나라
의 사람이 밤사이에 칠흑같이 깜깜해지면 수백 년 동안 일찍이 온 적이
없던 땅에 난입하여 소와 말을 약탈하고 인민을 겁박해 죽임에랴. 산
골짜기에 사는 어리석은 백성들이 허둥지둥 놀라고 두려워하여 저들
끼리 서로 싸우고 죽인 것은 이치로 보나 반드시 그렇게 될 것이었지,
일개 산삼 때문만은 아니다. 대개 우리나라가 오랑캐를 접대하는 도리
는 성심으로 복종해오면 어루만져 도와주고 부드럽게 감싸주지만, 그
밖에 금령(禁令)을 어기고 국경을 침범해오면 일체 적호(賊胡)로서 논죄
하고 조금도 용서하지 않는다. 지난 무자년(1588) 사이 그대 나라의 지
방에 기근이 들어서 굶어죽은 시체가 즐비하자, 그대의 무리가 귀순하
여 만포(滿浦)에서 먹여주기를 바라는 자가 날마다 수천 명을 헤아릴 정
도였지만, 우리나라에서는 각기 술과 음식을 먹여주고 게다가 쌀과 소
금까지 주었으니, 이에 힘입어 살게 된 자가 얼마나 많았던가? 그렇다
면 우리나라가 애초부터 그대 무리들을 무찔러 죽이는 데에 뜻을 둔
것이 아니다. 다만 그대의 무리가 금령을 어기고 국경을 침범하여 스
스로 죽임을 당한 것이다."고 하였습니다. 다지(多之)가 말하기를, "그
대가 말한 대로라면 위원(渭原)의 관병관(管兵官)을 왜 면직시키면서 치
죄하였는가?"라고 묻는지라, 신이 대답하기를, "위원의 관병관이 죄를
입은 것은 유독 그대의 무리들을 무찔러 죽여서만이 아니다. 변방의
관병관은 순찰하고 망보는 것이 바로 그의 직무이다. 그가 순찰하고

망보는 것을 조심하지 않아 그대의 무리로 하여금 우리의 국경을 난입해 인민과 소들을 많이 죽이고 약탈해가도록 하였으니, 그 죄가 용서될 수 없어서 면직하고 치죄하게 된 것이다. 만약 그대들이 우리나라의 국경에 난입해왔을 때 망보기를 주의하고 엄히 하여 국경을 넘지 못하게 하였다면 우리 백성들과 그대들이 모두 서로 싸우고 죽이는 환란은 없었을 것이다."라고 하니, 다지(多之)는 더 말할 것이 없자 부질없는 다른 이야기만을 하였습니다.

하나, 동양재(佟羊才)가 말하기를, "그대의 나라는 잔치 때 왜 한 사람도 몸에 비단옷을 입은 자가 없는가?"라고 묻는지라, 신(臣)이 말하기를, "의복은 귀천을 분별하는 것이기 때문에 우리나라의 군사들은 감히 비단옷을 입지 못하니, 어찌 그대의 나라처럼 장군과 졸개가 같은 옷을 입겠는가?" 하자, 동양재는 말이 없었습니다.

하나, 다지(多之)가 신(臣)에게 묻기를, "그대의 나라에 용맹스럽고 날쌘 장수[飛將軍] 두 사람이 있다고 하던데 맞는 말인가? 지금 어디에 있는가?" 하는지라, 신(臣)이 대답하기를, "단지 두 사람만으로 그치지 않고 남쪽 변경에 있는 자도 많으나, 북쪽 변경에 와 있는 이가 두 사람이니 한 사람은 벽동군수(碧潼郡守)이고 다른 한 사람은 영원군수(寧遠郡守)이지만, 남쪽 변경의 왜적들을 이미 죄다 몰아서 내쫓았기 때문에 그 용맹스럽고 날쌘 장수들이 머지않아 이 북쪽 변경으로 와서 방비할 것이다." 하였습니다. 다지(多之)가 말하기를, "내가 듣자니 능히 날 수 있다고 하던데 그 사실을 듣고 싶다." 하는지라, 신(臣)이 말하기를, "두 손에 각기 80여 근의 장검(長劍)을 든 채로 말을 달려 절벽을 오르내리는데, 더러는 작은 창문을 드나드는데도 조금도 걸리는 것이 없다. 혹은 큰 시내를 뛰어넘거나 혹은 나뭇가지 위를 왕래하는 데도 평지를

밟듯이 하고, 더러는 며칠 가야하는 길을 하룻밤 사이에 갔다 올 수 있
다.”고 하였습니다. 다지(多之)가 말하기를, “몇 보나 되는 넓이의 시내
를 뛰어넘을 수 있는가?” 묻는지라, 신(臣)이 말하기를, “파저강(波猪江)
같으면 뛰어넘을 수가 있다.”고 하자, 다지(多之)는 좌우를 돌아보며 혀
를 내둘렀습니다.

하나, **5일** 아침에 왜내(歪乃)가 회첩(回帖)과 아울러 흑단원령(黑段圓
領) 3건, 초피(貂皮) 6장, 남포(藍布) 4필, 면포(綿布) 4필을 가지고 왔는
데, 〈흑단원령은〉 신(臣)과 나세홍(羅世弘)·하세국(河世國)이 각각 1건씩
이었으며, 초피는 신(臣)과 나세홍이 각각 3장씩이었고, 포필(布疋)은
강수(姜守)와 춘기(春起)에게도 몫몫으로 나누어주었습니다. 슈르가치[小
酋]도 또한 흑단원령 3건, 흑화정구(黑靴精具) 3건을 신(臣)과 나세홍·하
세국에게 보내왔습니다. 신(臣)이 왜내(歪乃)와 동양재(佟羊才)에게 말하
기를, “우리는 만포(滿浦)의 군관(軍官)으로서 단지 문서만 가지고 드나
들었을 뿐인데, 무슨 감당한 일이 있다고 하여 두 도독(都督: 누르하치와
슈르가치)의 이처럼 후한 예물을 받겠는가? 가정(家丁: 하인)에게도 선물
을 나누어 주니 더더욱 매우 온당치 않다. 받아들일 명목이 없으니, 진
정으로 바라건대 돌려주고 싶다.”고 말하자, 왜내(歪乃)와 동양재(佟羊
才)가 각기 신(臣)의 뜻을 두 추장(酋長: 누르하치와 슈르가치)에게 나뉘어
가서 고하였습니다. 두 추장이 이르기를, “지난번 마신(馬臣) 등이 만포
에 갔다가 돌아올 때 받은 물건 중 선물의 숫자가 극히 많았는데도 마
신 등이 오히려 사양하지 않고 받아왔다. 지금 군관이 이처럼 말한다
면, 받아온 마신 등은 장차 얼굴을 어디에다 두겠는가? 하인에게 준 물
건은 귀한 것이 못 되지만, 단지 먼 길을 가는데 노잣돈으로 표했을 뿐
이다.”라고 하였습니다. 말이 미처 끝나기도 전에 한 호인(胡人)이 와서

매우 급하게 마신을 불렀습니다. 조금 뒤에 마신이 돌아와 말하기를, "왕자(王子: 누르하치)께서 이르시기를, '쇄환에 대한 보답으로 별다른 물건을 바라지 않고 다만 벼슬을 제수해 주기 바란다. 만약 조선이 벼슬을 제수해 준다면 한 자의 베일지언정 상으로 오히려 받을 수 있겠지만, 만일 벼슬을 제수해 주지 않는다면 금과 비단일지언정 상으로 주더라도 원치 않는다.' 하셨다."라고 하였습니다. 신(臣)이 대답하기를, "마땅히 돌아가서 첨사(僉使)께 고하겠다."고 하였는데, 그의 의도를 보니 상국(上國: 명나라)과 우리나라와 더불어 우호를 맺은 것을 다른 호인(胡人)들에게 과시하여 모든 부락들을 위세로 복종시키고자 한 것이었습니다. 또 말하기를, "모린위(毛麟衛)의 호인이 자주 귀국(貴國)의 땅을 침범하니, 혜산(惠山) 건너편에 진(鎭) 하나를 설치하여 국경을 넘는 적호(賊胡)를 막고자 하는데 어떠한가?" 하는지라, 신(臣)이 대답하기를, "우리나라의 동북 방면은 호인과 가까이 붙어 단지 강 하나를 사이에 두고 있기 때문에 예사스럽게 왕래하면서 귀순자가 이따금 있으나 도적들이 발호하여 자주 변경(邊警: 변경의 소란)을 일으키고, 서북 방면은 호인이 사는 곳과 수백 리가 떨어져 있기 때문에 국경을 넘어 적호(賊胡) 되는 자가 많지 않다. 그대들도 두 귀가 있을지니 어찌 익히 듣지 못하였겠는가? 나는 도독(都督: 누르하치)도 필시 자세히 알고 있을 것으로 안다."고 하니, 마신(馬臣)이 말하기를, "그렇다."고 하였습니다. 신(臣)이 말하기를, "그렇다면 이미 이와 같음을 알면서도 또 진(鎭)을 설치하려는 것은 무엇 때문인가?" 하자, 그가 말하기를, "지금 왕자(王子: 누르하치)께서 모든 호인들을 통솔하고 그들의 진퇴를 호령하니 어찌 어겨서 국경을 침범할 리가 있겠는가?"라고 하는지라, 신(臣)이 말하기를, "그렇다면 지난해 김왜두(金歪斗)가 함경남도 일대에서 노략질을 하였는데, 도독이 단속을 담당했던 애초에도 이와 같았으니 뒷날의 일은 기다리지 않고도 알 수 있을 것이다."고 하자, 지체 없이 대꾸하기를, "진(鎭)을 설치하는 것은 훗날 불화를 일으키는 단서를 만드는 것이다. 무릇 당연하지만 설치를 시행하는 일은 만일 처음에 잘하지 않으면 필시 나중에 후회가 있을 것이다. 그러나 이는 내가 마음대로 처리할 수 있는 일이 아니나 상황이 이와 같다."고 하였습니다. 마신(馬臣)이 미처 대답하지 못하자, 왜내(歪乃)가 말하기를, "진(鎭)을 설치하는 일은 또 회첩(回帖) 속에 자세히 말했으니, 그대는 돌아가 첨사(僉使)에게 고하라. 즉시 회답을 기다릴 것이다." 하고는 마침내 신(臣)과 함께 싱 밖으로 나왔습니다. 동홀합(童忽哈)이 신(臣)을 그의 집에 초청하여 술자리를 베풀고 신(臣)의 일행을 전송하였는데, 술이 몇 순배 돌자 신(臣)이 날이 저물었다는 핑계로 물러나오니, 동홀합은 성 밖까지 나와 신(臣)과 작별하였습니다.

하나, 누르하치[奴酋]의 회첩(回帖)에 이르기를, 「여진국건주위관속이인주(女眞國建州衛管束夷人主) 동누르하치(佟奴兒哈赤)가 오랑캐의 정세에 관한 일을 아뢴다. 너희 조선국과 우리 여진국 두 나라는 행주(行走: 임시 파견 관원)를 왕래시키며 우호관계를 유지하고 있으나, 우리 두 나라가 원군(援軍)을 보내주는 예는 있지 않았다. 나는 여러 차례 명(明)나라와 접한 950여 리 국경을 잘 보전하고 지키려 했는데, 요동(遼東)의 변관(邊官)은 단지 나를 해치려한 과정에서의 공으로 지위가 오르고 상을 받았다. 너희 조선국의 사람 17명은 내가 값을 치르고 전매하여 보내주었으니, 국왕이 상을 내려줄 것으로 나는 알았다. 우리 두 나라가 만약 마음을 지키지 못한다면, 너희 임성보(臨城堡)와 마주하고 있는 땅만은 나의 달자(達子: 몽골인)를 보내 머물게 하면서 너희 국경을 감독할 것이니, 너희의 고구려 땅에서 기르던 가축 중에 보이지 않는 것이 있을 때 나의 달자에게 알려주면 또한 찾아서 돌려보내겠다. 너희가 보낸 통사(通事)는 만보성(滿堡城: 만포성의 오기)에서 답서를 가지고 나의 집까지 찾아왔다. 만약 너희의 사람과 가축이 있다면 나는 보내줄 것이니 나의 달자가 너희의 땅에 가면 너희도 나에게 돌려보내는 것을 두 나라[兩家]의 본보기[律]로 삼아 나쁜 마음이 있지 않도록 하자. 훗날에 명나라의 관리가 나를 해치고자 하리니 너희는 나를 대신하여 이롭게 해줄 양으로 한마디의 말을 명나라에 아뢰어 제대로 알게 해주면 나도 보답이 있을 것이다. 밤낮으로 힘써 명나라와 두 나라 사이의 정식 문서를 기다린다. 제때에 회답하니 아뢰는 말이 잘 이르기를 바란다. 만력 24년(1596) 정월 5일 아룀.」이라고 하였습니다.

하나, 회첩(回帖) 속에 찍힌 도장을 살펴보니, '건주 좌위의 인[建州左衛之印]'이라고 새겨져 있었습니다.

하나, 출발할 때에 몽골(蒙古)의 만자(晩者)를 내성문(內城門) 밖에서 만나 묻기를, "그대는 여기에 오래 있을 것이냐?" 하니, 대답하기를, "나도 7일에는 되돌아가려 한다."라고 하였습니다.

하나, 정월 4일에는 호인(胡人) 1백여 기병이 각기 병기를 갖추고 양식 두어 말씩을 싸들고서 깃대를 세워 북문(北門)으로 나가고 있었는데, 연대(烟臺) 및 방비해야 할 여러 곳을 살피러 간다고 하였습니다. 기는 청색·황색·적색·백색·흑색으로 각각 2폭씩 붙여서 만들었는데 길이는 2자 가량 되었습니다. 5일에도 이와 같이 하였습니다.

하나, 5일 신(臣)들이 떠나올 때, 여을고(汝乙古)가 마신(馬臣)에게 말하기를, "곰 가죽과 사슴 가죽을 만포(滿浦)에 가져가 팔아서 소를 사 밭을 갈려고 하니, 네가 왕자(王子: 누르하치)께 말씀드리고 군관(軍官: 신충일)에게도 말해주면 좋겠다."고 하였습니다. 이에 마신이 들어가 누르하치[奴酋]에게 고하니, 누르하치가 말하기를, "조선에서 상경(上京)을 허락하기 전에는 너희들은 만포에 앞질러가서 결코 매매할 수 없다."고 하였습니다.

하나, **12월 28일** 노추성(奴酋城) 밖에 이르렀을 때 아름드리의 나무로 길이가 10여 자 가량 되는 것을 소에 실어 들이는 자들이 길에 끊이지 않았었는데, 이는 외성(外城) 밖에 목책(木柵)을 설치할 나무라고 하였습니다. 그런데 **정월 5일** 되돌아올 때 보니, 운반해 들이는 수가 전일보다 배나 되었습니다. 역군(役軍: 일꾼)은 사나흘 거리 안의 부락에서 한 집마다 그 남정(男丁)의 수를 헤아려 순번을 정하고 역(役)에 나오는데, 1인당 10개씩 나른다고 하였습니다.

하나,

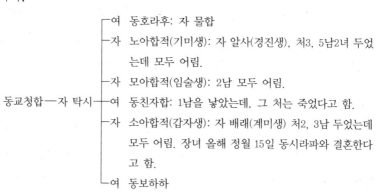

하나, 누르하치[奴兒哈赤]와 슈르가치[小兒哈赤]는 같은 어미의 소생이고 모아합적(毛兒哈赤)은 다른 어미의 소생이라 하였습니다.

하나, 누르하치[奴酋]는 살이 찌지도 마르지도 않았지만 체격은 건장하였는데, 코가 곧고 컸으며 얼굴이 쇳빛이고 길쭉하였습니다.

하나, 머리에는 초피(貂皮: 담비 가죽)를 썼는데 그 위에 이엄(耳掩: 귀마개)을 덮고, 덮개 위에 꽂은 상모(象毛)가 주먹만 하였으며, 또 은(銀)으로 연꽃받침을 만들고 그 받침 위에 인형(人形)을 만들어서 상모 앞에 장식하였습니다. 모든 장수들이 쓰고 있는 것도 역시 마찬가지였습니다.

하나, 몸에는 5색으로 된 용 문양의 철릭[天益]을 입고 있었는데, 상의의 길이는 무릎까지 이르고 하의의 길이는 발에까지 이르렀으며, 등에는 초피(貂皮: 담비 가죽)를 재단하여 가장자리를 꾸몄습니다. 모든 장수 역시 용 문양의 옷을 입고 있었으나, 가장자리의 장식은 담비 가죽이나 표범 가죽, 혹은 수달 가죽, 혹은 다람쥐 가죽으로 하였습니다.

하나, 호정(護頂: 머리꼭대기를 보호하는 모자)은 담비 가죽 여덟아홉 장으로 만들었습니다.

하나, 허리에는 은실을 장식으로 박은 금띠[銀入絲金帶]를 달아매고 세수수건[帨巾]·작은 칼[刀子]·숫돌[礪石]·노루 뿔[獐角] 등 한 벌을 꿰어 찼습니다.

하나, 발에는 사슴 가죽의 올라화(兀剌靴)를 신었는데 황색이거나 흑색이었습니다.

하나, 오랑캐의 풍속은 머리카락을 모두 바싹 깎아내고 뒤통수에만 조금 남겨서 상하 두 가닥으로 땋아 늘어뜨렸으며, 코밑수염도 좌우에 10여 가닥만 남기고 나머지를 모두 뽑아버렸습니다.

하나, 누르하치[奴酋]는 도독(都督)을 10년간, 용호장군(龍虎將軍)을 3

년간 제수 받았다고 하였습니다.

하나, 누르하치[奴酋]가 출입할 때면 달리 무기를 들지 않고 군뢰(軍牢: 군졸)들이 길을 인도하였는데, 다만 제장(諸將) 2명이나 4명이 짝을 이루어 누르하치가 말을 타면 같이 타고 걸으면 같이 걸으면서 앞길을 인도하였고 나머지는 모두 앞서거니 뒤서거니 하면서 갔습니다.

하나, 슈르가치[小酋]는 몸이 살쪄서 장대하였으며, 얼굴은 희고 모가 났으며, 귀에는 은고리를 하였으며, 옷 색깔과 모양은 형과 마찬가지였습니다.

하나, 누르하치[奴酋]는 그의 집에서 남쪽으로 대길호리(大吉號里)를 향하는 하루길 지점과 북쪽으로 여허(如許)를 향하는 하루길 지점에 각각 한 개의 보(堡)를 설치하였고, 서쪽으로 요동(遼東)을 향하는 하루길 지점에 열 개의 보를 설치하였습니다. 이 보를 지키는 장수는 추장(酋長)으로서 성안에 있는 자를 선발해 보내어 임기 1년이 차면 교체하며, 군사는 각 보의 부근 부락에서 징발해 보내어 10일마다 교체한다고 하였습니다.

하나, 누르하치[奴酋]는 요동 지방의 근처를 제외하고 그 나머지 북쪽 동쪽 남쪽으로 사나흘 거리 내에 있는 각 부락의 추장을 성안에 모여 살게 하였습니다. 군사를 동원할 때에는 모든 추장에게 화살을 쏘아 군령(軍令)을 전해 각각 저마다의 군사를 거느리게 하고 군기(軍器)와 군량(軍糧)을 스스로 마련하게 하였는데, 군사의 많고 적음은 누르하치가 그 수를 정한다고 하였습니다.

하나, 누르하치[奴酋]는 장수가 150여 명이고 슈르가치[小酋]는 장수가 40여 명인데, 모두 각 부락의 추장으로서 장수가 된 자들로 성안에서 가솔들을 거느리고 살았습니다.

하나, 연대(烟臺)의 군인은 두 집의 식구들을 함께 들어가 거처하게 하고 1년이 차면 교체시켰는데, 양식은 그 사람의 수를 계산해 달마다 누르하치[奴酋]가 마련하여 보낸다고 하였습니다.

하나, 연대(烟臺)에서 변고를 보고할 때에는 봉화(烽火)를 쓰지 않고 딱따기[木梆]를 인접한 연대가 사실과 일치하는지 서로 확인할 수 있을 정도로만 치는데, 서로 확인하면 번번이 달아나 피해 숨어버리니 적에게 해를 입을까 두려워서라고 하였습니다.

하나, 도중에 한 호인(胡人)을 만났는데 발외[所乙外]에서 집안의 여러 가지 물건들을 싣고 가솔과 함께 가고 있는지라 그 까닭을 물으니, 애양(靉陽)의 연대(烟臺)에서 적의 동정을 살피는 일로 나간다고 하였지만, 자못 원망하고 괴로워하는 모습이었습니다.

하나, 양식은 누르하치[奴酋]가 여러 곳의 부락에 으레 둔전(屯田)을 마련하고 그 부락의 추장으로 하여금 경작과 추수를 관장케 하여 그 부락에 쌓아 두었다가 필요할 때에 가져다 쓰지만 성안에는 쌓아두지 않는다고 하였습니다.

하나, 누르하치[奴酋]가 대길호리(大吉號里) 건너편 박달고개(朴達古介)의 북쪽에 금년부터 둔전(屯田)을 설치하려 했다고 하였습니다.

하나, 대길호리(大吉號里) 건너편 인천(忍川)은 동아하(童阿下)의 농막이었지만 금년부터 황폐해져서 영영 버린다고 하였습니다. 그 까닭을 물었더니 대답하기를, "길이 멀고멀기 때문이다."고 하였는데, 동아하는 누르하치[奴酋]의 집에 있었습니다.

하나, 경작지의 품질이 비옥하면 조[粟] 한 말을 파종하여 여덟아홉 석을 추수할 수 있고, 척박하면 겨우 한 석을 거둔다고 하였습니다.

하나, 추수한 후에는 바로 실어들이지 않고 밭머리에 묻어두었다가, 얼음이 언 후에야 발외[所乙外]에서 실어 들인다고 하였습니다.

하나, 호인(胡人)들은 모두 물을 따라 살기 때문에 호인의 집은 냇가에 많고 산골짜기에는 적었습니다.

하나, 호인(胡人)의 집은 옥상 및 사면을 모두 진흙으로 두텁게 바르기 때문에 비록 화재가 나더라도 이엉만 탈 뿐이었습니다.

하나, 집집마다 모두 닭, 돼지, 거위, 오리, 염소, 양, 개, 고양이 등을 길렀습니다.

하나, 호인(胡人)은 활과 화살, 갑옷과 투구, 볶은 쌀[糗糧]을 가지고서 가고 또 가고, 오고 또 오니 길에 끊이지 않았는데, 바로 번(番)을 들고 나는 자들이라고 하였으나, 모두가 쇠잔하고 졸렬할 뿐 한 명도 건장하고 용감한 자가 없었습니다.

하나, 누르하치[奴酋]는 형벌로 몽둥이질은 하지 않으나 죄 있는 자에게 다만 그의 옷을 벗겨놓고 명적전(鳴鏑箭: 요란한 소리만 나는 화살)으로 그 등을 쏘는데 죄의 가볍고 무거움에 따라 많이 쏘기도 하고 적게 쏘기도 하며, 볼따구니를 때리는 처벌도 있다고 하였습니다.

하나, 청하보(淸河堡)의 장수가 술과 고기를 마련하여 인부 예닐곱 명을 시켜 12월 28일 누르하치[奴酋]에게 보내어 왔는데, 바로 세유(歲遺: 설 때 보내는 물건)라고 하였습니다.

하나, 무순(撫順)의 당통사(唐通事: 중국어 통역관)가 누르하치[奴酋]의 집에 찾아왔는지라, 그 찾아온 까닭을 물으니, 대답하기를, "청하보(淸河堡)에 새로이 연대(烟臺)를 설치하자 누르하치가 마음대로 헐어 치워 버리려 하니, 요동관(遼東官)이 누르하치의 차장(次將) 강고리(康古里)를 붙잡아다 곤장 20대를 쳐 돌려보낸 뒤에 누르하치가 성낼까 염려하여 은자(銀子) 5백 냥으로 누르하치의 마음을 위로해 달래주도록 나로 하여금 먼저 이러한 뜻을 고하라고 하였다." 하였습니다.

하나, 당통사(唐通事: 중국어 통역관)가 이르기를, "누르하치[奴酋]가 늘 요동(遼東)에 총통(銃筒)을 달라고 청했으나 허락하지 않았다."고 하였습니다.

하나, 지난해 함경남도에서 변란이 일어났을 때에 고미개(古未介)의 추장 김왜두(金歪斗)가 군사를 이끌고서 쳐들어왔다고 하였습니다. 김왜두의 아비 주창합(周昌哈)은 우리나라에 귀화해 김추(金秋)로 성씨와 이름을 하사받았으며, 일찍이 겸사복(兼司僕)으로서 서울에 8,9년간 벼슬하다가 그 아비를 뵈러 간다는 핑계로 자기의 고향 땅으로 돌아가서는 그대로 나오지 않았다고 하였습니다. 누르하치[奴酋]의 집에서 고미개까지의 거리는 엿새길 정도라고 하였습니다.

하나, 호인(胡人)들이 말하기를, "종전에는 호인이 출입하는 경우에는 반드시 활과 화살을 차고 다녀야만 서로 해치거나 노략질하는 환란을 피할 수 있었는데, 왕자(王子: 누르하치)가 단속한 이후로는 원근을 왕래할 때에 단지 말채찍만 지녀도 되는지라 왕자의 위엄과 덕망은 비겨 말할 데가 없다."고 하였으며, 혹자가 이르기를, "종전에는 자기 뜻대로 행동거지를 하도록 내버려 두었을 뿐만 아니라 들짐승을 사냥하며 살아가도록 했지만, 지금은 행동거지를 단속하는 데다 사냥한 것까지 바치게 하니 비록 그를 두려워하여 말하지 못할지언정 마음속으로야 어찌 원망하지 않겠는가?"라고 하였습니다.

하나, 누르하치[奴酋]가 군사 3,000명을 모아서 강물이 어는 즉시 일진(一陣)은 말을거령(末乙去嶺)을 거쳐 고산리(高山里)로 나가고, 다른 일진은 열어령(列於嶺)을 거쳐 가을헌동(加乙軒洞)으로 나아가 위원(渭原)의 원수를 갚으려 했었지만, 요동관(遼東官) 및 여 상공(余相公: 여희원)이 황제의 타이르는 말을 알리자 군사를 해산했다고 하였습니다.

하나, 위원(渭原)에서 인삼 캐어간 호인들을 누르하치[奴酋]가 각 부락으로 하여금 한 사람 한 사람 샅샅이 찾아내게 하고 소 한 마리나 은(銀) 18냥을 징수하여 제멋대로 강을 건넌 죄 값을 치르게 했는데, 그 가운데 가난해서 은자나 소를 마련하지 못한 자는 그 식구들을 잡아가 사환(使喚)으로 부린다고 하였습니다.

하나, 신(臣)이 친자합(親自哈)의 집에 머무르고 있을 때에 호인(胡人) 네댓 명이 찾아왔습니다. 신(臣)은 그들이 하는 말을 듣고 싶어 통사(通事)로 하여금 잠자는 척하며 누워 있으면서 몰래 엿듣게 하였습니다. 그랬더니 한 호인이 친자합에게 묻기를, "지금 이 군관(軍官: 신충일)은 무슨 볼일로 왔는가?" 하니, 대답하기를, "두 나라가 한 나라와 같이 지내고 두 집이 한 집과 같이 지내기 위해서 왔다. 또 문서를 가지고 와서 그 나라가 위원(渭原) 관병관(管兵官)의 죄에 대해 다스릴 것을 고하고, 이후로는 각기 국경을 지켜서 서로 침범하지 말자는 뜻이다."라고 하였습니다. 또 한 호인이 말하기를, "조선은 속임수가 많으니, 얼음이 풀리기 전에 짐짓 신사(信使)를 왕래시켜 우리의 군사를 느슨하게 하려는 것인지를 어찌 알겠는가? 또 조선인은 우리나라 땅에서 풀도 베어가고 벌목도 해가고 사냥도 해가는 데다 우리나라 사람들이 잡은 것조차도 모두 노략질해간다. 저들의 소행은 이와 같은데도 왜 우리들에게는 금하여 인삼을 캐지 못하게 한단 말인가?"라고 하였습니다.

하나, 온화위(溫火衛)의 도추장(都酋長) 동강구리(童姜求里)의 손자 보하하(甫下下)는 누르하치[奴酋]의 매부입니다. 누르하치는 요동 및 몽골이 군사를 모은다는 기별을 듣고 보하하로 하여금 군사 1,000여 명을 거느리고 함께 성을 지키도록 했는데, 지금은 군대를 거두어 돌아갔다고 하였습니다. 보하하가 성을 지킬 때 거느렸던 파산(坡山) · 시번(時番) · 솔가(乺可) · 후지(厚地) · 소추(所樞) · 응고(應古) 등 여섯 부락은 모두 온화위에 예속되었다고 하였습니다.

하나, 온화위(溫火衛)의 마로(馬老) 부락 추장 동타부(童打夫)는 군사를 이끌고 보하하(甫下下)와 함께 지난해에 노추성(奴酋城)에 와 있었는데, 7개월 동안 머무르다가 지금에서야 군대를 거두어 돌아갔다고 하였습니다.

하나, 마신(馬臣)이 상경(上京)하는 일로 신(臣)에게 물어서 신(臣)이 대답하기를, "우리나라는 명(明)나라의 법령을 충실히 따르는 터라, 이런 일은 반드시 명나라에 주문(奏聞)하여 명나라가 허락하면 행하고 허락하지 않으면 행할 수 없다."고 하였습니다. 마신이 말하기를, "일은 응당 그와 같이 해야 하겠지만, 만약 상경하게 된다면 도로의 형편은 어떠한가?" 하는지라, 신(臣)이 길은 멀고도 험하다고 대답하자, 마신이 말하기를, "양대조(楊大朝)도 역시 도로가 멀고 험하다고 말했다."고 하였습니다. 양대조는 여 상공(余相公: 여희원)이 데리고 간 야불수(夜不收: 한밤중에도 활동하는 정탐병)로 하세국(河世國)과 함께 오랑캐 땅을 왕래하던 자입니다.

하나, 마신(馬臣)이 말하기를, "그대 나라의 연안(沿岸) 지방에 항왜(降倭)들을 배치하여 머무르도록 했다던데, 그러한가?" 하는지라, 신(臣)이 "그렇다."고 하였습니다. 마신이 말하기를, "그 수가 얼마나 되는가?"라고 묻는지라, 신(臣)이 대답하기를, "약 5,6천 명이다." 하자, 마신이 말하기를, "어째서 연안 지방에 배치하여 머무르게 하는가?"라고 또 묻는지라, 신(臣)이 대답하기를, "왜놈[倭奴]이 의로움을 좇아서 항복해 왔다. 우리나라는 모두에게 입을 것과 먹을 것을 주어 편안히 살 수 있도록 해주었다. 그들은 은혜에 감복하고 덕을 사모하여 변경에 머물면서 나라를 위해 외적의 침입을 막고자 하였다. 우리나라는 그들의 정성스러운 마음을 가상히 여기어 연안의 여러 고을에 나누어 배치하였다."하였습니다. 마신이 말하기를, "왜놈들은 체격이 장대하다던데, 그러한가?" 하는지라, 신(臣)이 말하기를, "체구가 몹시 작아서 풀숲 사이에 남몰래 숨어서 오갈 수 있으며, 총을 쏘면 반드시 명중시킨다."라고 하자, 마신이 말하기를, "아무리 멀어도 또 작아도 능히 명중시킬 수 있는가?"라고 또 묻는지라, 신(臣)이 말하기를, "왜놈의 총은 하늘을 나는 새도 쏘아 맞힐 수 있기 때문에 조총(鳥銃)이라 하는 것이다."고 하였습니다. 마신이 철회(鐵盔: 쇠투구)를 꺼내어 보이며 말하기를, "이 투구도 능히 뚫을 수 있는가?"라고 묻는지라, 신(臣)이 말하기를, "조총의 총알은 능히 얇은 철판[薄鐵]을 덮어씌운 2중으로 된 참나무 방패도 관통하는데, 이 투구야 어찌 말할 것이 있겠는가?"라고 하자, 마신이 말하기를, "어찌 그 지경에까지 이르렀겠는가?"라고 하였습니다. 좌우에 서 있던 호인(胡人)들도 모두 서로 돌아보며 놀랐습니다.

하나, 슈르가치[小酋]가 말하기를, "뒷날에 그대의 첨사(僉使)가 만일 송례(送禮: 사람을 보낼 때에 갖추는 예)가 있으면, 우리 형제에게 지위 고하를 따지지 말라."고 하였습니다.

하나, 지난날 마신(馬臣)과 동양재(佟羊才)가 만포(滿浦)에서 받아간 상품을 죄다 누르하치[奴酋]의 형제에 의해 빼앗기자, 그들은 모두 불평하는 기색이 있었습니다.

하나, 건주위(建州衛)는 서쪽으로 요동(遼東) 지경에서 동쪽으로 만차(蔓遮)까지인데, 우리나라 지역을 기준으로 삼아 따지면 서쪽으로 창성(昌城)에서 동쪽으로 고산리(高山里)까지입니다. 좌위(左衛)는 야로강상(也老江上)이고, 우위(右衛)는 해서(海西) 지경이라고 하였습니다.

하나, 온화위(溫火衛)는 서쪽으로 여파(黎坡) 부락에서 동쪽으로 고미개(古未介) 부락까지라고 하였습니다.

하나, 모린위(毛麟衛)는 함경북도(咸鏡北道) 건너편이라고 하였습니다.

하나, 몽골에서는 수레 위에 집을 짓고 털가죽으로 장막을 치며, 배가 고프면 노린내 나는 고기[膻肉]를 먹고 목이 마르면 소나 양의 젖[酪漿]을 마신다고 하였습니다.

하나, 몽골에서는 봄에 밭을 갈 때가 되면 평야에 사람과 말을 많이 모아서 여러 날을 계속해 그들로 하여금 거름과 똥을 짓밟게 한 뒤에 기장과 피, 조와 수수 등 여러 종자를 뿌리고 또 사람과 말로 하여금 짓밟게 하였으며, 김매고 가꾸거나 수확할 때가 되면 군인들로 하여금 힘을 보태도록 한다고 하였습니다.

하나, 몽골에서는 모두 털가죽 옷을 입었습니다.

하나, 모린위(毛麟衛)의 추호(酋胡) 노동(老佟)이 전마(戰馬) 70필과 돈피(獤皮: 노랑담비 가죽) 100여 장을 예물로 바쳤는데, 12월 초에 투항했다고 하였습니다.

하나, 마신(馬臣)이 말하기를, "위(衛)는 모두 30곳인데, 투항해와 귀속한 것이 20여 위(衛)이다."고 하였습니다.

하나, 누르하치[老酋]의 집에서 몽골왕 나바[剌八]가 있는 곳까지는 동북쪽으로 한 달 노정(路程)이고, 만자(晚者)의 부락까지는 12일 노정이고, 사할자(沙割者)·홀가(忽可)·과을자(果乙者)·이마거(尼麻車)·제비시(諸僤時)의 다섯 부락은 북쪽으로 15일 노정인데, 모두 금년에 투항해와 귀속했다고 하였습니다. 그리고 나온(剌溫)은 동북쪽으로 20일 노정이고, 올라(兀剌)는 북쪽으로 18일 노정이고, 백두산(白頭山)은 동쪽으로 10일 노정이라고 하였습니다.

하나, 여허(如許: 海西女眞의 부족)의 추장(酋長) 부자(夫者)와 나리(羅里) 형제는 누르하치[奴酋]가 강성한 것을 걱정해서 몽골왕 나바[剌八]와 올라(兀剌)의 추장 부자태(夫者太) 등의 군사를 청하여 계사년(1593) 9월에 쳐들어왔지만, 누르하치가 군사를 거느리고 허제(虛諸) 부락에서 맞아 싸워 여허(如許)의 군사를 대패시켰는데, 부자(夫者)는 전사하고 나리(羅

里)는 도주하여 돌아가고 부자태(夫者太)는 투항하였으며, 노획한 사람과 가축 및 갑옷과 투구는 이루다 헤아릴 수 없었습니다. 누르하치는 사로잡은 몽골 사람 20명을 뽑아서 비단옷을 입히고 전마(戰馬)에 태워 그들의 소굴로 돌려보냈는데, 20명의 사람들이 돌아가 누르하치의 위엄과 덕망을 말하였기 때문에 나바[剌八]가 차장(次將) 만자(晩者) 등 20여 명과 오랑캐 졸개 110여 명으로 하여금 전마(戰馬) 100필, 탁타(橐駝: 낙타) 10두를 가지고 와서 바치게 하였습니다. 이에 말 60필과 탁타 6두는 누르하치[奴酋]에게 주고 말 40필과 탁타 4두는 슈르가치[小酋]에게 주었는데, 그 몽골의 장령(將領)들에게 누르하치는 모두 후하게 대접하여 비단옷을 주었습니다.

하나, 부자태(夫者太)가 투항한 후에 그의 형 만태(晩太)는 말 100필로 아우의 몸값을 치르고 구하려 했지만 누르하치[奴酋]가 허락하지 않자, 만태도 이 때문에 투항해와 귀속하였다고 하였습니다. 부자태는 투항해와 누르하치의 성안에 지낸 지 3년째 되던 해, 그의 집에 딸린 상하 식솔 모두 20여 명을 12월 보름 전에 비로소 데려 왔다고 하였습니다.

하나, 여허(如許)의 사람들은 대부분 흰 솜털의 모직으로 된 옷을 입었습니다.

하나, 계사년(1593)에 여허(如許)의 군사가 대패한 후로부터 원근의 모든 부락이 서로 이어서 투항했다고 하였습니다.

하나, 여러 호인(胡人) 중에서 몽골(蒙古)·여허(如許)·올라(兀剌) 등의 군대가 가장 강하다고 하였습니다.

하나, **12월 29일** 슈르가치[小酋]의 집에 있던 한 어린 아이가 스스로 말하기를, "감파(甘坡: 함경도의 지명) 사람이다."라고 하였으며, **정월 4일** 여인 복지(福只)가 스스로 말하기를, "임해군(臨海君)의 여종으로 임진년(1592)에 경성(鏡城)에 있을 때 반노(班奴: 사내종) 박기토리(朴基土里)와 함께 포로가 되어 여기로 전매되어 왔다."고 하였습니다. **6일** 동수사(童愁沙) 부락에서 머물러 묵었을 때 한 남정을 보았는데, 그가 스스로 말하기를, "오촌(吾村)의 갑사(甲士: 군인) 박언수(朴彦守)로 임진년 8월에 호인(胡人) 30여 명이 불시에 쳐들어와서 배수난(裵守難)·하덕인(河德仁)·최막손(崔莫孫) 등과 함께 포로가 되었는데, 백두산(白頭山)의 서쪽 산기슭을 넘은 지 사흘 반나절 만에 와을가(臥乙可) 부락에 도착하였고, 10일이 못 되어 너연[汝延]의 아질대(牙叱大) 집에 전매되었다가 지난해 겨울에 또 누르하치[奴酋]의 성안 동소사(童召史) 집에 왔으며 곡물을 실어 나르는 일로 여기에 왔다."고 하였습니다. 와을가(臥乙可)에서 너연[汝延]까지는 여드레 노정(路程)인데 그 중간에 인가가 하나도 없으며, 너연에서 누르하치의 집까지는 역시 여드레 노정이라고 하였습니다. 신(臣)이 이 세 사람을 만났는데, 모두에게 오랑캐의 실정에 대해 그들이 보고 들은 것을 자세히 묻고 싶었으나, 묻고 답할 즈음에 호인들이 의심하는 마음을 가질까 염려되어 단지 하인으로 하여금 자세히 캐어 묻게 하고 신(臣)은 못 들은 체하였지만, 호인들이 또한 돌아가도록 불러내어 그 사람들은 오래 머물 수가 없었습니다.

발문

을미년(1595) 9월 요동진수관(遼東鎭守官)이 보낸 급보에 이르기를, "누르하치[奴酋]가 사람과 말을 엄청나게 많이 모았으니, 아마도 얼음이 얼기를 기다렸다가 강을 건너 우리의 서쪽 변경으로 마구 들이닥칠 것입니다."라고 하자, 조정의 대신들이 진언하기를, "이는 믿을 수 있다고 하여 급하게 해서도 안 되며 또한 믿을 수 없다고 하여 늦추어서도 안 되니, 그 대비책만은 응당 미리 도모해야 할 것입니다. 모름지기 지혜와 재주를 갖추어 능히 사태를 살필 수 있는 자 1명을 파견하여 누르하치가 있는 곳에 가서 거짓인지 사실인지 살피고 오게 해야 합니다." 하니, 주상께서 이를 옳게 여기셨다.

나의 조카 신충일(申忠一, 1554~1622)은 자(字)가 서보(恕甫)인데 실로 그 직책에 선발되었다. 그리고 돌아온 뒤에는 산천(山川)·도리(道理: 거리)·성책(城柵)·살림집[屋廬] 등을 전반부에 도면으로 나타내고, 군사와 말[馬]에 관한 것, 농경에 관한 것, 문답한 것, 일처리[事爲]한 것 등을 후반부에 기록하여 2통을 만들었으니, 1통은 주상에게 바치고 1통은 자신이 보관하였다.

어느 날, 자신이 보관하던 것을 옷소매에 넣어 와서 나에게 보이며 나에게 그 끝에 글 써주기를 부탁하였다. 내가 펼쳐 보니, 나는 미처 가보지 못한 곳을 그대로 기록한 것이었다. 나는 이것을 학사(學士) 이호민(李好閔)의 집에서 본 적이 있는데, 만 리 오랑캐 땅에 가서 그들이 거역할지 순응할지 알 수 없었을 것인데도 근심하고 걱정하거나 두려워하고 꺼리는 뜻이 터럭 하나만큼이라도 말투에 보이지 않았으니, 신하로서의 의리를 알고 나라를 위해 죽으려는 뜻을 품은 자가 아니고서야 어찌 이 같을 수가 있겠는가? 내 마음속으로는 진정 벌써 기특하게 여겼었다.

지금 이 도면과 이 기록들을 보니, 오랑캐의 산천들이 얼마나 험난하고 평탄한지, 거리가 얼마나 멀고 가까운지, 성책의 폭이 얼마나 넓고 좁은지, 살림집이 얼마나 많고 적은지, 더불어 군사와 전마의 수효가 얼마나 많고 적은지, 농사짓는 것이 얼마나 듬성하고 빽빽한지, 주고받은 말이 믿을 수 있는지 거짓인지, 일처리가 정교한지 치졸한지 흑백처럼 밝고도 밝게 분간되었다. 유관(榆關: 산해관)으로 너덧 발자국을 나서지 않고도 오랑캐가 내 눈 안에 들어있으니, 참으로 그것은 기이하였다. 더욱 기이하게 여길 만한 것은, 예로부터 오랑캐를 정탐하는 자가 헛되이 사나운 형세를 펴는 것에 미혹되지 않는 것은 어려운 일로 여겼고 반드시 거짓으로 허약한 형세를 보이는 것을 믿는 것은 쉬운 일로 여겼으니, 이것이 바로 한(漢)나라 사신이 고황제(高皇帝: 유방)를 그르친 까닭이고 왕륜(王倫)이 고종(高宗)에게 금나라를 겁내게 한 이유이다.

지금 서보(恕甫)는 단지 실제의 모습을 장황하지도 아니하고 숨기지도 아니하면서 도면으로 나타냈고 실제의 정세를 눈으로 본 것과 귀로 들은 것 그대로 기록하였을 뿐, 그 어려운 일을 말하여 겁내게 하지도 않았고 그 쉬운 일을 말하여 교만하게 하지도 않았으며, 반드시 쳐들어온다거나 반드시 쳐들어오지 않는다고 말하지 않는 것도 스스로 그 요령을 터득한 것으로 생각되었다. 아아! 제 스스로 능히 적들의 참마음을 알 수 있다고 말하는 자는 남의 나라에 화를 끼치지 않음이 드물었다.

지금 서보(恕甫)는 나이가 어린 무사(武士)로서 나라에 일이 많은 때를 맞아서 그 일처리 하는 것이 주밀하고 조심스럽기가 이와 같았으니, 승상은 반드시 스스로 사람을 알아봄이 훌륭했다고 여길 것이고 성군

(聖君)은 반드시 간신(幹臣) 얻음을 기뻐할 것이리니, 훗날의 성취할 바가 기이함을 어찌 헤아릴 수가 있겠는가. 늙은이는 미리 축하하노라.

만력 24년 병신년(1596) 4월 11일 서봉(西峯) 신숙(申熟)이 쓰다.

臣於上年十一月二十□□, □朝[1], 十二月十五日, 到江界[2]。適値府使
許頊[3], 以防備撿勅事, 出在其境內所屬鎭堡[4], 仍留本府, 以待其回。十
七日還官[5], 遂與相會, 問邊上虜情之可問者, 備辦盤纏[6], 二十日發
□[7], 二十一日到滿浦鎭[8]。以待嚮導[9]胡人之來, 是日向暮, 梨坡[10]□酋
胡[11]童汝乙古[12]·童愎應古等出來。二十二日朝, 前僉使柳濂[13], 出在
懷遠館, 招兩胡, 饋以酒食, 各給米·布後, 臣與鄕通事[14]羅世弘·河世
國·鎭奴姜守及臣奴子[15]春起等, 竝晌午離發滿浦, 氷渡鴨綠江, 前向奴

---

1) 十一月二十□□, □朝(십일월이십□□, □조): 《선조실록》에는 없음.
2) 江界(강계): 평안북도 북동부의 강계군.
3) 許頊(허욱, 1548~1618): 본관은 陽川, 자는 公愼, 호는 負暄. 1572년 春塘臺文科에
   급제하였다. 현감 때부터 치적을 쌓고 1591년 공주목사가 되었다. 이듬해 임진왜란이
   일어나자 금강을 굳게 지켜서 호서·호남 지방을 방어하는 데 공을 세웠다. 또한 僧將
   靈圭를 불러 도내의 승군을 뽑은 뒤 장수로 삼았고, 의병장 趙憲과 함께 청주성을 탈환
   하는 데 성공하였다. 1593년 충청도관찰사가 된 뒤, 서울 수복을 위해 군대를 通津·禿
   山城 등지로 주둔시키다가 도원수 權慄로부터 內浦가 풍년임에도 불구하고 군량을 충
   분히 확보치 못한다고 탄핵을 받아 파직되었다. 곧 이조의 요청과 柳成龍의 추천으로
   형조참의에 임명되고, 請使로 명나라에 건너가 산동지방의 곡식 2만 2,700섬을 얻어왔
   다. 그 뒤 강계부사로서 여진족의 움직임을 정탐해 보고하였다. 이어 의주부윤·평안도
   관찰사·병조참판 등을 지냈으며, 1604년 이조판서가 되었다. 임진왜란 때 불타고 남은
   역대의 실록을 다시 印出해 史庫에 봉안할 때 知春秋館事로 활약하였다. 그 뒤 한성부
   판윤에 특별히 제수되었다가 다시 평안도관찰사를 거쳐 호조판서가 되었다. 1606년 우
   의정에 올랐고, 이어 좌의정이 되었다.
4) 鎭堡(진보): 조선시대 때 함경도·평안도의 북방 변경에 있던 각 鎭을 이르는 말.
5) 還官(환관): 임소로 돌아옴.
6) 盤纏(반전): 먼 길을 떠나 오가는데 드는 비용.
7) □: 《선조실록》에는 行으로 되어 있음.
8) 滿浦鎭(만포진): 평안북도 강계군 만포읍에 있던 국경의 要鎭.
9) 嚮導(향도): 《선조실록》에는 嚮道로 되어 있음.
10) 梨坡(이파): 평안북도의 지명.
11) □胡(□호): 《선조실록》에는 酋胡로 되어 있음.
12) 童汝乙古(동여을고): 《선조실록》에는 童女乙古로 되어 있음.
13) 柳濂(류렴): 滿浦僉使를 지낸 인물이나, 더 이상 자세한 인물정보를 알 수 없음.
14) 鄕通事(향통사): 조선시대 때 의주나 부산 등지에서 통역을 맡던 사람.
15) 臣奴子(신노자): 《선조실록》에는 臣奴로 되어 있음.

酋家進發。

自二十二日，至二十八日，所經一路事，載錄于圖。

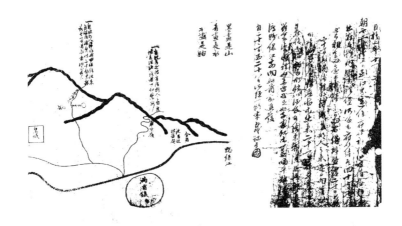

墨畫是山。

鴨綠江。

靑畫是水。

朱畫是路。

金岩，沈思遜[16)]被害處。

一。自沈思遜被害後，胡人之自梨坡來往此路者，一切禁斷。

車踰嶺。

滿浦鎭。

---

16) 沈思遜(심사손, 1493~1528): 본관은 豊山, 자는 讓卿. 1513년 사마시에 합격하고,
1517년 별시문과에 3급제하였다. 승문원을 거쳐 예문관에 들어가 史官으로 오래 있으
면서 사실대로 기록하였다. 1523년 비변사 낭관으로 서북면의 야인 정벌에 공을 세우
고, 예조좌랑·사간원정언을 거쳐 병조정랑이 되어서는 군무에 숙달함을 인정받아 중
대한 일은 반드시 도맡아 처리하였다. 홍문관에 들어가 수찬·응교를 지내고, 1525년
경상우도어사로 나갔다가 다시 돌아와 전한·직제학을 역임하였다. 1528년 다시 서북
변경의 야인들의 준동이 심해지자 당상관에 올라 만포진 첨절제사가 되어 변방 방어에
정력을 쏟다가, 야인의 기습을 받아 살해되었다.

一。梨坡胡人歸順時, 由此路往來。自滿浦, 距梨坡, 三十餘里。部十
□坐, 酋長童汝乙古云。

皇帝墓。

巨柴項古介。

碑。

皇城。

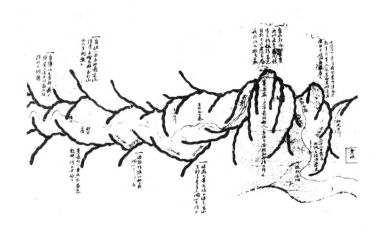

加也之川。

一。者皮洞, 乃蔓遮酋胡李阿將哈[17]於□廟辛亥年, 入寇高山里時,
造者皮舡[18]于此洞, 故因名云。

者皮洞。

二十二日, 露宿。

此洞去滿浦, 五十里。

---

17) 李阿將哈(이아장합):《명종실록》즉위년 8월 2일조 4번째 기사에 의하면, 1528년에
만포첨사 沈思遜을 죽인 오랑캐.

18) 者皮舡(지피강): 者皮船. 짐승의 털·가죽으로 만든 소형의 배. 주로 女眞人이 강을
건널 때 사용하였다.

仇郞哈嶺。

仇郞哈川。

仇郞哈洞。

一。自仇郞哈洞, 至蔓遮洞盡處, 其間林木交柯, 松檜參天, 自枯木大者小者, 風落橫路, 不計其數。

蔓遮嶺嶺上有叢祠[19], 胡人之過此者, 必致敬而後, 乃行云。

蔓遮川。

一。此嶺不甚高峻云。此去高山里越邊[20]李萬戶洞, 一日程云。

末乙去嶺。

唐時哈古基。

末乙去川。

唐時哈川。

列於嶺。

一。此距鴨綠江加乙軒洞, 一日可到云。

夫乙家乀川。

一。自此以西, 至奴酋家, 所經處, 無野不畊, 至於山上, 亦多開墾。

胡家二坐。

蔓遮胡人童流水農幕。

起畊[21], 僅二十餘日。

獐項

一。自獐項, 至營部落上端, 幾六七里許, 兩山阻隘, 樹木稠密。

---

19) 叢祠(총사): 서낭당. 마을의 수호신으로 서낭을 모셔놓은 신당. 마을 어귀나 고갯마루에 원추형으로 쌓아 놓은 돌무더기 형태로, 그 곁에는 보통 神木으로 신성시되는 나무 또는 장승이 세워져 있기도 하다. 이곳을 지날 때는 그 위에 돌 세 개를 얹고 세 번 절을 하기도 한다.

20) 越邊(월변): 건너편 쪽.

21) 起耕(기경): 묵힌 땅이나 생땅을 일구어 논밭을 만듦.

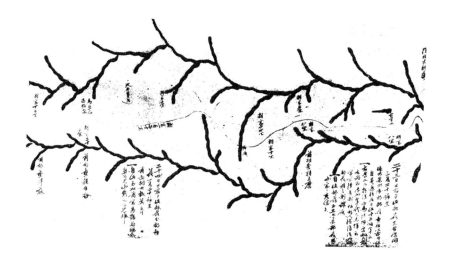

古營丘。

胡家八坐。

二十三日, 止宿于此部落, 去者皮洞, 三息[22]二十餘里。

此乃建州衛[23]初部落。童楮叱古닥고, 自蔓遮, 移居于此, 十五餘年云。

一。古營丘, 乃朝鮮兵馬結陣處, 而只有古老相傳, 而年代則未詳云。

營字漢音剩, 故胡人從漢語, 呼此部落, 謂之剩部落。

一。自此部落, 至王骨赤部落, 男女家家充滿矣。

胡家八坐。

酋胡李將主厚。

胡家五坐。

胡家十坐。

胡家十四坐。

獐項

---

22) 三息(삼식): 90里. 息은 거리의 단위로, 일식은 30리이다.

23) 建州衛(건주위): 중국 명나라 제3대 황제 永樂帝가 만주의 남쪽에 살고 있는 여진족을 누르기 위해 설치한 衛.

胡家二坐。

胡家一百二十坐。

二十四日，止宿于此部落，去初部落，一息二十餘里。

酋長胡女椒箕죠기。

一。自此至奴酋家，鳥鵲烏鷗竝然不見，山野亦不見雉。

地名蔓遮。

馬五十餘匹，放野。

胡家二十二坐。

酋胡童親自哈。

胡家十五坐。

酋胡童牌麻

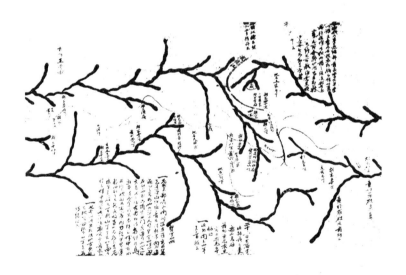

胡家八坐。

童時羅破農幕。

性川。

一。土城乃蔓遮諸部，酋長李大斗・李以難主・李林古致等，抄領千餘壯勇, 住此城, 共拒奴酋之侵凌, 奴酋遂□羣來鬪, 合戰四度, 尙且相持□□□其終不可敵, 便乘黑夜□□逃命, 今不知去處者□計云.

童時羅破爲酋胡云.

胡家五十坐.

瓮古老川.

胡家五坐.

地名王家왕갸.

馬二十餘匹, 放野.

胡家四十坐.

胡家一坐.

伊所多川.

小酋農幕.

土城.

雙古掌治.

胡家四坐.

回還時, 踰此嶺, 望見鬱靈山城.

一. 波猪江[24]源, 出梨坡北二日許云.

波猪江.

胡家五坐.

胡家八坐.

地名虛之巨.

酋胡童者打.

胡家五十餘坐.

二十五日, 止宿于此部落, 去蔓遮, 二息餘.

---

24) 波猪江(파저강): 遼寧省의 佟佳江을 명나라 때 불렀던 명칭. 鹽難水, 沸流水, 大蟲江 으로도 불렸다.

酋胡童尼求里。

家養戰馬五十餘匹。

地名籬下。

小嶺。

一。此部南去山羊會[25]，三日程云。

地名夫都求。

胡家二十餘坐。

酋胡童愁沙。

鬱靈山城。

一。尼求里部落西南間，一山崒嵂，高出半天，遙望山頂，隱隱有石城橫帶，向西透迤，問之，則乃也老江上天作鬱靈山城，四面石壁如削，只南有石門，可以通行，而有一夫當關[26]之險，古老相傳，朝鮮兵馬駐箚處，而年代則未詳云。城中有水，可泛者皮舡，又有窟，窟內刀鎗甲冑多積，而取之者輒死，故至今尙存云。去尼求里部落，則一日程，山羊會，則北去四日程云。城中胡家七八十坐，麻家爲之酋長云。

斐漢嶺。

胡家二十坐。

酋胡王兀可。

酋胡王忽可。

胡家十三坐。

斐漢坪。

一。也老江源，出靉陽地方東流，與波猪合，流下山羊會前鴨綠江云。

胡家二十四坐。

---

25) 山羊會(산양회): 야인 지역의 波猪江을 마주하고 있는 江界 소속 야인 마을.

26) 一夫當關(일부당관): 一夫當關萬夫莫開. 한 사람이 관문을 막으면 만 사람이 와도 열 수 없다는 뜻. 지세가 험해서 적은 사람으로도 지킬 수 있는 요충지를 말한다.

酋胡王骨赤。

胡家二十五坐。

胡家十餘坐。

地名者未下。

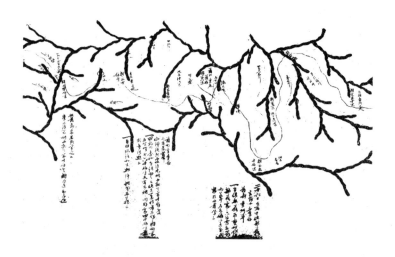

酋胡童阿之夫。

胡家二十坐。

于於諸川。

워져내。

胡都嶺。

喬老川。

地名喬老。

胡家一坐。

阿斗農幕。

黃家川。

胡家五十餘坐。

二十六日, 止宿于此部落, 去籬下, 三息餘。

酋胡童阿斗。

獐項。

一。 自此部落, 至童時伐伊部落, 家家只留守直男女若干名, 其餘以過歲事等, 歸於奴酋城云。

彌只項。

馬老川。

酋胡童麻羅好。

胡家四坐。

胡家八坐。

胡家四坐。

地名沙河乃。

曰彌川。

胡家百餘坐。

木柵。

酋胡童多古。

小酋農幕。

山端陡起處, 設木柵, 上排宮家十餘處。

烟臺27)。

一。 曰彌川北邊有路, 問之, 云此去一息程。 有石城, 城內胡家五坐, 城外六十餘坐, 又有木柵, 柵內胡家四十餘坐, 酋胡童阿愁云。

烟臺。

酋胡童歪地。

胡家十餘坐。

---

27) 烟臺(연대): 외적의 침입을 막기 위하여 변경지방에 설치한 烽燧. 적이 나타나면 연기와 햇불로 다른 연대에 알리고 信砲를 쏘아 인근 부락민들에게 알리는 일을 하였다.

一。自曰彌路北去如許[28]地界，五日程云。

仇羅川。

烟臺。

王致川。

奴酋農幕，王致掌之云。

胡家四十餘坐。

峯上設一木柵，上排弓家十餘處，柵內造家三坐。

胡家三十五坐。

木柵。

同相介川。

烟臺。

林古打川。

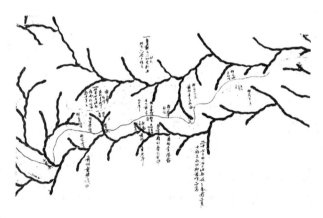

烟臺。

胡家八坐今空。

馬八匹，牛七匹，放野。

胡家四十餘坐。

---

28) 如許(예허): 海西女眞의 후룬국[忽剌國]의 4부족 중의 한 부족.

二十七日，止宿于此部落，去喬老，二息十餘里，西距奴酋城二息。

胡家十六坐。

酋胡童豆伊致哈。

烟臺。

胡家二十餘坐。

酋胡童陽古。

胡家十坐。

酋胡童欲古伊。

一。自蘇乙古部落，北去忽剌溫地界，六七日程云。

胡家二十餘坐。

酋胡蘇乙古。

胡家二坐。

酋胡童暗復應古。

地名厚之。

胡家四十餘坐。

酋胡童光斗。

烟臺。

胡家四十餘坐。

酋胡童加可。

胡家三坐。

胡老嶺。

一。奴酋世居此部落，今移林古打，十年云。

胡家二十餘坐。

酋胡童時伐伊。

胡家二坐。

胡家三十餘坐。

小里嶺。

小里川。

胡家。

胡家。

胡家。

胡家。

一。由此嶺，疾馳東南，則三日可達大吉號里云。

敎場。

胡家。

胡家。

胡家。

一。此部有梨樹一條。

胡家。

胡家。

胡家。

地名林古打。

外城。

內城。

木柵。

奴酋家。

子。卯。午。酉。

小酋家。

天祭祠宇。

巳地。

胡家。

流向撫順。

胡家。

胡家。

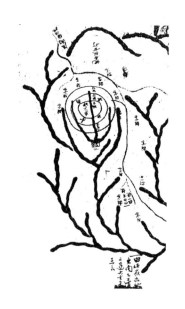

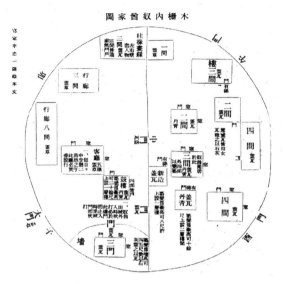

도면 출처 : 청사자료 제3집 『개국사료』(3) 제6책

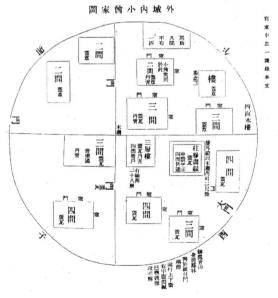

도면 출처: 청사자료 제3집 『개국사료』(3) 제6책

一。奴酋29)家, 在小酋30)家北, 向南31)造排, 小酋家, 在奴酋家南32), 向北33)造排。

一。外城周, 僅十34)里, 內城周, 二馬場35)許。

一。外城, 先以石築上數三尺許, 次布椽木, 又以石築上數三尺36), 又布椽37)木。 如是而終, 高可十餘尺, 內外皆38)以粘泥塗之, 無雉堞39)・射臺・隔臺40)・壕子41)。

一。外城門42), 以木板爲之, 又無鎖鑰, 門閉後, 以木橫張, 如我國將軍木43)之制。 上設敵樓44), 蓋之以草, 內城門45), 與外城門同, 而無門

---

29) 奴酋(노추): 누르하치(Nurhachi , 奴爾哈齊, 1559~1626). 여진을 통일하고 1616년 후금을 세웠으며 명나라와의 크고 작은 전쟁에서 여러 번 대승을 거두어 청나라 건국의 초석을 다졌다. 그가 병사한 후 아들 홍타이지가 국호를 대청으로 고치고 청나라 제국을 선포했다. 조선에서 누르하치를 奴酋로 슈르가치를 小酋로 불러 두 사람에게 추장이라는 칭호를 붙인 셈이다.

30) 小酋(소추): 슈르가치(Šurgaci, 舒爾哈齊, 1564~1611). 청나라 초기의 황족으로 탑극세의 3남이자 누르하치의 동복동생이다. 형인 누르하치를 따라 전쟁에 참가하고 건주여진의 군사를 통솔하는 등 전공을 세웠으나 형과 알력이 생겨 형에 의해 감옥에 구금되었고 후금이 세워지기도 전인 1611년 48세의 나이로 사망하였다.

31) 向南(향남):《선조실록》에는 南向으로 되어 있음.

32) 南(남):《선조실록》에는 빠진 글자임.

33) 向北(향북):《선조실록》에는 北向으로 되어 있음.

34) 十(십):《선조실록》에는 一로 되어 있음.

35) 馬場(마장): 10리나 5리 미만의 거리를 이를 때 里 대신 쓰는 단위.

36) 許, 次布椽木, 又以石築, 上數三尺(허, 차포연목, 우이석축, 상수삼척):《선조실록》에는 빠진 글자임.

37) 椽(연):《선조실록》에는 緣으로 되어 있음.

38) 皆(개):《선조실록》에는 빠진 글자임.

39) 雉堞(치첩): 성가퀴.

40) 隔臺(격대): 城 위에 드문드문 지어 놓은 집.

41) 壕子(호자): 垓子. 성 주위에 둘러 판 못.

42) 外城門(외성문): 성의 내외를 연결하는 통로. 유사시 적의 공격을 저지하고 적을 역습하거나 격퇴시키는 통로이다.

43) 將軍木(장군목): 宮門이나 城門 따위의 큰 문을 닫고 잠글 때 빗장처럼 가로지르는 굵고 긴 나무.

樓46)。

一。內城之築, 亦同外城, 有垣堞與隔臺, 自東門過南門, 至西門, 城上設候望板屋, 而無上蓋, 設梯上下。

一。內城之內, 又設木柵, 柵內奴酋居之。

一。內城中, 胡家百餘, 外城中, 胡家纔三百餘47), 外城外48)四面, 胡家四百餘。

一。內城中, 親近族類居之, 外城中, 諸將及族黨居之, 外城外49)居生者, 皆軍人云。

一。外城下底, 廣可四五尺, 上可一二50)尺, 內城下底, 廣可七八尺, 上廣同。

一。城中泉井, 僅四五處, 而51)源流不長, 故城中之人, 伐氷于川, 擔52)曳輸入, 朝夕不絶。

一。昏曉, 只擊鼓53)三通, 別無巡更54)・坐更55)之事, 外城門閉, 而內城不閉。

一。胡人木柵, 如我國垣籬, 家家雖設木柵, 堅固者, 每部落不過三

---

44) 敵樓(적루): 성문 양옆에 외부로 돌출시켜 옹성과 성문을 적으로부터 지키는 네모꼴의 臺.

45) 內城門(내성문): 성 내부에 있는 두 번째 출입문. 外城門과 함께 방어의 기능을 하고 있는 통로이다.

46) 門樓(문루): 宮門이나 城門 따위의 큰 문 위에 지은 다락집.

47) 內城中, 胡家百餘, 外城中, 胡家纔三百餘(내성중, 호가백여, 외성중, 호가재삼백여): 《선조실록》에는 外城中, 胡家纔三百餘, 內城中, 胡家百餘로 되어 있음.

48) 外(외): 《선조실록》에는 底로 되어 있음.

49) 外(외): 《선조실록》에는 底로 되어 있음.

50) 一二(일이): 《선조실록》에는 二三으로 되어 있음.

51) 而(이): 《선조실록》에는 빠진 글자임.

52) 擔(담): 《선조실록》에는 搖로 되어 있음.

53) 鼓(고): 《선조실록》에는 빠진 글자임.

54) 巡更(순경): 밤에 도둑이나 화재 따위를 경계하기 위하여 돌아다님. 야경을 돎.

55) 坐更(좌경): 초소 같은 곳에 앉아서 밤을 경계하는 것. 숙직이나 불침번을 섬.

四處。

一。城上, 不見防備器[56]具。

一。自[57]奴酋城, 西北去[58]上國撫順[59]二日程, 西去[60]清河[61]一日程, 西南去[62]靉陽[63]三日程, 南去[64]新堡四日程, 南去也老江三日程, 自也老江[65], 南去[66]鴨綠江一日程云[67]。

一。二十八日未時, 行抵奴[68]酋家, 直到其木柵內所謂客廳[69], 馬臣·佟羊才·歪乃等來見臣, 以奴酋言, 傳于臣曰: "崎嶇遠路, 跋涉勞苦, 厚意至[70]厪[71], 多謝不已." 因問文書來否, 臣答曰: "我僉使, 以都督, 委送[72]次將[73], 不可以通事卒隷, 草草[74]報謝. 玆馳專价[75], 齎送

---

56) 器(기): 《선조실록》에는 諸로 되어 있음.

57) 自(자): 《선조실록》에는 빠진 글자임.

58) 去(거): 《선조실록》에는 距로 되어 있음.

59) 撫順(무순): 중국 遼寧省 동부의 도시.

60) 去(거): 《선조실록》에는 距로 되어 있음.

61) 淸河(청하): 중국 遼東의 중요 요새인 淸河堡.

62) 去(거): 《선조실록》에는 距로 되어 있음.

63) 靉陽(애양): 중국 遼寧省 瀋陽市 인근 鳳城.

64) 去(거): 《선조실록》에는 距로 되어 있음.

65) 南去也老江三日程, 自也老江(남거야로강삼일정, 자야로강): 《선조실록》에는 빠진 글자임.

66) 去(거): 《선조실록》에는 距로 되어 있음.

67) 云(운): 《선조실록》에는 빠진 글자임.

68) 奴(노): 《선조실록》에는 老로 되어 있음.

69) 客廳(객청): 손님을 맞이하거나 손님이 거처할 수 있도록 마련한 곳.

70) 至(지): 《선조실록》에는 良으로 되어 있음.

71) 厪(근): 勤의 오기인 듯.

72) 送(송): 《선조실록》에는 遣으로 되어 있음.

73) 以都督, 委送次將(이도독, 위송차장): 도독은 누르하치의 부친 塔克世가 명나라로부터 받았던 직함임. 1583년 阿台가 군대를 일으키자 이성량이 진압하면서 누르하치의 할아버지 覺昌安과 아버지 塔克世를 적으로 오인하여 죽이는 일이 벌어졌는데, 이때 명나라는 고의적인 일이 아님을 강조하면서 누르하치에게 칙서 30통과 말 30필을 배상금으로 주었고 또한 塔克世가 명나라로부터 받았던 都督 직함을 물려주었다.

回帖, 一路所到, 別無艱楚76), 何勞苦之有?"77) 遂出帖, 遞與78)以送。
小頃, 奴酋出中門外, 請臣相見, 臣立於奴酋前, 羅世弘·河世國, 立於
臣左右差後79), 行相見禮, 禮罷, 設小酌。使馬臣等80), 慰臣於客廳, 謂
臣仍留宿於客廳。臣意以爲, 若留在此, 凡百虜情, 無從得聞, 諉之曰:
"身多疾病, 願調溫室。"遂館臣於81)外城內童親自哈家。

一。臣等入城之夕, 馬臣來言于親自哈曰:"馬料在外邊, 未及取來,
不得送去。今日則爾可備呈。"云。

一。臣以齎去盤纏, 銅爐口二·匙二十枚·箸二十雙·紙束82)·魚物
等, 言于馬臣曰:"俺慮途中或有缺乏之事, 將此等物齎來, 今別無所用,
欲奉于都督, 此意如何?"馬臣曰:"不妨事。"臣卽令馬臣, 送于奴酋兄
弟。奴酋兄弟, 皆受之而多謝云。

一。奴酋兄弟, 送馬臣·佟羊才, 逐日朝夕來問, 如有缺乏事, 隨卽探
來云。魚肉與酒, 連絡送來, 至於馬料, 亦連送不絕。歪乃, 或連83)日或
間日來問。

---

74) 草草(초초): 허둥지둥. 대충대충.

75) 專价(전개): 어떤 일을 전적으로 위임하여 보내는 使者.

76) 艱楚(간초): 괴롭고 고생스러운 것.

77) 《선조실록》1595년 11월 23일조 5번째 기사가 참고 됨. 평안도 渭源으로 산삼을 캐러
왔던 건주위 여진족이 소를 훔치다가 27명이 위원군수 金大畜에게 죽는 일이 일어나
자, 조선은 명나라의 권위를 빌려 건주위를 달래기로 하여 명나라 유격 胡大受가 그의
차관 余希元을 건주위로 보냈다. 이때 河世國이 동행하였다가 먼저 돌아와 보고를 했
는데, 조선은 호대수에게 하세국이 가져온 서신을 보여주고 답서를 써주기를 요청했지
만 호대수는 여희원의 보고를 기다리겠다고 한다. 이에, 조선은 호대수의 답서는 나중
에 작성되면 추후 사람을 따로 보내고 일단 南部主簿 申忠一과 하세국에게 만포첨사
柳濂의 답서를 가지고 먼저 건주위로 가게 한 것이다.

78) 遞與(체여): 물건 따위를 보내 주거나 건네줌.

79) 差後(차후): 관직자가 그 품계에 따라 차등 있게 앉을 때 조금 뒤에 자리하는 것.

80) 等(등):《선조실록》에는 빠진 글자임.

81) 於(어):《선조실록》에는 于로 되어 있음.

82) 紙束(지속): 종이 뭉치.

83) 連(연):《선조실록》에는 逐으로 되어 있음.

一。 馬臣本名時下, 佟羊才本名蘇屎, 上年以余相公希元[84]相會事, 出來滿浦時, 改此名云。 歪乃, 本上國人, 來于奴酋處, 掌文書云, 而文理不通。 此人之外[85], 更無解文者, 且無學習者。

一。 二十九日, 小酋[86], 請臣相見後, 令佟羊才, 設小酌以慰之。

一。 丙申正月初一日巳時, 馬臣・歪乃, 將奴酋言, 來請參宴, 臣與羅世弘・河世國往參。 奴酋門族及其兄弟姻親與唐通事, 在東壁, 蒙古沙割者・忽可・果乙者・尼麻車・諸德時・束溫・兀剌各部[87], 在北壁, 臣等及奴酋女族, 在西壁, 奴酋兄弟妻及諸將妻, 皆立於南壁炕下, 奴酋兄弟, 則於[88]南行東隅地上, 向西北, 坐黑漆倚子, 諸將俱立於奴酋後。 酒數巡, 兀剌部落新降將夫者太起舞, 奴酋便下倚子, 自彈琵琶, 聳動其身。 舞罷, 優人[89]八名, 各呈其才, 才甚生疎。

一。 是日未宴前, 相見時[90], 奴酋令馬臣, 傳言曰: "繼自今, 兩國如一國, 兩家如一家, 永結歡好, 世世無替。"云。 蓋如我國之德談也。

一。 宴時, 廳外吹打, 廳內彈琵琶, 吹洞簫・爬柳箕[91]。 餘皆環立, 拍[92]手唱曲, 以助酒興。

一。 諸將進盞於奴酋時, 皆脫耳掩, 舞時亦脫, 惟小酋不脫。

一。 初二日, 小酋送馬三匹, 來請臣等, 騎往[93]參宴。 凡百器具, 不及[94]其兄遠矣。 是日, 乃國忌[95], 而欲物色其處事狀往焉, 而不食肉。

---

84) 希元(희원): 《선조실록》에는 빠진 글자임.

85) 此人之外(차인지외): 《선조실록》에는 此外之人으로 되어 있음.

86) 小酋(소추): 《선조실록》에는 小酋兄弟로 되어 있음.

87) 束溫・兀剌各部(속온・올자각부): 《선조실록》에는 빠진 글자임.

88) 於(어): 《선조실록》에는 빠진 글자임.

89) 優人(우인): 예전에, 재주를 넘거나 익살스러운 동작으로 사람을 웃기며 풍악을 맡거나 가창을 하는 사람을 이르던 말.

90) 相見時(상견시): 《선조실록》에는 相見之時로 되어 있음.

91) 柳箕(유기): 柳笛의 오기인 듯.

92) 拍(박): 《선조실록》에는 拘로 되어 있음.

93) 騎往(기왕): 《선조실록》에는 臣等騎往으로 되어 있음.

小酋懇勸之, 臣答以亡親忌日云。

一。初三日, 酋胡童好羅厚·童亡自哈·女酋椒箕, 請臣設宴, 奴酋所教云。

一。童好羅厚, 將宴罷, 帶瞎一目者, 來示曰: "此人, 乃田臘96)於山羊會近處者。山羊會越邊朴時川, 卽捉得鷙鳥之處, 而爾國人, 必窺伺偸去, 不可禁止耶?" 臣答曰: "某時·某處人偸去? 其人狀貌, 如何? 我國法令甚嚴, 誰敢越境, 以偸爾等之物乎? 萬無是理97)。"云, 則好羅厚曰: "近無偸去者, 如或有之, 另加禁止。"云。

一。初四日, 小酋送修羊才, 請臣曰: "軍官不但爲兄而來, 我亦當接待。"遂館臣於其將多之家。多之, 乃小酋四寸兄也。因設酌, 入夜而罷。

一。多之問我國人勇弱與否於修羊才, 修羊才曰: "滿浦宴享時, 列立軍數, 約98)有三四百。背負矢服99), 前抱弓帒100), 箭則羽落而無鏃, 弓則前拆而後裂, 只爲他國笑資。如此等輩, 不用弓箭, 只將一尺劍, 可斫四五百人101), 但恨臂力有限。"兩人相與大嚥。臣曰: "我僉使, 若欲誇示102)軍威, 當以悍兵精卒·强弓利鏃, 大張聲勢。羊才所見者, 不是軍兵, 只是103)在庭供給之人與禁喧軍牢104)也。"

一。多之曰: "我王子與爾國, 將欲結爲一家, 故爾國被擄人, 厚加轉

---

94) 及(급):《선조실록》에는 如로 되어 있음.

95) 國忌(국기): 나라의 제삿날. 明宗의 妃인 仁順王后 沈氏의 국기일이어서, 이날 술과 고기를 먹지 않았다.

96) 臘(랍):《선조실록》에는 獵으로 되어 있음.

97) 萬無是理(만무시리): 결코 그럴 리가 없음.

98) 約(약):《선조실록》에는 弱으로 되어 있음.

99) 矢服(시복): 화살통.

100) 弓帒(궁대): 활집.

101) 人(인):《선조실록》에는 빠진 글자임.

102) 示(시):《선조실록》에는 視로 되어 있음.

103) 只是(지시):《선조실록》에는 是只로 되어 있음.

104) 禁喧軍牢(금훤군뢰): 행사나 행차 때에 어지러이 떠드는 것을 금지시키는 군졸.

買, 多數刷還。我王子毋[105]負於爾國, 爾國則多殺我採蔘人, 採蔘是何
等[106]擾害, 而殺傷至此也? 情義甚薄, 深啣怨憾." 臣答曰:"我國之法,
凡胡人無故潛入我境者, 論以賊胡[107]。況爾國人, 夜間昏黑, 闌入數百
年曾所不來之地, 搶奪牛馬, 怯殺人民! 山谷間愚氓, 蒼皇驚怕, 自相厮
殺, 理[108]所必至, 非爲一草之故。凡我國待夷之道, 誠心納款[109]者, 則
撫恤懷柔, 自餘冒禁犯境[110]者, 則一切以賊胡論, 少不饒貸[111]。往在戊
子年間, 爾國地方饑饉, 餓莩[112]相望[113], 爾類之歸順望哺於滿浦者, 日
以數千計, 我國各饋酒食, 且給米‧鹽, 賴以生活者何限? 然則我國, 初
非有意於勦殺爾輩也。特以爾輩, 冒禁犯境[114], 自就誅戮也." 多之曰:
"信爾所言, 渭原[115]管兵官[116], 緣何革職治罪乎?" 臣答曰:"渭原[117]管
兵官被罪者, 非獨以勦殺爾輩也。邊上管兵之官, 巡邏瞭望, 此其職也。
渠不謹巡邏瞭望, 致令爾輩, 闌入我境, 人民‧牛畜, 多被[118]殺掠, 罪在
罔赦, 所以革職治罪也。若於爾們來到我境之時, 瞭望戒嚴, 使不得越
境, 則我民與爾等, 俱無厮殺之患矣." 多之更無所言, 只他閑說話。

---

105) 毋(무):《선조실록》에는 無로 되어 있음.

106) 等(등):《선조실록》에는 빠진 글자임.

107) 賊胡(적호): 조선을 떠받들지 않고 국경 일대를 침략하는 여진 집단. 반면, 藩胡는
　　조선을 정치적으로 上國 내지 國家로 떠받드는 대신 경제적인 혜택을 받는 여진 집단
　　들을 가리킨다.

108) 理(이):《선조실록》에는 勢로 되어 있음.

109) 納款(납관): 온 정성을 다 바쳐 성심으로 복종함.

110) 冒禁犯境(모금범경):《선조실록》에는 冒犯禁境으로 되어 있음.

111) 饒貸(요대): 잘못을 너그러이 용서함.

112) 莩(부):《선조실록》에는 殍로 되어 있음.

113) 相望(상망): 끊임없이 이어진 모습을 형용하는 말.

114) 冒禁犯境(모금범경):《선조실록》에는 冒犯越境으로 되어 있음.

115) 渭原(위원):《선조실록》에는 渭源으로 되어 있음.

116) 官(관):《선조실록》에는 빠진 글자임.

117) 渭原(위원):《선조실록》에는 渭源으로 되어 있음.

118) 被(피):《선조실록》에는 致로 되어 있음.

一。佟羊才曰：“爾國宴享時，何無一人身穿錦衣者也[119]？”臣曰：“衣章所以辨貴賤，故我國軍民，不敢着錦衣，豈如爾國上下同服者乎？”羊才無言。

一。多之問臣曰：“爾國有飛將軍[120]二人云，然乎[121]？今在那裏？”臣答曰：“非止二人，在南邊者多，而來此則二人，一爲碧潼郡守[122]，一爲寧遠郡守，而南邊倭賊，已盡驅逐，故其飛將等，近當來防于此處矣.”多之曰：“吾[123]聞能飛云，欲聞其實.”臣曰：“兩手各提八十餘斤長劍，馳馬上下絶壁，或出入[124]小戶，略無所碍[125]。或超過大川，或往來樹梢，如履平地，或數日之程，一夜間可能往返.”多之曰：“能超過幾步廣川也？”臣曰：“如波猪江，則可以超過矣.”多之顧其左右而吐舌。

一。初五日朝，歪乃持回帖與[126]黑段圓[127]領三件・貂皮六令・藍布四疋・綿布四疋而來，臣與羅世弘・河世國各一件，貂皮則臣與羅世弘各三令，布疋則分與姜守・春起。小酋亦送黑段圓[128]領三件[129]・黑靴[130]精具三件于臣與羅世弘・河世國。臣言于歪乃・佟羊才曰：“我以滿浦軍官，只持文書往復而已，有何句幹，膺此兩都督[131]重禮？分旣家

---

119) 也(야): 《선조실록》에는 耶로 되어 있음.

120) 軍(군): 《선조실록》에는 빠진 글자임.

121) 乎(호): 《선조실록》에는 耶로 되어 있음.

122) 碧潼郡守(벽동군수): 《선조실록》 1595년 9월 6일조 1번째 기사에 의하면 李時彦 (1535~1628)인 듯. 본관은 全州, 자는 君美, 호는 秋泉. 1590년 사헌부장령, 1592년 성균관사예, 사간원헌납을 지냈고 1593년 사간원사간이 되었다. 이듬해 전라도병사를 거쳐 1595년 경상도어사와 碧潼군수를 지냈다.

123) 吾(오): 《선조실록》에는 我로 되어 있음.

124) 入(입): 《선조실록》에는 빠진 글자임.

125) 碍(애): 《선조실록》에는 礙로 되어 있음.

126) 與(여): 《선조실록》에는 빠진 글자임.

127) 圓(원): 《선조실록》에는 團으로 되어 있음.

128) 圓(원): 《선조실록》에는 團으로 되어 있음.

129) 三件(삼건): 《선조실록》에는 各三件으로 되어 있음.

130) 靴(화): 《선조실록》에는 鞍으로 되어 있음.

丁, 尤極未安。承領無名, 情願132)返133)璧134)."歪乃·佟羊才, 各將臣
意, 分告兩酋。兩酋云: "前者馬臣等, 歸滿浦時, 所受物件, 儀數極多,
馬臣等猶且135)無辭, 拜受而來。今此軍官, 如是云云, 則受來馬臣
等136), 將置顏於何地? 下人所給, 物不足貴, 只表行贐137)而已." 言未
訖, 有一胡, 來叫馬臣甚急。有頃, 馬臣回言: "王子云: '刷還之報, 不要
他物, 只138)要除職。若朝鮮除職, 則賞之以一尺之布, 猶可受也, 如不
得除職, 賞之以金帛, 而不願也.'" 臣答曰: "當歸告僉使." 觀其意, 欲以
與上國及我國結好之意, 誇示胡人, 威服諸部也。又曰: "毛麟衛139)胡
人, 屢犯貴國地方, 欲設一鎭140)於惠141)山142)越邊, 以遏冒143)境賊胡,
如何?" 臣答曰: "我國東北面, 與胡密邇, 只隔一江, 故尋常往來, 歸順
者往往, 竊發144)屢興邊警145), 西北面, 則與胡居相隔數百里, 故越境
而作賊者無多。爾有兩耳, 豈不飽聞? 我知都督亦必詳悉." 馬臣曰:
"然." 臣曰: "然則旣知如此, 而又欲設鎭, 何也146)?" 曰: "今則王子統率

---

131) 都督(도독): 《선조실록》에는 都督府로 되어 있음.
132) 情願(정원): 진정으로 바람.
133) 返(반): 《선조실록》에는 反으로 되어 있음.
134) 返璧(반벽): 받은 선물을 받지 않고 돌려보낸다는 뜻.
135) 猶且(유차): 오히려.
136) 等(등): 《선조실록》에는 빠진 글자임.
137) 行贐(행신): 먼 길을 가는 사람에게 노자나 물건을 줌.
138) 只(지): 《선조실록》에는 且로 되어 있음.
139) 毛麟衛(모린위): 함경도와 경계를 서로 접한 곳에 있는 여진족. 참고로 평안도와 경
　　계를 서로 접한 곳에 있는 여진족이 建州衛이다.
140) 鎭(진): 《선조실록》에는 陣으로 되어 있음.
141) 惠(혜): 《선조실록》에는 雲으로 되어 있음.
142) 惠山(혜산): 함경도 북동부에 있는 지명. 甲山府의 북변의 국방상 요지로 惠山鎭을
　　두어 兵馬僉節制使를 주재하게 하였다.
143) 冒(모): 《선조실록》에는 빠진 글자임.
144) 竊發(절발): 도적이나 강도들이 들고 일어남.
145) 邊警(변경): 외적 따위가 국경을 침입했다는 통보.
146) 也(야): 《선조실록》에는 耶로 되어 있음.

諸胡, 號令進退, 豈有違越之理?" 臣曰:"然則上年金歪斗[147]作賊於南
道[148], 當都督管束之初, 亦且如是, 他日之事, 不待見而後可知也." 則
對口[149]:"設鎭[150], 作後日啓釁之端. 凡當設施, 若不善於始, 必有悔
於終. 然此非我之所可擅斷, 事勢則如是矣." 馬臣未及對, 歪乃曰:"設
鎭之事, 且悉於回帖中, 爾其歸告僉使. 立等回話." 遂與臣出城. 童忽
哈邀臣於其家, 設酌以餞臣行[151], 酒至數巡, 臣托以日晚而罷, 忽哈拜
別臣於城外.

一[152]. 奴酋回帖云:「女直國建州衛管束夷人之主佟奴兒哈赤, 稟爲
夷情事. 蒙你朝鮮國·我女直國二國, 往來行走[153]營[154]好, 我們二國,
無有助兵之禮. 我屢次營[155]好保守天朝九百五十於里邊疆, 有遼東邊
官, 只要害我途功陞賞. 有你朝鮮國的人一十七名, 我用價轉買送去,
蒙國王稟賞, 我得知. 我們二國, 若不保心, 有你臨城堡對只地方,
着[156]我的達子[157]住着, 看守你的邊疆, 若有你的高麗地方, 生畜不見
了, 與我達子說知, 亦尋送還. 你差通事, 答滿堡城, 到我家來. 若有你
的人畜, 我送去, 我的達子, 到你地方, 你送還與我, 兩家爲律, 在無歹
情. 後日天朝官害我, 你替我方便, 壹言呈與天朝通知, 我有酬報. 星夜

---

147) 金歪斗(김왜두): 古未介의 추장. 고미개는 廢四郡의 茂昌郡과 三水郡 사이에 위치한
   古未坪이다. 이곳에는 溫下衛의 여진 부락들이 위치해 있는데, 이들은 때때로 삼수
   일대를 약탈하였다.
148) 道(도): 《선조실록》에는 邊으로 되어 있음.
149) 口(구): 《선조실록》에는 曰로 되어 있음.
150) 鎭(진): 《선조실록》에는 陣으로 되어 있음.
151) 臣行(신행): 《선조실록》에는 빠진 글자임.
152) 이 조목은 《선조실록》에 통째로 빠져 있음.
153) 行走(행주): 청나라 때의 정치용어로, 임시 파견 관원을 가리킴.
154) 營(영): 成海應의 《硏經齋全集》에는 管으로 되어 있음.
155) 營(영): 成海應의 《硏經齋全集》에는 管으로 되어 있음.
156) 着(착): 보냄.
157) 達子(달자): 韃子. 서북변의 오랑캐라는 뜻으로, 명나라에서 몽골족을 이르던 말.

力等天朝二國明文。及日回報，須至[158]稟者。

萬曆二十四年正月初五日稟。

一。觀回帖中印跡[159]，篆之以建州左衛之印。

一。發程時，逢蒙古晚者[160]于內城門外，問曰："爾久在這裏否?"答曰："俺亦初七日當回[161]還."云。

一。正月初四日，胡人百餘騎，各具[162]兵器，裹糧[163]數斗許，建旗出北門，乃烟[164]臺及防備諸[165]處擲奸[166]事出去云。旗用靑·黃·赤·白·黑，各付二幅，長可二尺許[167]。初五日，亦如之。

一。初五日，臣等出來時，汝乙古言於馬臣曰："欲將熊皮·鹿皮，賣於滿浦，買牛畊[168]田，爾可言於王子，說與軍官."馬臣入告于奴酋，奴酋曰："朝鮮不許上京之前，爾等決不可徑往滿浦買賣."云。

一。十二月二十八日，到奴酋城外，合抱之木，長可十餘尺，駕牛輸入者，絡繹於道，乃外城外設柵之木云。正月初五日，回還時見之，則運入之數，倍於前日。役軍則三四日程內部落，每一戶，計其男丁之數，分番赴役，每名輸十條云。

一[169]。

---

158) 須至(수지): 옛날 공문의 마지막에 관용적으로 사용하던 용어.

159) 跡(적): 《선조실록》에는 迹으로 되어 있음.

160) 晚者(만자): 《선조실록》에는 將晚者로 되어 있음. 몽골 호르친 副수령. 망구스(Mang γus)의 와전된 이름으로, 망구스는 우우바(Uuba)의 5촌 숙부이다.

161) 回(회): 《선조실록》에는 빠진 글자임.

162) 具(구): 《선조실록》에는 俱로 되어 있음.

163) 裹糧(척량): 《선조실록》에는 糧餉으로 되어 있음.

164) 烟(연): 《선조실록》에는 煙으로 되어 있음.

165) 諸(제): 《선조실록》에는 빠진 글자임.

166) 擲奸(척간): 부정한 일을 캐어 살핌.

167) 許(허): 《선조실록》에는 餘로 되어 있음.

168) 畊(경): 《선조실록》에는 耕으로 되어 있음.

```
       ┌─女  童好羅厚  子  忽哈
       ├─子  奴兒哈赤(己未生)  子  歹舍(庚辰生)  妻三  其下五子二
       │    女皆幼
       ├─子  毛兒哈赤(壬戌生)  子二皆幼
동교청합──자 탁시─┤   女  童親自哈  生一子  喪其妻云
       ├─子  小兒哈赤(甲子生)  子  培來(癸未生)  妻二  其下三子皆
       │    幼  長女則今正月十五日  童時羅破  將作婿云
       └─女  童甫下下
```

一。奴兒哈赤・小兒哈赤[170]同母, 毛兒哈赤異母云。

一。奴酋不肥不瘦, 軀幹壯健, 鼻直而大, 面鐵而長。

一。頭戴貂皮, 上防耳掩, 防上釘象毛如拳許, 又以銀造蓮花臺, 臺上作人形, 亦飾[171]于象毛前。諸將所戴, 亦一樣矣。

一。身穿五綵[172]龍文天益[173], 上長至膝, 下長至足, 背裁剪貂皮, 以爲緣飾[174]。諸將亦有穿龍文衣, 緣飾[175]則或以貂, 或以豹, 或以水獺, 或以山鼠皮。

一。護頂, 以貂皮八九令, 造作。

一。腰繫銀入絲金帶, 佩帨巾・刀子・礪石・獐角一條物等。

一。足納鹿皮兀剌鞋[176], 或黃色, 或黑色。

一。胡俗, 皆剃髮, 只留腦後小許, 上下二條, 辮結以垂, 口髭亦留左

---

169) 이 조목은 《선조실록》에 통째로 빠져 있음.

170) 小兒哈赤(소아합적): 청나라 태조 누르하치의 同母 동생인 아이신기오로 슈르가치 (aisin gioro šurgaci, 愛新覺羅 舒爾哈齊, 1564~1611)의 한자 이름.

171) 飾(식): 《선조실록》에는 开로 되어 있음.

172) 五綵(오채): 五方色을 일컫는 듯.

173) 天益(천익): 天翼. 무관이 입던 公服. 소매가 넓어서 장삼과 비슷한데 고름이 없고, 등에 흉배를 달고 술띠를 띤다.

174) 飾(식): 《선조실록》에는 开로 되어 있음. 緣飾은 선을 대어 장식한다는 뜻이다.

175) 飾(식): 《선조실록》에는 开로 되어 있음.

176) 鞋(혜): 《선조실록》에는 靴로 되어 있음.

右十餘莖, 餘皆鑷去。

一。奴酋除拜都督十年, 龍虎將軍三年云。

一。奴酋出入, 別無執器械, 軍牢等引路[177], 只諸將, 或二或四作雙, 奴酋騎則騎, 步則步而前導, 餘皆或先或後而行。

一。小酋, 體胖壯大, 面白而方, 耳穿銀環, 服色與兄一樣矣。

一。奴酋, 自其家, 南向[178]大吉號里路[179]一日程, 北向[180]如許路[181]一日程, 各設一堡, 西向[182]遼東路[183]一日程, 設十堡。將則以酋長之在城中者定送, 滿一年相遞, 軍則以各堡附近部落調送, 十日相遞云。

一。奴酋, 除遼東地方[184]近處, 其餘北·東·南三四日程內, 各部落酋長, 聚居於[185]城中。動兵時, 則傳箭[186]於諸酋, 各領其兵, 軍器·軍糧, 使之自備。兵之多寡, 則奴酋定數云。

一。奴酋, 諸將一百五十餘[187], 小酋, 諸將四十餘[188], 皆以各部酋長[189]爲之, 而率居於城中。

一。烟[190]臺軍人, 并家口二戶入接, 滿一年相遞[191], 糧餉則[192]計其

---

177) 引路(인로): 높은 벼슬아치의 길을 인도함.

178) 向(향): 《선조실록》에는 距로 되어 있음.

179) 路(로): 《선조실록》에는 빠진 글자임.

180) 向(향): 《선조실록》에는 距로 되어 있음.

181) 路(로): 《선조실록》에는 路向路로 되어 있음.

182) 向(향): 《선조실록》에는 距로 되어 있음.

183) 路(로): 《선조실록》에는 向路로 되어 있음.

184) 地方(지방): 《선조실록》에는 빠진 글자임.

185) 於(어): 《선조실록》에는 于로 되어 있음.

186) 傳箭(전전): 전쟁 때에 傳令을 할 때에 쓰는 화살. 옛날에 북방의 오랑캐들이 전쟁을 할 적에 군대를 통솔하기 위하여 화살을 전하는 것으로 호령을 삼았다.

187) 一百五十餘(일백오십여): 《선조실록》에는 一百五十餘名으로 되어 있음.

188) 四十餘(사십여): 《선조실록》에는 四十餘名으로 되어 있음.

189) 長(장): 《선조실록》에는 빠진 글자임.

190) 烟(연): 《선조실록》에는 煙으로 되어 있음.

191) 相遞(상체): 《선조실록》에는 遞番으로 되어 있음.

人數, 每朔奴酋備送云。

　一。烟[193)]臺報變時, 不用烟[194)]火, 只擊木梆, 以隣臺相准爲限, 相准則輒走避匿, 恐被賊害也云。

　一。路逢[195)]一胡, 載其家藏雜物於所乙外발외[196)], 竝率家屬而去, 問之, 則靉陽[197)]烟[198)]臺候[199)]望[200)]事, 前[201)]去云, 頗有怨苦之狀。

　一。糧餉, 奴酋[202)]於各處部落, 例置屯田[203)], 使其部酋長, 掌治畊[204)]穫, 因置其部[205)], 而臨時取用, 不於城中積置云。

　一。奴酋, 於大吉號里越邊朴達古介[206)]北邊, 自今[207)]年, 欲置屯田云。

　一。大吉號里越邊忍川, 童阿下[208)]農幕, 而自今[209)]年, 永爲荒棄云。問其由則曰: "道路遼遠故也." 阿下今[210)]在奴酋家[211)]。

---

192) 則(칙): 《선조실록》에는 等으로 되어 있음.

193) 烟(연): 《선조실록》에는 煙으로 되어 있음.

194) 烟(연): 《선조실록》에는 煙으로 되어 있음.

195) 逢(봉): 《선조실록》에는 빠진 글자임.

196) 於所乙外발외(오소을외발외): 《선조실록》에는 빠진 글자임.

197) 靉陽(애양): 《선조실록》에는 빠진 글자임.

198) 烟(연): 《선조실록》에는 煙으로 되어 있음.

199) 候(후): 《선조실록》에는 爲로 되어 있음.

200) 候望(후망): 적의 동정을 살핌.

201) 前(전): 《선조실록》에는 進으로 되어 있음.

202) 奴酋(노추): 《선조실록》에는 빠진 글자임.

203) 屯田(둔전): 변경이나 군사요지에 설치해 군량에 충당한 토지.

204) 畊(경): 《선조실록》에는 耕으로 되어 있음.

205) 部(부): 《선조실록》에는 處로 되어 있음.

206) 古介(고개): 《선조실록》에는 嶺으로 되어 있음.

207) 今(금): 《선조실록》에는 上으로 되어 있음.

208) 下(하): 《선조실록》에는 빠진 글자임.

209) 今(금): 《선조실록》에는 上으로 되어 있음.

210) 今(금): 《선조실록》에는 빠진 글자임.

211) 家(가): 《선조실록》에는 城中으로 되어 있음.

一。田地品膏, 則粟一斗落種, 可穫八九石, 瘠則僅收[212]一石云。

一。秋收後, 不卽輸入, 埋置於田頭, 至氷凍後, 以所乙外[213]輸入云。

一。胡人皆逐水而居, 故胡家多於川邊, 少於山谷。

一。胡家, 於屋上及四面, 竝以粘泥厚塗, 故雖有火災, 只燒蓋草[214]而已。

一。家家皆畜鷄猪‧鵝鴨‧羔羊‧犬猫[215]之屬。

一。胡人持弓矢‧甲冑‧糗糧, 去去來來, 絡繹[216]於道, 乃是出入番也[217]云, 而都是殘劣, 一無壯勇。

一。奴酋不用刑杖, 有罪者, 只以鳴鏑箭[218], 脫其衣而射其背, 隨其罪之輕重, 而多少之, 亦有打腮之罰云。

一。淸河堡將備酒肉, 以人夫六七名, 十二月二十八日, 領送于奴酋, 乃歲遺[219]云。

一。撫順唐通事, 來到奴酋家, 問其來故, 則曰: "淸河堡新設烟臺, 奴酋自行毁撤[220], 遼東官拿致[221]其次將康[222]古里, 棍打[223]二十還送, 後慮奴酋嗔怪, 將銀子五[224]百兩, 慰解其心, 令俺先告此意。"云。

---

212) 收(수):《선조실록》에는 得으로 되어 있음.

213) 以所乙外(이소을외):《선조실록》에는 빠진 글자임.

214) 蓋草(개초): 지붕이나 담에 얹기 위하여 엮은 짚.

215) 犬猫(견묘):《선조실록》에는 빠진 글자임.

216) 絡繹(낙역):《선조실록》에는 連絡으로 되어 있음.

217) 也(야):《선조실록》에는 빠진 글자임.

218) 鳴鏑箭(명적전): 요란한 소리만 내는 화살.

219) 歲遺(세유): 설 때 贈與하는 물건.

220) 行毁撤(행훼철):《선조실록》에는 欲撤毁로 되어 있음.

221) 致(치):《선조실록》에는 빠진 글자임.

222) 康(강):《선조실록》에는 唐으로 되어 있음.《선조실록》1596년 3월 17일조 3번째기사에 康古里로 나온다.

223) 打(타):《선조실록》에는 빠진 글자임.

一。唐通事云225): "奴酋, 每請銃筒於遼東, 而不許."云。

一。上年, 南道生變時, 古未介酋長金歪斗, 領兵入寇云。歪斗父周昌哈, 向化226)於我國, 賜姓名金秋227), 曾兼司僕228), 在京時仕八九年, 托以其父歸見事, 還其故土, 仍不出來云。自奴酋家, 去229)古未介, 六日程云。

一。胡人等言: "在前則230)胡人之凡有出入者, 必佩持弓箭231), 以避相侵害搶掠之患, 自王子管束之後, 遠近行走, 只持馬鞭, 王子威德, 無所擬議232)." 或云233): "前則一任自意行止, 亦且田獵資生, 今則旣束行止, 又納所獵。雖畏彼不言, 中心豈無怨忘234)?"云。

一。奴酋聚兵三千, 合氷235)卽時, 一運由末乙去236)嶺出高山里237), 一運由列於嶺出加乙軒洞, 以復渭原之讎, 因遼東官及余相公之宣諭238), 罷兵云。

一。渭原採蔘胡人等, 奴酋乃令其各部落, 刷出239)每名, 或牛一隻,

---

224) 五(오): 《선조실록》에는 伍로 되어 있음.
225) 云(운): 《선조실록》에는 言으로 되어 있음.
226) 向化(향화): 완전한 귀화를 의미하는 말.
227) 曾(증): 《선조실록》에는 有로 되어 있음.
228) 兼司僕(겸사복): 정예 기병 중심의 친위병.
229) 去(거): 《선조실록》에는 距로 되어 있음.
230) 則(칙): 《선조실록》에는 日로 되어 있음.
231) 箭(전): 《선조실록》에는 矢로 되어 있음.
232) 擬議(의의): 《선조실록》에는 議擬로 되어 있음.
233) 云(운): 《선조실록》에는 言으로 되어 있음.
234) 忘(망): 《선조실록》에는 苦로 되어 있음.
235) 合氷(합빙): 강물이 양쪽 끝까지 얼어붙음.
236) 去(거): 《선조실록》에는 巨로 되어 있음.
237) 高山里(고산리): 평안북도의 압록강 연안에 있는 지명. 북쪽은 美他里, 동쪽은 延上里, 남쪽은 南上里·延下里와 접하며 서쪽은 압록강을 경계로 중국 吉林省과 마주한다. 옛날에는 고산방이라고 하였으며, 진이 설치되었다 하여 고산진이라고도 하였다. 높은 산으로 둘러싸여 있어 고산리로 불린다고 한다.
238) 宣諭(선유): 임금의 訓諭를 백성들에게 널리 알리던 일.

或銀十八兩徵收, 以贖其私自[240]越江之罪, 其中貧不能措備[241]銀與牛者, 則幷[242]家口拿去使喚云。

一。臣留在親自哈家時, 有胡人四五來到。臣欲聞其語, 令通事, 佯睡就[243]臥而竊聽之。一胡問于親自哈曰: "今此軍官, 何幹而來?" 答曰: "爲兩國如一國, 兩家如一家而來。且將文書來, 告其國治渭原管兵官之罪, 此後各守封疆, 無相侵犯之意。" 一胡曰: "朝鮮多詐, 安知解氷前, 姑爲信使之往來, 以緩吾師乎? 且朝鮮人, 刈草・伐木・田獵於我國地方, 我國人[244]所獲[245]者, 亦皆搶奪而去。渠等所爲若此, 而何禁我們, 使不得採蔘耶[246]?"云。

一。溫火衛都酋長童姜求里之孫甫下下, 奴酋妹夫也。奴酋聞遼東及蒙古聚兵之奇, 使甫下下[247], 領兵千餘, 一同守城, 今則罷去云。甫下下守城時, 所領坡山・時番・尐可・厚地・所樞・應古等六部落, 皆屬溫火衛云。

一。溫火衛馬老部落酋長童打夫領兵, 與甫下下, 往在奴酋城, 留七朔, 今始罷歸云。

一。馬臣, 將上京之事, 問於臣, 臣答曰: "我國恪守[248]天朝法令, 此等事必須奏聞[249]天朝, 天朝許之則行, 不許則不可行。" 馬臣曰: "事當[250]如是, 若得上京, 則[251]道[252]路如何?" 臣答以路遠且險。馬臣曰:

---

239) 刷出(쇄출): 샅샅이 조사하여 찾아냄.

240) 私自(사자): 불법적으로. 몰래. 제멋대로.

241) 措備(조비): 마련함.

242) 幷(병): 《선조실록》에는 竝으로 되어 있음.

243) 就(취): 《선조실록》에는 醉로 되어 있음.

244) 人(인): 《선조실록》에는 빠진 글자임.

245) 獲(획): 《선조실록》에는 穫으로 되어 있음.

246) 耶(야): 《선조실록》에는 也로 되어 있음.

247) 奴酋妹夫也~使甫下下(노추매부야~사보하하): 《선조실록》에는 빠진 글자임.

248) 恪守(각수): 각별히 정성껏 지킴.

249) 奏聞(주문): 임금 또는 상국에게 아뢰는 일.

"楊大朝亦言其250)脩阻."云。 楊大朝，余相公254)率去255)夜不收256)，
與河世國，往來虜中者也。

一。馬臣曰："爾國沿江257)地面，留置降倭云，然乎258)?"臣曰："然."
馬臣曰："其數幾何?"臣答曰："約五六千."馬臣曰："緣何留置沿江地
面?"臣答曰："倭奴慕義來259)降。我國皆給與衣食，俾得安揷260)。渠
輩感恩懷德261)，願262)住邊上，爲國禦侮263)。我國嘉其誠款，分置沿江
諸郡矣."馬臣曰："倭子等狀貌壯大云，然耶?"臣曰："形體甚小，能潛行
草間，放丸必中."馬臣曰："雖遠264)且小，能中否?"臣曰："倭銃，能中
飛鳥，故曰鳥銃."馬臣出鐵盔265)以示曰："能透得這盔否?"臣曰："鳥銃
放丸，能穿兩重眞木防牌，籠以薄鐵者透過，此盔何足道哉?" 馬臣
則266)曰："豈至於此乎?"諸胡之立於左右者，皆相顧愕然。

一。 小酋言267)： "日後爾僉使，若有送禮268)，則不可高下於我兄

---

250) 當(당):《선조실록》에는 苟로 되어 있음.

251) 則(칙):《선조실록》에는 빠진 글자임.

252) 道(도):《선조실록》에는 途로 되어 있음.

253) 其(기):《선조실록》에는 빠진 글자임.

254) 余相公(여상공):《선조실록》에는 以余相公으로 되어 있음.

255) 率去(솔거):《선조실록》에는 빠진 글자임.

256) 夜不收(야불수): 긴급한 일을 전하기 위하여, 밤에도 중지하지 않고 달리는 擺撥軍임.

257) 江(강):《선조실록》에는 海로 되어 있음.

258) 乎(호):《선조실록》에는 耶로 되어 있음.

259) 來(내):《선조실록》에는 行으로 되어 있음.

260) 安揷(안삽): 편안하게 살게 하는 것.

261) 德(덕):《선조실록》에는 惠로 되어 있음.

262) 願(원):《선조실록》에는 留로 되어 있음.

263) 禦侮(어모): 외부의 침략을 막음.

264) 遠(원):《선조실록》에는 빠진 글자임.

265) 鐵盔(철회): 쇠로 된 투구.

266) 則(칙):《선조실록》에는 빠진 글자임.

267) 言(언):《선조실록》에는 云으로 되어 있음.

268) 送禮(송례): 사람을 보낼 때에 갖추는 예.

弟.〞云。

一269)。前日, 馬臣 · 佟羊才, 滿浦所受賞物, 盡爲奴酋兄弟所奪, 渠輩皆270)有不平之色271)。

一。建州衛, 西自272)遼東界, 東至蔓遮273), 以我國地方準計, 則西自昌城274), 東至275)高山里。左衛也老江上, 右衛海西276)地界云。

一。溫火衛, 西自黎坡部落, 東至277)古未介部落云。

一。毛麟衛, 咸鏡北道越邊云。

一。蒙古, 車上造家278), 以毳爲幕, 飢則食膻肉, 渴則飮酪漿279)云。

一。蒙古, 於春畊280)時, 多聚人馬於平野, 累日281)使之踐踏糞穢, 後播黍稷282)粟蜀秫283)諸種, 又使人馬踐踏, 至耘治收穫時, 令軍人齊力云。

一。蒙古皆着毛皮衣。

一。毛麟衛酋胡老佟, 以戰馬七十餘284)疋 · 貂皮百餘令爲禮, 十二月初生, 投降云。

---

269) 이 조목은 《선조실록》에는 가장 마지막 조목으로 되어 있음.
270) 皆(개): 《선조실록》에는 亦으로 되어 있음.
271) 色(색): 《선조실록》에는 色矣로 되어 있음.
272) 西自(서자): 《선조실록》에는 自西로 되어 있음.
273) 蔓遮(만차): 《선조실록》에는 蔓遮部落으로 되어 있음.
274) 昌城(창성): 평안북도의 압록강 하류에 있는 지명.
275) 至(지): 《선조실록》에는 止로 되어 있음.
276) 海西(해서): 《선조실록》에는 海西衛로 되어 있음.
277) 至(지): 《선조실록》에는 止로 되어 있음.
278) 造家(조가): 집을 지음.
279) 酪漿(낙장): 소나 양의 젖.
280) 畊(경): 《선조실록》에는 耕으로 되어 있음.
281) 日(일): 《선조실록》에는 累로 되어 있음.
282) 稷(직): 《선조실록》에는 빠진 글자임.
283) 蜀秫(촉출): 수수.
284) 餘(여): 《선조실록》에는 빠진 글자임.

一。馬臣言:"衛凡三十, 而投屬者, 二十餘衛."云。

一。自老酋家[285], 至蒙古王剌八나바[286]所在處, 東北去[287]一月程, 晚者[288]部落十二日程, 沙割者·忽可·果乙者·尼麻[289]車·諸憶時五部落北去[290]十五日程, 皆以今年投屬云。剌溫東北去[291]二十日程, 兀剌北去[292]十八日程, 白頭山東去[293]十日程云。

一。如許[294]酋長夫者·羅里兄弟, 患奴酋强盛, 請蒙古王剌八·兀剌酋長夫者太等兵, 癸巳九月來侵, 奴酋率兵, 迎[295]戰於虛諸部落, 如許兵大敗, 夫者戰死, 羅里逃還, 夫者太[296]投降, 所獲人畜·甲冑, 不可勝計。奴酋選所獲蒙古人二十, 被錦衣, 騎戰馬, 使還其巢穴, 二十人歸言, 奴酋威德, 故剌八令次將晩者等二十餘名, 卒[297]胡百十餘名[298], 持戰馬百匹[299]·槖駝十頭來獻。馬六十匹[300]·駝六頭與奴酋, 馬四十匹[301]·駝四頭與小酋, 其將領等, 奴酋皆厚待, 給與錦衣[302]。□[303]

---

285) 家(가):《선조실록》에는 城으로 되어 있음.

286) 나바:《선조실록》에는 빠진 글자임.

287) 去(거):《선조실록》에는 距로 되어 있음.

288) 晩者(만자):《선조실록》에는 次將晩者로 되어 있음.

289) 麻(마):《선조실록》에는 馬로 되어 있음.

290) 去(거):《선조실록》에는 距로 되어 있음.

291) 去(거):《선조실록》에는 距로 되어 있음.

292) 去(거):《선조실록》에는 距로 되어 있음.

293) 去(거):《선조실록》에는 距로 되어 있음.

294) 如許(여허): 예허. 海西女眞의 부족.

295) 迎(영):《선조실록》에는 匝으로 되어 있음.

296) 太(태):《선조실록》에는 빠진 글자임.

297) 卒(졸):《선조실록》에는 率로 되어 있음.

298) 百十餘名(백십여명):《선조실록》에는 百餘人으로 되어 있음.

299) 匹(필):《선조실록》에는 疋로 되어 있음.

300) 匹(필):《선조실록》에는 疋로 되어 있음.

301) 匹(필):《선조실록》에는 疋로 되어 있음.

302) 給與錦衣(급여금의):《선조실록》에는 給與錦衣云으로 되어 있음.

303) □:《선조실록》에는 "自奴酋家, 北距虛諸三息云.(누르하치의 집에서 북쪽으로 허제

一。夫者太投降後, 其兄晚太, 以馬百匹[304], 欲贖其弟, 而奴酋不許,
晚太以此, 亦爲投屬云。夫者太來在[305]奴酋城中, 第三年, 其家屬上下
并二十餘口[306], 十二月望前, 始爲率來云。

一[307]。如許人[308], 多着白氈衣。

一。自癸巳年[309], 如許[310]兵大敗後, 遠近諸部, 相繼投降云。

一。諸胡中, 蒙古 · 如許 · 兀剌等兵[311]最强云。

一。十二月二十九日, 小酋家有一小兒, 自言: "甘坡人." 正月初四日,
女人福只自言: "以臨海君[312]婢子[313], 壬辰年, 在鏡城時[314], 與班
奴[315]朴其土里被擄, 轉賣來此."云。初六日, 止宿于童愁沙[316]部落時,
見一男丁[317], 自言: "吾村[318]甲士朴彦守, 壬辰年八月, 胡人三十餘
名[319], 不意突入, 與裵守難 · 河德仁 · 崔莫孫等, 一時被擄, 踰白頭山

까지의 거리는 3息이 된다고 하였습니다.)"이 있음.

304) 匹(필):《선조실록》에는 疋로 되어 있음.

305) 來在(내재):《선조실록》에는 在로 되어 있음.

306) 口(구):《선조실록》에는 名으로 되어 있음.

307) 이 조목은《선조실록》에는 다음 조목과 바뀌어 있음.

308) 人(인):《선조실록》에는 胡人으로 되어 있음.

309) 年(년):《선조실록》에는 빠진 글자임.

310) 如許(여허):《선조실록》에는 如許等으로 되어 있음.

311) 兵(병):《선조실록》에는 빠진 글자임.

312) 臨海君(임해군, 1574~1609): 宣祖의 庶子. 서자이지만 서열이 첫째이므로 당연히
세자가 되어야 하나 성질이 난폭하여 아우인 光海君에게 세자 자리를 빼앗기고 비참
한 최후를 맞았다. 1592년 임진왜란이 일어나자 왕명에 의하여 順和君과 함께 金貴
榮 · 尹卓然 등을 대동하고 근왕병을 모집하기 위하여 함경도로 떠났다. 그 해 9월 반
적 鞠景仁 등에 의하여 포로가 되어 왜장 加藤淸正에게 넘겨져 高原에 수감되었다가
이듬해 부산으로 이송되었다. 여러 차례 석방협상 끝에 석방되어 서울로 돌아왔다.

313) 子(자):《선조실록》에는 빠진 글자임.

314) 時(시):《선조실록》에는 빠진 글자임.

315) 班奴(반노): 양반이 소유한 사노비 가운데 사내종.

316) 童愁沙(동수사):《선조실록》에는 童愁沙里로 되어 있음.

317) 丁(정):《선조실록》에는 子로 되어 있음.

318) 吾村(오촌): 함경도 鏡城에 있는 촌락.

西麓, 三日半, 到臥乙可部落, 不十日, 轉賣於汝延너연[320]牙叱大家, 前年冬, 又來于奴酋城內童昭史家, 以穀物載運[321]事來此."云。自臥乙可, 至汝延, 八日程, 其間幷無人家, 自汝延, 至奴酋家[322], 亦[323]八日程云。臣遇此三人, 皆欲細詢虜情其所聞見者, 而問答之際, 恐生胡人疑慮之心, 只令下人盤問[324], 而臣則似若[325]不聞者然, 胡人等亦叫還, 那人使不得久留矣。□[326]

---

319) 名(명): 《선조실록》에는 人으로 되어 있음.

320) 너연: 《선조실록》에는 빠진 글자임.

321) 運(운): 《선조실록》에는 來로 되어 있음.

322) 家(가): 《선조실록》에는 城으로 되어 있음.

323) 亦(역): 《선조실록》에는 六으로 되어 있음.

324) 盤問(반문): 자세히 캐어물음.

325) 若(약): 《선조실록》에는 亦으로 되어 있음.

326) □: 《선조실록》에는 "前日, 馬臣·佟羊才, 滿浦所受賞物, 盡爲奴酋兄弟所奪, 渠輩皆有不平之色矣."가 있는데, 그 순서가 뒤바뀐 것임.

跋[327]

歲乙未秋九月, 遼東鎭守官, 走驛書言:「奴酋, 聚人馬浩大。候氷合渡江, 隳突我西彊.」廷臣上言:"此不可以爲信急之, 亦不可以爲不信緩之, 其備之之策, 則自當豫圖之矣。須遣有智有才, 能審事機者一人, 往奴酋所, 察虛實以來."上可之。

吾族子申忠一[328], 字恕甫, 實膺其選。及其還也, 圖其山川·道里·城柵·屋廬于前, 錄其士馬·耕農·問答·事爲于後, 爲二通, 其一上進, 其一自藏。

一日, 袖其自藏者來示余, 屬余題其末。余披而閱之, 仍記其未往也。吾見之李學士好閔[329]家, 往萬里胡地, 其逆順未可知也, 而憂愁畏憚之意, 無一毫形於言面, 非識人臣之義, 有徇國之志者, 能若是乎? 於吾心固已奇之。

今觀是圖與是錄, 則虜中山川之險易也, 道里之遠近也, 城柵之寬窄也, 屋廬之多少也, 及夫士馬之衆寡也, 耕農之稀密也, 問答之信詐也, 事爲之巧拙也, 昭昭乎白黑分矣。不出楡關[330]三五步, 而虜在吾目中

---

327) 역주자가 붙인 것임.

328) 申忠一(신충일, 1554~1622): 본관은 平山, 자는 恕甫. 1583년 무과에 급제, 1595년 南部主簿로 있을 때 왕명으로 建州 누르하치성[奴兒哈赤城]에 들어가 탐지하고, 97개 조의 기사와 산천·지명·군비·풍속 등에 관한 정밀 지도를 작성·보고하였다. 이것이 〈建州紀程圖記〉이다. 1596년 咸興判官이 되었으나 임진왜란 때 錦山싸움에서 도주하고, 건주 누르하치에게 五拜三叩頭를 하여 국위를 손상시킨 죄로 파직되었다. 1599년 金海府使, 1617년 경상도 수군절도사 및 부총관에 올랐다.

329) 李學士好閔(이학사호민): 李好閔(1553~1634). 본관은 延安, 자는 孝彦, 호는 五峯·南郭·睡窩. 1579년 진사가 되어 1585년 史官으로 발탁됐으며 응교와 전한을 역임했다. 후에 집의·응교를 겸직했다. 1592년 임진왜란 때에는 이조좌랑에 있으면서 왕을 의주까지 호종했다. 임진왜란 중에는 遼陽으로 가서 명나라에 지원을 요청해 명나라의 군대를 끌어들이는 데에 크게 공헌했다. 그 뒤에는 上護軍·行司直을 거쳤으며 1595년 부제학으로 명나라에 보내는 외교문서를 전담했다. 1596년 參贊官을 지냈다. 1599년 동지중추부사가 되어 謝恩使로서 명나라에 다녀왔다.

330) 楡關(유관): 山海關.

矣, 信乎其奇也。尤可奇者, 自古覘胡者, 不惑其虛張猛勢, 以爲難, 則
必信其詐見羸形[331], 以爲易, 此漢使所以誤高皇也[332], 王倫[333]所以
惻高宗也。

今恕甫, 只圖其不可張[334]不可隱之物狀, 錄其目所見耳所聞之實情,
而不言其難, 爲之惻, 不言其易, 爲之驕, 不言其必來必不來, 自以爲得
其要領。嗚呼! 其自謂能得敵人要領者, 鮮不禍人國家。

今恕甫, 以年少武士, 當國家多事之日, 其處事詳愼若此, 丞相必自多
知人, 聖主必喜得幹臣[335], 則他日所就之奇, 其可量乎! 老夫豫賀之。

時萬曆卄四年丙申四月燈夕[336]後三日, 西峯申熟[337]仁仲題

---

331) 羸形(이형): 羸形猛勢. 형세를 허약하게 보이도록 하여 상대방을 유인했다가 맹렬한
    기세를 떨치며 격파한다는 뜻에서 나온 말이다.
332) 漢使所以誤高皇也(한사소이오고황야): "한나라 7년 韓信이 반란을 일으키자 漢
    高祖 劉邦이 친히 군대를 이끌고 정벌하러 나섰는데, 한신이 흉노와 힘을 합해 한나라
    를 공격한다는 소문을 듣자 유방은 흉노에 사신을 보냈다. 흉노는 한나라 사신이 오자
    건장한 자들과 살찐 소와 말을 숨기고 노약자와 야윈 가축만을 사신에게 보여주니 한
    나라 사신은 돌아와 흉노를 정복하기란 너무도 쉬운 일이라고 보고했다. 그러자 유방
    이 劉敬을 흉노에 사신으로 보냈는데, 유경이 돌아와서 흉노가 자신들의 단점만 보여
    주는 것은 무언가를 숨기고 있는 것이니 공격해서는 아니 된다고 하였다. 그러나 이때
    는 이미 한나라 20만 군사가 句注山을 넘어 흉노로 진격하고 있었는지라, 유방은 유경
    의 보고를 듣지 않고 계속 진격해 白登山 부근에 이르자 흉노는 과연 복병을 내어 포위
    하고 말았다. 흉노 선우의 아내에게 뇌물을 써서 1주일 만에 가까스로 풀려날 수 있었
    던 고사"를 일컬음.
333) 王倫(왕륜): 송나라 충신. 1127년 재상 秦檜의 주도로 金나라와 講和를 맺을 때 강화
    사절로 갔기 때문에 진회를 도운 사람으로 낙인이 찍혔지만 1132년 돌아와 고종에게
    금나라의 내부 사정을 매우 상세히 아뢰었다. 1139년 금나라에 잡혀갔다 죽은 徽宗의
    시신을 모시러 다시 금나라에 사신으로 갔다가 억류되고 금나라의 회유를 끝까지 거
    부하다 자결하였다.
334) 張(장): 속임. 기만함.
335) 幹臣(간신): 나라를 다스리는 재주는 부족하나 일정한 능력을 갖고 자기 직무에 충
    실한 신하.
336) 燈夕(등석): 음력 4월 초파일을 달리 이르는 말. 이날 등불을 켜므로 觀燈節이라고
    도 한다.
337) 申熟(신숙, 1537~1606): 본관은 平山, 자는 仁中.

《연경재전집 · 외집》 권50

建州紀程

만력(萬曆) 을미년(1595) 9월 요동도사(遼東都司)가 급히 보낸 역서(驛書: 역에서 띄운 공문)에 이르기를, 「누르하치[奴酋]가 사람과 말을 모아서 강물이 얼기를 기다리니, 우리의 서쪽 변경을 침범할 것이다.」라고 하자, 조정에서는 무과 급제자 신충일(申忠一, 1554~1622)을 파견해 정탐하도록 하였다. 신충일은 11월 22일 호인향도(胡人鄕導: 호인 안내자)를 기다려서 향통사(鄕通事: 통역관) 나세홍(羅世弘)과 하세국(河世國), 만포진(滿浦鎭)의 노비 강수(姜守) 등과 함께 점심 때 만포진을 떠나서 압록강(鴨綠江)을 건넜다. 명(明)나라 장관(將官) 여희윤(余希允: 여희원의 오기)과 더불어 28일 누르하치의 집에 이르렀다. 지나간 곳의 산천, 도리(道里: 거리), 성책(城柵), 살림집[屋廬]을 기록하여 2개의 두루마리를 만들었는데, 그 하나는 조정에 바치고 다른 하나는 집에 보관하였다. 《청개국방략(淸開國方略)》에 이르기를, "병신년(1596) 봄에 명나라는 관원 1명을 파견하여 조선 관원 2명과 함께 수행원[從者] 200명을 이끌고 오자, 태조(太祖: 누르하치)는 우리 군사로 하여금 죄다 갑옷을 입혀 외곽에서 군대의 위세를 보이게 하고, 묘홍과(妙洪科) 땅에서 만나 성안으로 맞아 들였는데, 특별한 예를 차려 답서를 보냈다.」고 한 것이 바로 그것이다.

누르하치[奴酋]의 집은 북쪽에 있되 남향이고, 슈르가치[小酋]의 집은 남쪽에 있되 북향이다. 외성(外城)의 둘레는 10리 정도이고, 내성(內城)의 둘레는 달리는 말이 두 바퀴 돌 정도이다.

외성은 돌을 두서너 자쯤 위로 쌓은 위에 연목(椽木)을 깔고 또 돌로써 두서너 자쯤 쌓은 위에 연목을 깔았는데, 한데 합쳐 계산하니 성의 높이는 10여 자 남짓이었다. 성벽의 안팎은 진흙으로 발랐으며 성가퀴[雉堞]도 활터[射臺]도 격대(隔臺: 성 위에 드문 드문 지은 집)도 해자(垓子: 성 주위에 둘러 판 못)도 없었다. 외성의 밑바닥은 넓이가 네다섯 자 남짓하고, 상단은 한두 자 남짓하였다. 동북방에 문을 만들었지만 자물쇠가 없어서 문을 닫을 때는 나무로 빗장처럼 가로질렀다. 위에는 적루(敵樓)를 설치하고 풀로 덮었지만, 내성문은 외성문과 같은 방식이나 문루가 없고 성가퀴와 격대가 있었다. 성의 문은 동쪽에서 남쪽을 지나 서쪽에 있었고, 판자집이 설치되었지만 지붕덮개가 없어서 적의 동정을 살피기 위해서는 사다리를 설치해 오르내리었다.

내성의 밑바닥은 일고여덟 자 남짓하고 상단의 넓이는 한두 자 남짓하였다. 내성의 안에는 호인(胡人)의 집이 100여 채인데 모두 친근한 일가붙이들이다. 외성의 안에는 호인(胡人)의 집이 300여 채인데 모두 장수들의 겨레붙이들이다. 외성을 에워싸서 사는 자들이 400여 명인데 모두 군인들이었다. 내성의 안에다 또 목책(木柵)을 설치하고 누르하치가 살고 있었다. 밤새도록 단지 북 세 번만을 칠 뿐 순찰하는 것이 없었다. 외성문은 닫지만 내성문은 열어둔 채 닫지 않았다. 성안에는 샘물이 겨우 네댓 곳이고 흐르는 물줄기가 길지 못하기 때문에 호인들은 시내에서 얼음장을 떠내어 들것에 싣고 끌어들이기를 아침저녁으로 끊이지 않았다. 호인들이 설치한 목책은 우리나라의 담장이나 울타리 같았는데, 대부분 견고하지 않았다.

서북쪽으로 무순(撫順)까지의 거리는 이틀길이며, 서쪽으로 청하(清河)까지의 거리는 하룻길이며, 서남쪽으로 애양(靉陽)까지의 거리는 사흘길이며, 남쪽으로 신보(新堡)까지의 거리는 나흘길이며, 남쪽으로 야로강(也老江)까지의 거리는 사흘길이며, 야로강에서 남쪽으로 압록강(鴨綠江)까지의 거리는 하룻길이다.

28일 미시(未時: 오후 1~3시)에 충일(忠一)이 누르하치 집에 이르러 곧장 그 목책(木柵) 안의 객청(客廳)에 도착하니, 마신(馬臣)·동양재(佟羊

才)·왜내(歪乃) 등이 누르하치의 말을 전하면서 말하기를, "험난한 먼 길을 오느라 수고했으며, 정성스러운 뜻에 참으로 감사하다."라고 하자, 대답하기를, "우리 첨사(僉使: 柳濂)께서는 도독(都督: 누르하치의 명나라 직함)이 차장(次將)에게 맡겨 보냈기 때문에 통역관이나 졸예(卒隸)들이 허둥지둥 대강 답장을 보낼 수 없다 하였다. 이에 사자(使者)를 보내어 회답의 글[回帖]을 가지고 가게 했으며, 오는 도중에 특별히 괴롭고 고생스러운 일이 없었으니 무슨 수고로움이 있었겠는가?" 하고 마침내 회답하는 글을 꺼내어 건네주었다.

조금 뒤에 누르하치가 중문(中門) 밖에 나와서 서로 만나 보기를 원하였다. 충일이 누르하치 앞에 서고 나세홍(羅世弘)과 하세국(河世國)은 좌우의 조금 뒤에 서서 상견례(相見禮)를 행하였고 그것이 끝나자 조촐한 술자리를 베풀었다. 충일에게 객청에 유숙하도록 요구하자, 충일이 오랑캐의 온갖 실정을 탐문하기 위해 병을 핑계를 대며 따뜻한 방을 간청하고, 마침내 외성(外城) 안의 대친자합(臺親自哈) 집에 묵었다. 마신(馬臣)이 친자합(親自哈)에게 부탁하기를, "말먹이가 외곽 변두리에 있어서 보내줄 수가 없으니, 오늘은 그대가 갖추라."고 하였다.

충일이 가져간 동로구(銅爐口: 놋쇠로 만든 작은 솥) 2개, 숟가락 20매, 젓가락 20쌍, 종이 뭉치, 건어물 등을 마신(馬臣)에게 건네며 누르하치에게 전해주도록 말하기를, "우리가 오는 도중에 혹여 부족한 것이 생길까 염려하여 이 물건들을 가져왔는데, 지금 별로 쓸 곳이 없어 도독(都督: 누르하치의 명나라 직함) 형제에게 바친다."고 하였다. 누르하치와 슈르가치 모두 감사해하고 술과 고기 및 말먹이를 자주 보내면서 부족한 것이 있는지 물었다. 마신(馬臣)과 동양재(佟羊才)가 아침저녁으로 와서 문안하였고, 왜내(歪乃)는 혹은 날마다 혹은 하루씩 걸러 찾아와 문안하였다.

마신(馬臣)의 본명은 시하(時下)이고 동양재(佟羊才)의 본명은 소시(蘇屎)였는데, 지난해 상공(相公) 여희원(余希元)과 만포진(滿浦鎭)에서 만났을 때 지금 이 이름으로 고쳤다. 왜내(歪乃)는 본래 상국(上國: 명나라) 사람인데 누르하치가 있는 오랑캐 땅으로 도망가서 문서를 관장하였다. 호인(胡人) 중에는 문자를 아는 사람이 없고, 오직 이 사람만이 조금 알았다.

29일 슈르가치[小酋]는 충일을 맞이하여 서로 만나보고 동양재(佟羊才)로 하여금 조촐한 술자리를 베풀어 위로하게 하였다.

병신년(1596) 정월 1일 사시(巳時: 오전 9시~11시)에 누르하치[奴酋]가 마신(馬臣)으로 하여금 전하게 한 말에 이르기를, "지금부터는 두 나라가 한 나라 같고 두 집이 한 집 같아서 영원히 우호를 맺고 대대로 변치 말자."고 하였다. 대체로 우리나라의 덕담(德談)과 같았다. 이어서 충일에게 연회에 참석하기를 청하였는데, 충일은 나세홍(羅世弘)·하세국(河世國)과 함께 가서 참석하였다.

누르하치 집안의 피붙이 및 그 형제의 인척(姻戚)과 명나라 통사[上國通事: 중국어 통역관]는 동쪽에 앉았고, 몽골(蒙古)의 사할자(沙割者)·홀가(忽可)·과을자(果乙者)·이마거(尼麻車)·제비시(諸憊時)·라온(刺溫)·올라각부(兀刺各部)는 북쪽에 앉았고, 충일·하세국·나세홍 및 누르하치의 여족(女族)은 서쪽에 앉았고, 누르하치 및 제장(諸將)의 아내들은 모두 남쪽의 온돌 밑에 섰는데 누르하치의 형제는 동남쪽 모퉁이 땅위에서 옻칠의자를 놓고 앉았으며 제장(諸將)들은 누르하치의 뒤에 함께 섰다.

술이 몇 순배 돌자, 몽골의 새로이 항복한 장수 부자태(夫者太)가 일어나 춤을 추었고, 누르하치도 의자에서 내려와 직접 비파(琵琶)를 탔다. 춤추는 것이 끝나자, 광대[優人] 8명이 나와서 자기의 재주를 보였는데, 자꾸 어긋나고 정교하지 않았다. 객청(客廳) 밖에서는 나팔을 불고 북을 쳤으며, 객청 안에서는 비파를 타고 퉁소도 불며 버들피리도 불었다. 나머지는 모두 둘러서서 손으로 박자를 맞추며 노래를 불렀다. 여러 장수들이 누르하치[奴酋]에게 잔을 바칠 때에는 귀마개[耳掩]를 벗었고 춤을 출 때에도 또한 벗었는데, 오직 슈르가치[小酋]만은 벗지 않았다.

2일 슈르가치[小酋]가 말 3필을 보내어 충일을 초대해서 그 말을 타고 가 연회에 참석했는데, 모든 기구들이 자기 형의 것에 훨씬 미치지 못하였다. 이날은 바로 나라의 제삿날(明宗의 妃인 仁順王后 沈氏의 國忌日)인데도 충일은 그곳의 형편을 살펴보려고 갔지만 고기는 먹지 않았다. 슈르가치가 고기 먹기를 간절히 권했으나, 대답하기를, "돌아가신 부모의 제삿날이다."라고 하였다.

3일 추호(酋胡) 대호라후(臺好羅厚) · 대기자합(臺己自哈)과 여추(女酋) 초기(椒箕)가 충일을 초대하고 연회를 베풀었는데, 누르하치[奴酋]가 시킨 것이었다. 대호라후(臺好羅厚)가 한쪽 눈이 애꾸인 자를 데려와 충일에게 보이며 말하기를, "이 사람은 바로 산양회(山羊會) 근처에서 사냥하는 자이다. 산양회 건너편 박시천(朴時川)은 새매가 많아서 포획하는 곳인데, 그대의 나라 사람들이 때마다 은밀히 기회를 엿보아 훔쳐가니 홀로 금지시키는 것은 불가하지 않겠는가?" 하자, 대답하기를, "국법이 매우 엄한데 누가 감히 불법으로 변경을 넘어 그대들의 물건을 훔치겠는가?"고 하였다. 그러자 대호라후(臺好羅厚)가 말하기를, "근래에는 훔쳐간 자가 없지만, 만일 혹시라도 있을 경우에는 별도로 금지시켜야 한다."고 하였다.

4일 슈르가치[小酋]가 동양재(佟羊才)를 보내어 충일을 초대하고 말하기를, "군관(軍官)은 단지 형을 위해서만 온 것이 아닐지니, 나 또한 접대함이 마땅하다."고 하면서 마침내 그의 장수 다지(多之)의 집에 충일을 머물게 하였다. 다지는 바로 슈르가치의 4촌 형이었다. 이어 술자리를 베풀었는데 밤이 되어서야 파하였다.

다지가 우리나라 사람이 용맹스러운지 나약한지를 동양재(佟羊才)에게 묻자, 동양재가 말하기를, "만포(滿浦)에서의 잔치 때 죽 벌이어 늘어선 군사의 수가 대략 삼사백 명이었습니다. 뒤로는 화살통을 지고 앞으로는 활집을 안았는데, 화살은 깃털이 떨어지고 활촉이 없었으며 활은 앞이 터지고 뒤가 찢어졌는지라, 다만 타국의 웃음거리가 될 뿐이었습니다. 이런 무리들이야 단지 한 자의 칼만으로도 사오백 명을 벨 수 있지만 팔의 힘에 한계가 있음이 한스러울 뿐입니다."고 하면서 두 사람이 서로 껄껄 웃었다. 그래서 충일이 말하기를, "우리 첨사(僉使)께서 만약 군대의 위신을 과시하고자 했으면 마땅히 사나운 정예의 병졸과 강한 활에 날카로운 화살촉으로 크게 명성과 위세를 떨쳤을 것이다. 동양재가 본 것은 다만 잔치의 뜨락에서 공급하는 사람과 금훤군뢰(禁喧軍牢: 어지러이 떠드는 것을 금지시키는 군졸)일 뿐이다."고 하였다.

다지가 말하기를, "우리 왕자(王子: 누르하치)는 그대의 나라와 일가(一家)의 인연을 맺으려하였기 때문에 그대 나라의 포로들을 후하게 전매(轉買)하여 많은 사람을 쇄환하도록 했다. 이토록 우리 왕자는 그대의 나라를 저버리지 않았거늘 그대의 나라는 산삼을 캔 우리 백성들을 많이도 죽였으니, 산삼을 캐는 것이 무슨 소동을 일으키고 해를 입혀서 살상이 이 지경에 이르렀는가?" 하였다. 이에 충일이 대답하기를, "국법은 무릇 호인(胡人)으로서 무단히 우리의 국경을 잠입하면 적호(賊胡)로 논죄한다. 하물며 그대 나라의 사람이 밤을 틈타 난입하여 소와 말을 약탈하고 인민을 겁박해 죽임에랴. 산골짜기에 사는 어리석은 백성들이 허둥지둥 놀라 저들끼리 서로 싸우고 죽인 것은 이치로 보나 반드시 그렇게 될 것이었지, 산삼을 캔 때문만은 아니다. 대개 우리나라가 오랑캐를 접대하는 도리는 성심으로 복종해오면 어루만져 도와주고 부드럽게 감싸주지만, 금령(禁令)을 어기고 국경을 침범해오면 조금도 용서하지 않는다. 지난 무자년(1588) 사이 그대 나라의 지방에 기근이 들어서 굶어죽은 시체가 즐비하자, 그대의 무리가 귀순하여 만포(滿浦)에서 먹여주기를 바라는 자가 날마다 수천 명을 헤아릴 정도였지만, 우리나라에서는 술과 음식을 많이 먹여주고 게다가 쌀과 소금까지 주었으니, 이에 힘입어 살게 된 자가 매우 많았다. 이로써 보건대, 우리나라가 그대 무리들을 무찔러 죽이는 데에 뜻을 둔 것이랴? 다만 그대의 무리가 금령을 어기고 국경을 침범하여 스스로 죽임을 당한 것이다."고 하였다. 다지가 말하기를, "그대가 말한 대로라면 위원(渭原)의 관병관(管兵官)을 왜 면직시키면서 치죄하였는가?"라고 묻자, 대답하기를, "변경의 관병관이 순찰하고 망보기를 허술히 하여 그대의 무리들로 하여금 난입하게 하였으니 면직된 까닭이다. 만약 일찍이 망보기를 주의하고 엄히 하여 그대들로 하여금 국경을 넘지 못하게 하였다면, 우리 백성들과 그대들이 어찌 싸우고 죽이는 데에 이르렀으랴?" 하였다.

동양재(佟羊才)가 말하기를, "그대의 나라는 잔치 때 왜 한 사람도 몸에 비단옷을 입은 자가 없는가?"라고 묻자, 대답하기를, "의복은 귀천을 분별하는 것이어서 우리나라의 군사들은 감히 비단옷을 입지 못하니, 어찌 그대의 나라처럼 장군과 졸개가 같은 옷을 입겠는가?" 하였다.

다지가 말하기를, "그대의 나라에 용맹스럽고 날쌘 장수[飛將軍] 두 사람이 있다고 하던데 그러하냐? 그러하지 않으냐?" 묻자, 대답하기를, "단지 두 사람만으로 그치지 않고 남쪽 변경에 있는 자도 매우 많

으나, 이 북쪽 변경에 와 있는 이가 두 사람뿐이니 한 사람은 벽동군수
(碧潼郡守)이고 다른 한 사람은 영원군수(寧遠郡守)이지만, 남쪽 변경의
왜적들을 이미 죄다 몰아서 내쫓았으므로 그 용맹스럽고 날쌘 장수들
이 머지않아 이 북쪽 변경으로 와서 방비할 것이다.”하였다. 다지가
말하기를, “능히 나는지 그렇지 않은지 보았느냐?” 묻자, 대답하기를,
“두 손에 80여 근의 장검(長劍)을 든 채로 말을 달려 절벽을 오르내리는
데, 더러는 작은 창문을 드나드는데도 조금도 걸리는 것이 없다. 혹은
큰 시내를 뛰어넘거나 혹은 나뭇가지 위를 왕래하는 데도 평지를 밟듯
이 하고, 하룻밤 사이에 갔다 올 수 있는 거리가 수백여 리이다.”고 하
였다. 다지가 말하기를, “몇 보나 되는 시내를 뛰어넘을 수 있는가?”
물으니, 대답하기를, “파저강(波猪江) 같으면 한 번에 뛰어넘을 수가 있
다.”고 하자, 다지는 좌우를 돌아보며 혀를 내둘렀다.

  5일 왜내(歪乃)가 회첩(回帖)과 아울러 흑단원령(黑段圓領) 3건, 초피(貂
皮) 6장, 남포(藍布) 4필, 면포(綿布) 4필을 가지고 왔다. 〈흑단원령은〉
충일과 나세홍(羅世弘)·하세국(河世國)이 각각 1건씩이었으며, 초피는
충일과 나세홍이 각각 3장씩이었고, 포(布)는 강수(姜守)와 충일의 노비
춘기(春起)에게도 몫몫으로 나누어주었다. 슈르가치[小酋]도 또한 흑단
원령 3건, 흑화(黑靴) 3건을 충일과 나세홍·하세국에게 각 1건씩 보내
왔다. 충일이 동양재(佟羊才)에게 말하기를, “우리는 만포(滿浦)의 군관
(軍官)으로서 단지 문서만 가지고 드나들었을 뿐인데, 무슨 감당한 일이
있다고 하여 두 도독(都督: 누르하치와 슈르가치)의 이처럼 후한 예물을 받
겠는가? 가정(家丁: 하인)에게도 선물을 나누어 주니 더더욱 매우 온당
치 않다. 진정으로 바라건대 돌려주고 싶다.”고 말하자, 왜내(歪乃)와
동양재(佟羊才)가 두 추장(酋長: 누르하치와 슈르가치)에게 되돌아가서 고

하였다. 두 추장이 이르기를, "지난번 마신(馬臣) 등이 만포에 갔다가 돌아올 때 받은 물건이 극히 많았거늘, 지금 군관이 이처럼 말한다면 마신 등은 부끄럽지 않겠는가? 하인에게 준 물건은 귀한 것이 못 되지만, 단지 먼 길을 가는데 노잣돈으로 표했을 뿐이다."라고 하였다.

말이 미처 끝나기도 전에 한 호인(胡人)이 와서 매우 급하게 마신을 불렀다. 조금 뒤에 〈마신이〉 돌아와 말하기를, "왕자(王子: 누르하치)께서 이르시기를, '쇄환에 대한 보답으로 별다른 물건을 바라지 않고 다만 벼슬 제수해 주기를 바란다. 만약 조선이 벼슬을 제수해 준다면 한 자의 베일지언정 상으로 오히려 받을 수 있겠지만, 만일 벼슬을 제수해 주지 않는다면 금과 비단일지언정 상으로 주더라도 원치 않는다.' 하셨다."라고 하였다. 충일이 대답하기를, "마땅히 돌아가서 첨사(僉使)께 고하겠다."고 하였다. 충일이 그의 의도를 보니 상국(上國: 명나라)과 우리나라와 더불어 우호를 맺은 것을 다른 호인(胡人)들에게 과시하여 모든 부락들을 위세로 복종시키고자 한 것이었다.

또 말하기를, "모린위(毛麟衛)의 호인이 자주 귀국(貴國)의 땅을 침범하니, 혜산보(惠山堡) 건너편에 진(鎭) 하나를 설치해 서로 감시하는 곳으로 삼아서 국경을 넘는 적호(賊胡)를 막고자 하는데 어떠한가?" 하자, 대답하기를, "우리나라의 동북 방면은 호인과 가까이 붙어 단지 강 하나를 사이에 두고 있기 때문에 예사스럽게 왕래하면서 귀순자가 이따금 있으나 도적들이 발호하여 자주 변경(邊警: 변경의 소란)을 일으키고, 서북 방면은 호인이 사는 곳과 수백 리가 떨어져 있기 때문에 국경을 넘어 적호(賊胡) 되는 자가 많지 않다. 도독(都督: 누르하치)도 필시 자세히 알고 있을 것으로 안다."고 하니, 마신(馬臣)이 말하기를, "그렇다." 고 하는지라, 대답하기를, "이미 이와 같음을 알면서도 어찌 진(鎭)을 설치하려는 것인가?" 하자, 그가 말하기를, "지금 왕자(王子: 누르하치)

께서 모든 호인들을 통솔하고 그들의 진퇴를 호령하니 어찌 어겨서 국경을 침범할 리가 있겠는가?"라고 하였다. 충일이 말하기를, "지난해 김왜두(金歪斗)가 함경남도 일대에서 노략질을 하였는데, 도독이 단속했던 애초에도 이와 같았으니 앞날의 일은 알 수 있다. 진(鎭)을 설치하는 것은 다만 불화를 일으키는 단서를 만드는 것이니, 필시 후회가 있을 것이다."라고 하자, 왜내(歪乃)가 말하기를, "진(鎭)을 설치하는 일은 회첩(回帖) 속에 자세히 말했으니, 그대는 돌아가 첨사(僉使)에게 고하라. 즉시 회답을 기다릴 것이다." 하고는 마침내 성 밖으로 나왔다.

여을고(汝乙古)가 마신(馬臣)에게 말하기를, "곰 가죽과 사슴 가죽을 만포(滿浦)에 가져가 팔아서 소를 사 밭을 갈려고 하니, 네가 왕자(王子: 누르하치)께 말씀드리고 군관(軍官: 신충일)에게도 말해주면 좋겠다."고 하였다. 이에 마신이 들어가 누르하치[奴酋]에게 고하니, 누르하치가 말하기를, "조선에서 상경(上京)을 허락하기 전이니 너희들이 만포에 앞질러가서 결코 매매할 수 없다."라고 하였다.

동홀합(童忽哈)이 충일을 그의 집에 초청하여 술자리를 베풀어 전송하였는데, 술이 몇 순배 돌자 충일이 날이 저물었다는 핑계로 물러나 왔다.

누르하치[奴酋]의 회첩(回帖)에 이르기를, 「여진국건주위관속이인주(女眞國建州衛管束夷人主) 동누르하치[佟奴兒哈赤]가 오랑캐의 정세에 관한 일을 아뢴다. 너희 조선국과 우리 여진국 두 나라는 사신을 왕래하면서 사이좋게 잘 지내고 있었지만, 우리 두 나라가 원군(援軍)을 보내주는 예는 있지 않았다. 나는 여러 차례 명(明)나라와 접한 950여 리 국경을 잘 보전하고 지키려 했는데, 요동(遼東)의 변관(邊官)은 단지 나를 해치려한 과정에서의 공으로 지위가 오르고 상을 받았다. 너희 조선국의 사람 17명은 내가 값을 치르고 전매하여 보내주었으니, 국왕이 상을 내려줄 것으로 나는 알았다. 우리 두 나라가 만약 마음을 지키지 못한다면, 너희 임성보(臨城堡)와 마주하고 있는 땅만은 나의 달자(達子: 몽골인)를 보내 머물게 하면서 너희 국경을 감독할 것이니, 너희의 고구려 땅에서 기르는 가축 중에 보이지 않는 것이 있을 때 나의 달자에게 알려주면 또한 찾아서 돌려보내겠다. 너희가 보낸 통사(通事)는 만보성(滿堡城: 만포성의 오기)에서 답서를 가지고 나의 집까지 찾아왔다. 만약 너희의 사람과 가축이 있다면 나는 보내줄 것이니 나의 달자가 너희의 땅에 가면 너희도 나에게 돌려보내는 것을 두 나라[兩家]의 본보기[律]로 삼아 나쁜 마음이 있지 않도록 하자. 훗날에 명나라의 관리가 나를 해치고자 하리니 너희는 나를 대신하여 이롭게 해줄 양으로 한마디의 말을 명나라에 아뢰어 제대로 알게 해주면 나도 보답이 있을 것이다. 밤낮으로 힘써 명나라와 두 나라 사이의 정식 문서를 기다린다. 제때에 회답하니 아뢰는 말이 잘 이르기를 바란다. 만력 24년(1596) 정월 5일 아룀.」이라 하였고, 건주좌위(建州左衛)의 인장이 찍혀 있었다.

충일이 길에서 보니, 호인(胡人) 1백여 기병이 각기 병기를 갖추고 양식 두어 말씩을 싸들고서 깃대를 세워 북문(北門)으로 나가고 있었는데, 연대(烟臺) 및 방비해야 할 여러 곳을 살피러 간다고 하였다. 기는 청색·황색·적색·백색·흑색으로 각각 2폭씩 붙여서 만들었는데 길이는 3자 가량 되었다.

누르하치가 장차 성책을 설치하려고 근처의 부락에서 한 집마다 그 남정의 수를 헤아려 징발해 번갈아가면서 성 밖의 아름드리나무를 베게 했다. 1인당 10개씩 날랐고, 네모가 반듯한 모양은 소에 실어 들이느라 끊이지 않았다고 하였다.

동교청합(佟交淸哈: 覺昌安, 1524~1583)의 아들이 탁시(托時: 塔克世, ?~1583)
이다. 탁시의 장녀는 동호라후(童好羅厚)에게 시집가서 아들 홀합(忽哈)을
두었다. 첫째아들 곧 누르하치(奴兒哈赤, 1559~1626)는 기미년에 태어났고
아내가 3명이며 경진년(1580)에 태어난 아들 알사(歹舍: 貴永介, 1583~1648)
에다 5남2녀를 더 두었는데 모두 어리다. 둘째아들 모아합적(毛兒哈赤:
1561~1620)은 임술년(1562: 이 자료만의 기록)에 태어났고 2남을 두었는데
모두 어리다. 차녀는 동친자합(童親自哈)에 시집가서 아들을 두었는데 그
처가 죽었다. 셋째아들 슈르가치(小兒哈赤: 少酋, 1564~1611)는 갑자년에
태어났고 아내가 2명이며 계미년(1583)에 태어난 아들 배래(培來)에다 3남
을 더 두었는데 모두 어리며, 장녀가 올해 정월 15일에 동시라파(童時羅破)와
결혼한다고 하였다. 누르하치와 슈르가치는 같은 어미이고, 모아합적은
다른 어미라고 한다.

누르하치[奴兒哈赤]는 체격이 건장하였으며 코가 곧고 컸으며 얼굴이
쇳빛이고 길쭉하였다. 머리에는 초피(貂皮: 담비 가죽) 모자를 썼는데 상
모(象毛)가 주먹만 하게 박혔고, 또 은(銀)으로 연꽃받침을 만들고 그 받
침 위에 인형(人形)을 만들어서 상모 앞에 장식하였다. 몸에는 5색으로
된 용 문양의 철릭[天益]을 입고 있었는데, 상의의 길이는 무릎까지 이
르고 하의의 길이는 발에까지 이르렀으며, 초피(貂皮: 담비 가죽)로 가장
자리를 꾸몄다. 허리에는 은실로 장식한 금띠를 달아매고 세수수건[帨
巾] · 작은 칼[刀子] · 숫돌[礪石] · 노루 뿔[獐角] 등 한 벌을 꿰어 찼다. 발
에는 사슴 가죽의 올라화(兀剌靴)를 신었는데 황색이거나 흑색이었다.
모든 장수 역시 용 문양의 옷을 입고 있었으나, 가장자리의 장식은 담
비 가죽이나 혹은 수달 가죽, 혹은 다람쥐 가죽으로 하였다.

풍속은 모두 머리카락을 바싹 깎아내고 뒤통수에만 조금 남겨서 상

하 두 가닥으로 땋아 늘어뜨렸으며, 코밑수염도 좌우에 10여 가닥만 남기고 나머지를 모두 뽑아버렸다.

누르하치[奴酋]가 출입할 때면 다만 제장(諸將) 2명이나 4명이 짝을 이루어 인도하는데, 누르하치가 말을 타면 같이 타고 걸으면 같이 걸었다.

누르하치는 도독(都督)에 제수된 것이 10년, 용호장군(龍虎將軍)에 제수된 것이 3년이었다고 한다.

슈르가치[小酋]는 몸이 살쪄서 장대하였으며, 얼굴은 희고 모가 났으며, 귀에는 은고리를 하였으며, 옷 색깔과 모양은 형과 마찬가지였다. 누르하치[奴酋]는 그의 집에서 남쪽에 설치한 한 개의 보(堡)는 대길호리(大吉號里)와의 거리가 하룻길 정도이고, 북쪽에 설치한 한 개의 보는 여허(如許)와의 거리가 또 하룻길이며, 서쪽에 설치한 열 개의 보는 요동(遼東)과의 거리가 하룻길 정도이었다. 누르하치는 친애하고 신뢰하는 호인들을 파견하여 지키게 했는데, 1년마다 교체하였다.

누르하치는 각 부락의 추장 150여 명을 거느렸고 슈르가치[小酋]는 각 부락의 추장 40여 명을 거느렸는데, 추장들은 모두 성안에서 살았다. 무릇 군사를 징발할 때에는 군사의 많고 적음을 정하여 모든 추장에게 화살을 쏘아 군령(軍令)을 전한다. 모든 추장은 각각 저마다의 부락을 거느리고 군기(軍器)와 군량(軍糧)을 갖추도록 하였다. 오직 요동(遼東) 지방의 근처만은 징발하지 않았다. 연대(烟臺)의 군인은 집식구들과 함께 들어가 거처하게 하고 1년이 차면 교체시켰는데, 매달 그 사람의 수를 계산해 양식을 지급하였다.

무릇 변고를 보고할 때에는 딱따기[木梆]를 인접한 연대가 사실과 일치하는지 서로 확인할 수 있을 정도로만 치는데, 서로 확인하면 번번이 달아나 피해 숨어버리니 적에게 해를 입을까 두려워하기 때문이라고 하였다.

경작지가 비옥하면 조[粟] 한 말을 파종하여 여덟아홉 석을 추수할 수 있고, 척박하면 겨우 한 석을 거두었다. 추수한 후에는 바로 밭머리에 묻어두었다가, 얼음이 언 후에야 부락으로 실어 들였다. 호인(胡人)들은 모두 물을 따라 살아서 호인의 집은 냇가에 많고 산골짜기에는 적었다. 집을 지을 때는 옥상 및 사면을 모두 진흙으로 두텁게 바르기 때문에 비록 화재가 니더라도 이엉만 탈뿐이었다. 집집마다 모두 닭, 돼지, 거위, 오리, 염소, 양, 개, 고양이 등을 길렀다.

죄 있는 자는 형벌로 몽둥이질을 하지 않으나 그의 옷을 벗겨놓고 명적전(鳴鏑箭: 요란한 소리만 나는 화살)으로 그 등을 쏘는데 죄의 가볍고 무거움에 따라 많이 쏘기도 하고 적게 쏘기도 하며, 볼따구니를 때리는 처벌도 있다고 하였다.

길에서 보니, 호인(胡人)은 활과 화살, 갑옷과 투구, 볶은 쌀[糗糧]을 가지고서 가고 오니 길에 끊이지 않았는데, 바로 번(番)을 들고 나는 자들이라고 하였으나, 모두가 쇠잔하고 졸렬할 뿐이었다.

청하보(淸河堡)의 장수가 술과 고기를 마련하여 예닐곱 명을 징발하여 12월 28일 누르하치에게 수레를 보내어 왔는데, 바로 세궤(歲饋: 설 때 보내는 물건)라고 하였다.

무순(撫順)의 통사(通事)가 누르하치[奴酋]의 집에 왔는지라, 충일이 그 까닭을 물으니, 대답하기를, "청하보(淸河堡)에 새로이 연대(烟臺)를 설치하자 누르하치가 마음대로 헐어 치워버리려 하니, 요동관(遼東官)이 누르하치의 차장(次將) 강고리(康古里)를 붙잡아다 곤장 20대를 쳤는데

누르하치가 성낼까 염려하여 은자(銀子) 5백 냥으로 그를 위로해 달래
도록 나로 하여금 먼저 고하라고 했다.” 하였다. 또 말하기를, “누르하
치가 늘 요동(遼東)에 총통(銃筒)을 달라고 청했으나 허락하지 않았다.”
고 하였다.

지난해 함경남도에서 변란이 일어났을 때에 고미개(古未介)의 추장
김왜두(金歪斗)가 군사를 이끌고서 쳐들어왔다고 하였다. 김왜두의 아
비 주창합(周昌哈)은 우리나라에 귀화해 성씨와 이름을 하사받아 김추
(金秋)로서 겸사복(兼司僕)이 되어 서울에 8,9년간 벼슬하며 있다가 그
아비를 뵈러 간다는 핑계로 자기의 부락으로 돌아가서는 다시 조정에
나오지 않았다고 하였다. 누르하치의 집에서 고미개까지의 거리는 엿
새길 정도였다.

호인(胡人)들이 말하기를, “종전에는 호인이 왕래하는 경우에는 반드
시 활과 화살을 차고 다녀야만 서로 해치거나 노략질하는 것을 피할
수 있었는데, 왕자(王子: 누르하치)가 단속한 후로는 단지 말채찍만 지녀
도 되는지라 왕자의 위엄과 덕망은 비겨 말할 데가 없다.”고 하였으며,
혹자가 이르기를, “종전에는 자기 뜻대로 사냥하도록 내버려 두었지만
지금은 행동거지를 단속하는 데다 사냥한 것까지 반드시 왕자에게 바
치게 하니 비록 그를 두려워하여 말하지 못할지언정 마음속으로야 어
찌 원망하고 미워함이 없겠는가?”라고 하였다.

호인(胡人)들이 서로 말하기를, “누르하치가 군사 3,000명을 모아서
강물이 얼기를 기다렸는데 일진(一陣)은 말을거령(末乙去嶺)을 거쳐 고산
리(高山里)로 나가고, 다른 일진은 열어령(列於嶺)을 거쳐 가을헌동(加乙軒
洞)으로 나아가 위원(渭原)의 원수를 갚으려 했었지만, 요동관(遼東官) 및

여 상공(余相公: 여희원)이 황제의 타이르는 말을 알리자 군사를 해산했다.”고 하였다.

누르하치가 각 부락으로 하여금 위원(渭原)에서 인삼 캐어간 호인들을 샅샅이 찾아내게 하고 한 사람당 소 한 마리나 은(銀) 18냥을 징수하여 제멋대로 강을 건넌 죄 값을 치르게 했는데, 가난해서 감당하지 못하는 자는 그 식구들을 모두 잡아다가 사환(使喚)으로 부렸다.

충일이 친자합(親自哈)의 집에 머무르고 있을 때에 호인(胡人) 네댓 명이 찾아왔다. 충일은 통사(通事)로 하여금 잠자는 척하며 누워 있으면서 몰래 엿듣게 하였다. 그랬더니 한 호인이 친자합에게 묻기를, “저 군관(軍官: 신충일)은 무슨 볼일로 왔는가?” 하니, 대답하기를, “두 나라가 한 나라와 같이 지내고 두 집이 한 집과 같이 지내기 위해서 왔다. 또 문서를 가지고 와서 그 나라가 위원(渭原) 관병관(管兵官)의 죄에 대해 다스릴 것을 고하고, 이후로는 각기 국경을 지켜서 서로 침범하지 말자는 것이다.”라고 하였다. 또 한 호인이 말하기를, “조선은 속임수가 많으니, 얼음이 풀리기 전에 짐짓 통신사(通信使)를 왕래시켜 우리의 군사를 느슨하게 하려는 것인지를 어찌 알겠는가? 또 조선인은 우리나라 땅에서 풀도 베어가고 벌목도 해가고 사냥도 해가는 데다 우리나라 사람들이 잡은 것조차도 모두 노략질해 가는데, 도리어 우리들에게는 금하여 인삼을 캐지 못하게 하니 무엇 때문인가?”라고 하였다.

온화위(溫火衛)의 도추장(都酋長) 대강구우(臺姜求愚)의 손자 보하하(甫下下)는 누르하치의 매부이다. 누르하치는 요동 및 몽골이 군사를 모은다는 소식을 듣고 보하하로 하여금 군사 1,000여 명을 거느리고 함께 성을 지키도록 했는데, 지금은 군대를 거두어 돌아갔다고 하였다. 보하하가 성을 지킬 때 거느렸던 파산(坡山)·시번(時番)·소을가(小乙可)·후지(厚地)·소추(所樞)·응고(應古) 등 여섯 부락은 모두 온화위에 예속되었다.

마신(馬臣)이 상경(上京)하는 일로 충일에게 물어서 대답하기를, "우리나라는 명(明)나라의 법령을 충실히 따르는 터라, 이런 일은 반드시 명나라에 주문(奏聞)하여 명나라가 허락하면 행하고 허락하지 않으면 행할 수 없다."고 하였다. 마신이 말하기를, "일은 응당 그와 같이 해야 하겠지만, 만약 상경하게 된다면 도로의 형편은 어떠한가?" 하는지라, 대답하기를, "길은 멀고도 험하다."고 하자, 마신이 말하기를, "양대조(楊大朝)도 역시 도로가 멀고 험하다고 말했었다."고 하였다. 양대조는 여 상공(余相公: 여희원)이 데리고 간 야불수(夜不收: 한밤중에도 활동하는 정탐병)로 하세국(河世國)과 함께 오랑캐 땅을 왕래하던 자이다.

마신(馬臣)이 말하기를, "그대 나라의 연안(沿岸) 지방에 항왜(降倭)들을 배치하여 머무르도록 했다던데, 그러한가? 그렇지 않은가?" 하자, 충일이 대답하기를, "그렇다."고 하였다. 마신이 말하기를, "그 수가 얼마나 되는가?"라고 묻자, 대답하기를, "약 5,6천 명이다." 하였다. 마신이 말하기를, "어째서 배치하여 머무르게 하는가?"라고 또 묻자, 대답하기를, "왜놈[倭奴]이 의로움을 좋아서 항복해 왔다. 우리나라는 모두에게 입을 것과 먹을 것을 주어 편안히 살 수 있도록 해주었다. 그들은 은혜에 감복하고 덕을 사모하여 변경에 머물면서 나라를 위해 외적의 침입을 막고자 하였다. 우리나라는 그들의 정성스러운 마음을 가상히 여기어 연안의 여러 고을에 나누어 배치했다."고 하였다. 마신이 말하기를, "왜놈들은 체격이 장대한가? 그렇지 않은가?" 하자, 말하기를, "체구가 몹시 작아서 풀숲 사이에 남몰래 다닐 수 있다. 총을 쏘면 하늘을 나는 새도 쏘아 맞힐 수 있기 때문에 조총(鳥銃)이라 하는 것이다." 고 하였다. 마신이 철회(鐵盔: 쇠투구)를 꺼내어 보이며 말하기를, "이 투구도 능히 뚫을 수 있는가? 없는가?"라고 묻자, 말하기를, "〈조총의 총알은〉 능히 2중으로 된 참나무 방패에 얇은 철판[薄鐵]을 덮어씌운 것도 꿰뚫고 지나가는데, 이 투구야 어찌 말할 것이 있겠는가?"라고 하였다. 마신이 좌우의 사람들을 돌아보자, 모두 놀라워했다.

슈르가치[小酋]가 말하기를, "뒷날에 그대의 첨사(僉使)가 만일 송례(送禮: 사람을 보낼 때에 갖추는 예)가 있으면, 우리 형제에게 지위 고하를 따지지 말라."고 하였다. 지난날 만포(滿浦)에서 마신(馬臣)과 동양재(佟羊才)에게 주었던 상품을 죄다 누르하치[奴酋] 형제에 의해 빼앗기자, 마신 등 모두 불평하는 기색이 있었다.

건주위(建州衛)는 서쪽으로 요동(遼東) 지경에서 동쪽으로 만차(蔓遮)까지인데, 우리나라 지역을 기준으로 삼아 따지면 서쪽으로 창성(昌城)에서 동쪽으로 고산리(高山里)까지이다. 좌위(左衛)는 야로강상(也老江上)이고, 우위(右衛)는 해서(海西) 지경이다. 온화위(溫火衛)는 서쪽으로 여파(黎坡) 부락에서 동쪽으로 고미개(古未介) 부락까지이다. 모린위(毛麟衛)는 함경북도(咸鏡北道)에서 강을 사이에 두고 서로 바라보고 있다.

몽골에서는 모두 털가죽 옷을 입었다. 몽골에서는 수레 위에 집을 짓고 털가죽으로 장막을 치며, 배가 고프면 노린내 나는 고기[膻肉]를 먹고 목이 마르면 소나 양의 젖[酪漿]을 마셨다. 봄에 밭을 갈 때가 되면 평야에 사람과 말을 많이 모아서 여러 날을 계속해 그들로 하여금 거름과 똥을 짓밟게 한 뒤에 기장과 피, 조와 수수 등 여러 종자를 뿌리고 또 사람과 말로 하여금 짓밟게 하였으며, 김매고 가꾸거나 수확할 때가 되면 군인들로 하여금 힘을 보태도록 하였다.

모린위(毛麟衛)의 추호(酋胡) 노동(老佟)이 전마(戰馬) 70필과 돈피(獤皮: 노랑담비 가죽) 100여 장을 예물로 바쳤는데, 12월 초에 투항하였다. 마신(馬臣)이 말하기를, "위(衛)는 모두 30곳인데, 투항해와 귀속한 것이 20여 위(衛)이다."고 하였다.

누르하치[老酋]의 집에서 몽골왕 나바[剌八]가 있는 곳까지는 동북쪽으로 한 달 노정(路程)이고, 만자(晩者)의 부락까지는 12일 노정이고, 사할자(沙割者)·홀가(忽可)·과을자(果乙者)·이마거(尼麻車)·제비시(諸憊時)의 다섯 부락은 북쪽으로 15일 노정인데, 모두 금년에 투항해와 귀속하였다. 그리고 나온(剌溫)은 동북쪽으로 20일 노정이고, 올라(兀剌)는 북쪽으로 18일 노정이고, 백두산(白頭山)은 동쪽으로 10일 노정인 곳에 있다.

여허(如許, 협주: 葉赫이다.)의 추장(酋長) 부자(夫者, 협주: 布齋이다.)와 나리(羅里, 협주: 納林이다.) 형제는 누르하치[奴酋]가 강성한 것을 걱정해서 몽골왕 나바[剌八]와 올라(兀剌)의 추장 부자태(夫者太, 협주: 布占泰이다.) 등의 군사를 청하여 계사년(1593) 9월에 쳐들어왔지만, 누르하치가 군사를 거느리고 허제(虛諸) 부락에서 맞아 싸워 여허(如許)의 군사를 대패시켰는데, 부자(夫者, 협주: 滿泰이다.)는 전사하고 나리(羅里)는 도주하여 돌아가고 부자태(夫者太)는 투항하였으며, 노획한 사람과 가축 및 갑옷과 투구는 이루다 헤아릴 수 없었다. 누르하치는 사로잡은 몽골 사람 20명을 뽑아서 비단옷을 입히고 전마(戰馬)에 태워 그들의 소굴로 돌려보냈는데, 20명의 사람들이 돌아가 누르하치의 위엄과 덕망을 말하였기 때문에 나바[剌八]가 차장(次將) 만자(晩者) 등 20여 명과 오랑캐 졸개

110여 명으로 하여금 전마(戰馬) 60필, 탁타(橐駝: 낙타) 6두를 누르하치[奴酋]에게 바치고 말 40필과 탁타 4두는 슈르가치[小酋]에게 바치도록 하였는데, 그 몽골의 장령(將領)들에게 모두 후하게 대접하여 비단옷을 주었다. 이때부터 원근의 부락들이 끊임없이 투항해왔다.

부자태(夫者太)가 투항하자, 그의 형 만태(晚太)는 말 100 필로 아우의 몸값을 치르고 구하려 했지만 누르하치[奴酋]가 허락하지 않으니, 만태도 투항해와 귀속하였다. 부자태는 누르하치의 성안에 지낸 지 이미 3년이 되자, 그의 집에 딸린 상하 식솔 모두 20여 명을 12월이 되어서야 비로소 데려왔다.

몽골들 중에서 여허(如許)·올라(兀剌) 등의 군대가 가장 강하였다. 여허(如許)의 사람들은 대부분 흰 솜털의 모직으로 된 옷을 입었다.

슈르가치[小酋]의 집에 있던 한 어린 아이가 스스로 말하기를, "감파(甘坡: 함경도의 지명) 사람이다."라고 하였으며, 또 여인 복지(福只)가 스스로 말하기를, "임해군(臨海君)의 여종으로 임진년(1592)에 경성(鏡城)에 있을 때 반노(班奴: 사내종) 박기토리(朴其土里)와 함께 포로가 되어 여기로 전매되어 왔다."고 하였다. 정월 6일 충일이 대수사(臺愁沙) 부락에서 머물러 묵었을 때 한 남정을 보았는데, 그가 스스로 말하기를, "오촌(吾村)의 갑사(甲士: 군인) 박응수(朴應守)로 임진년 8월에 호인(胡人) 30여 명을 만나서 배수난(裵守難)·하덕인(河德仁)·최막손(崔莫孫) 등과 함께 일시에 포로가 되었는데, 백두산(白頭山)의 서쪽 산기슭을 넘은 지 사흘 만에 와을가(臥乙可) 부락에 도착하였고, 하루가 못 되어 너연[汝延]의 아질대(牙叱大) 집에 전매되었다가 지난해 겨울에 또 누르하치[奴酋]의 성안 대소사(臺召史) 집에 왔으며 곡물을 실어 나르는 일로 여기에

왔다고 하였다. 와을가(臥乙可)에서 너연[汝延]까지는 여드레 노정(路程)
인데 그 중간에 인가가 하나도 없으며, 너연에서 누르하치의 집까지는
역시 여드레 노정이다."라고 하였다. 말한 지 얼마 되지 않아서 호인들
이 불러서 돌아갔다.

☞ 원문에는 도면을 수록했으나, 앞서 『진단학보』 10호에 실린 도면과 같으므로 여기
  서는 생략함.

萬曆乙未秋九月, 遼東都司[1]走驛言:「奴酋聚人馬, 候氷合, 寇我西
疆.」 朝廷遺武出身[2]申忠一偵之. 忠一以十一月二十二日, 待胡人鄕
導, 從鄕通事羅世弘·河世國, 鎭奴姜守等, 午離滿浦鎭. 渡鴨綠江.
與中朝將官余希允行, 二十八日, 而至奴酋家. 以所經山川·道里·城
柵·屋廬, 錄之爲二軸, 以其一進于朝, 以其一藏之家.《淸開國方略[3]》
云:「丙申春, 明遺官一員, 同朝鮮官二員, 從者二百人來, 太祖令我軍
盡甲, 觀兵于外, 遇于妙洪科地, 迎入城, 優禮答送[4]之.」者是也.

奴酋家在北而南向, 小酋家在南而北向. 外城周可十里, 內城周可馳
馬再旋. 外城壘石數三尺上設椽, 又壘石數三尺而設椽, 通計城高可十
餘尺. 內外以粘泥塗之, 無雉堞·射臺·隔臺·壕子. 城下廣可四五尺,
上廣可一二尺. 析木[5]爲門扇, 無鎖鑰, 閉時以木橫揷之. 上設樓覆茅,
內城制如外城, 無樓有雉堞隔臺. 城門東南西, 設板屋而無覆, 以備候
望, 設梯上下. 城下廣可七八尺, 上廣可一二尺. 內城中胡家百餘, 皆親
近族類也. 外城中胡家三百餘, 皆諸將族黨也. 環外城而居者四百餘,
皆卒胡也. 內城中又設木柵, 奴酋居之. 昏曉只擊鼓三通, 無徵巡. 外
城閉, 內城不閉. 城中井僅四五處, 泉源不長, 羣胡伐氷于川, 擔曳以
輸, 朝夕不絶. 胡人設柵, 如我國垣籬, 而多不堅固. 西北去撫順二日,
西去淸河一日, 西南去靉陽三日, 南去新堡四日, 南去也老江三日, 自也
老江南去鴨綠江一日.

---

1) 都司(도사): 중국 명나라 省의 군사문제를 담당하던 관직. 都指揮使司의 약칭이다.
2) 武出身(무출신): 武科에 급제한 사람.
3) 淸開國方略(청개국방략): 청나라 高宗의 칙명에 의하여 편찬한 책. 청나라 개국의 事
   蹟을 기록한 것으로, 모두 32권이다.
4) 送(송):《淸開國方略》권3에는 遺으로 되어 있음.
5) 析木(석목): 十二星次 중에서 동북방을 가리키는 별자리이므로, 동북방을 의미함.

二十八日未時, 忠一抵奴酋家, 直到木柵內客廳, 馬臣·佟羊才·歪乃
等, 傳奴酋言曰: "崎嶇遠路, 跋涉勞苦, 厚意良感." 答曰: "我僉使, 以都
督, 委送次將, 不可以通事·卒隷, 草草報謝. 玆馳專价, 賚送回帖, 一路
所到, 別無艱楚, 何勞苦之有?" 遂出帖遞與之. 少頃, 奴酋出中門外, 請
相見. 忠一立奴酋前, 世弘·世國立左右差後, 行禮罷, 設小酌. 要忠一
宿客舘, 忠一爲探虜情, 托疾病, 乞處溫室, 遂舘于外城內臺親自哈家.
馬臣囑親自哈曰: "馬草在外邊未輸, 今日你可辦備." 忠一以所賚銅鍋二
口, 匙二十枚, 箸二十雙, 紙束·鯗魚6)之屬, 遣馬臣給奴酋曰: "俺慮途
中或有缺乏, 齎此等物, 今無所用, 奉獻于都督兄弟." 奴酋·小酋並感
謝, 頻送酒肉及馬草, 問有缺乏. 馬臣·佟羊才, 朝夕來問, 歪乃或間日
來問. 馬臣名時下, 佟羊才名蘇屎, 上年, 因會余相公希元於滿浦, 改今
名. 歪乃, 本上國人, 逃入胡, 掌文書. 胡中無文, 唯此人粗解.

二十九日, 小酋, 邀忠一相見, 令佟羊才, 設小酌以慰之.

丙申正月初一日巳時, 奴酋遣馬臣, 傳言曰: "繼自今, 兩國如一國 兩
家如一家, 永結歡好, 世世無替."云. 蓋如我國德談也. 仍請忠一與宴,
忠一與世弘, 世國往焉. 奴酋門族及其兄弟姻親與上國通事, 在東壁下,
蒙古沙割者·忽可·果乙者·尼麻車·諸億時·剌溫·兀剌各部, 在北壁
下, 忠一·世國·世弘及奴酋女族, 在西壁下, 奴酋及諸將妻, 皆立於南
壁炕下, 奴酋兄弟, 於東南隅地上, 設添椅子而坐, 諸將俱立奴酋後. 酒
數巡, 蒙古新降將夫者太起舞, 奴酋下椅, 自彈琵琶. 舞罷, 優人八名,
進衒其技, 齟齬不精. 廳外擊金皷, 廳內彈琵琶, 吹簫爬柳箕. 餘皆環立,
拍手而歌,。諸將進杯於奴酋, 脫耳掩, 舞時亦然, 唯小酋不脫.

初二日。小酋遣馬三疋, 邀忠一騎往參宴. 凡需用, 不及其兄遠甚. 伊

---

6) 鯗魚(고어): 乾魚. 마른 고기.

日, 乃國忌, 而忠一要探虜情而往, 不食肉. 小酋懇勸, 答曰: "亡親忌日."

初三日. 酋胡臺好羅厚·臺已自哈, 女酋椒箕, 邀忠一設宴, 奴酋所教也. 臺好羅厚, 將瞎一目者, 示忠一曰: "此乃山羊會傍近獵者. 山羊會越邊朴時川, 多産鷲要捕, 你國人, 輒密伺偸去, 獨不可禁止否?" 答曰: "國法甚嚴, 誰敢越境, 偸你物乎?" 臺好羅厚曰: "近無偸去者, 苟有之, 另行禁止."

初四日. 小酋遣佟羊才, 邀忠一曰: "軍官不獨爲兄而至, 我亦宜接待." 遂舘忠一于其將多之家. 多之, 乃小酋從父兄也. 設7)酌, 入夜而罷. 多之問我人勇怯於佟羊才, 佟羊才曰: "滿浦宴享時, 列立軍數, 約有三四百. 背負矢服, 前抱弓帒, 箭皆羽落無鏃, 弓前拆後裂, 只爲他國笑資. 此輩只可將尺劒, 砍倒四五百人, 但恨臂力有限爾." 兩人相與大噱. 忠一曰: "我僉使, 若欲誇示軍威, 當以悍兵精卒·强弓利鏃, 大張聲勢. 羊才所見, 只是在庭供給人與禁喧軍牢也." 多之曰: "我王子欲與爾國, 結爲一家, 你國被擄人, 厚價轉買, 多數刷還. 我王子毋負你國, 你國多殺我採蔘人, 採蔘是何等撓害, 而殺傷至此也?" 忠一答曰: "國法, 凡胡人無故潛入我境者, 以賊胡論. 況你國人, 乘夜闌入, 搶奪牛馬, 劫殺人民! 山谷間愚氓, 蒼黃自相廝殺, 理所必然, 非爲採蔘故也. 凡我國待夷之道, 誠心納款者, 撫恤懷柔, 冒禁犯境者, 不饒命. 往在戊子年中, 你國地方飢饉, 餓莩相望, 你類之歸順待哺者, 日以數千計, 我國多饋酒食, 且給米塩, 賴以生活者甚衆. 由是觀之, 我國豈有意勒殺耶? 特你等, 冒禁犯境, 自就誅戮也." 多之曰: "信爾所言, 渭原管兵官, 緣何革職治罪乎?" 答曰: "邊上管兵官, 不謹瞭望, 致令你輩闌入, 所以革職. 若早戒嚴, 使你們不得越境, 則我民與你等, 豈至廝殺?" 佟羊才曰:

---

7) 設(급): 設의 오기인 듯.

"你國宴享時, 何無一人身穿錦衣者?" 答曰: "衣章所以辨貴賤, 我國軍
民, 不敢着錦衣, 豈如你國上下同服乎?" 多之曰: "你國有飛將軍二人
云, 然否?" 答曰: "非止二人, 在南邊者極多, 而來此者只二人, 一爲碧
潼郡守, 一爲寧遠郡守, 南邊倭, 已盡驅逐, 飛將等, 近當來防此處." 多
之曰: "審能飛否?" 答曰: "兩手能提八十餘斤長劍, 馳馬上下絶壁, 或出
入小戶, 無所碍. 或躍過大川, 或超上樹稍[8], 往來如平地, 一夜間往還
數百餘里." 多之曰: "能躍過幾許否?" 答曰: "如婆猪江, 可以一躍而
過." 多之顧左右而吐舌.

　　初五日, 歪乃持回帖及黑緞圓領三件·貂皮六令·藍布四疋·綿布四
疋. 與忠一及世弘·世國衣各一件, 貂皮與忠一世弘各三令, 布分與姜
守及忠一奴春起. 小酋亦送黑緞圓領三件·黑靴三件與忠一世弘·世國
各一. 忠一言于佟羊才曰: "我以滿浦軍官, 只將文書往復, 有何勾幹,
領此兩都督重禮? 分睨家丁, 尤所不安. 情願還呈." 歪乃·佟羊才, 回
告兩酋. 酋言: "前日馬臣等, 歸自滿浦, 領受物甚夥, 今軍官所言若是,
馬臣等得無愧乎? 下人所給, 尤不足貴, 只表行貺." 言未已, 一胡呼馬
臣甚急. 有頃, 回言: "王子云: '刷還之報, 不要他物, 只要除職. 若朝鮮
除職, 則賞之以一尺之布, 猶可受也, 如不蒙除職, 雖賞以金帛, 不願受
也.'" 忠一答曰: "當歸告僉使." 忠一察其意, 欲以與上國及我國結好之
意, 跨示輩胡, 威服諸部也. 又曰: "毛麟衛胡人, 屢犯貴國地方, 我國設
一鎭於惠山堡, 相瞭望處, 以遏冒境賊胡, 如何?" 答曰: "我國東北面,
與胡密邇, 只隔一江, 尋常往來, 歸順者往往, 竊發屢興邊警, 西北面,
與胡部隔遠數百里, 越境作賊者無多. 都督亦必詳悉." 馬臣曰: "然." 答
曰: "旣知如此, 何胡設鎭?" 曰: "王子今方統攣諸胡, 號令進退, 寧有違
越者?" 忠一曰: "前年金歪斗作賊南道, 當都督管束初, 亦如是, 他日事

---

8) 稍(초): 梢의 오기.

可知。設鎮, 徒作啓釁之端。必有悔也。"歪乃曰:"設鎮事, 具悉回帖, 你其歸告僉使。立等回話。"遂同出城。汝乙古言于馬臣曰:"欲將熊皮·鹿皮, 賣滿浦, 買牛耕田, 你可言于王子, 說與軍官。"馬臣入告奴酋, 奴酋曰:"朝鮮不許上京, 則你等不可徑往滿蒲賣買。"云。臺忽哈邀忠一至家, 設酌以餞, 酒數巡, 忠一以日晚而罷。奴酋回帖云:「女直國建州衛管束夷人之主佟奴兒哈赤, 禀爲夷情事。蒙你朝鮮國·我女直國二國, 往來行走管好, 我們二國, 無有助兵之禮。我屢次管好保守天朝九百五十於里邊疆, 有遼東邊官, 只要害我途功陞賞。有你朝鮮國的人一十七名, 我用價轉買送去, 蒙國王禀賞, 我得知。我們二國, 若不保心, 有你臨城堡對只地方, 着我的達子住着, 看守你的邊疆, 若有你的高麗地方, 生畜不見了, 與我達子說知, 亦尋送還。你差通事, 答滿堡城, 到我家來。若有你的人畜, 我送去, 我酌達子, 到你地方, 你送還與我, 兩家爲律, 在無歹情。後日天朝官害我, 你替我方便, 壹言呈與天朝通知, 我有酬報。星夜力等天朝二國明文。及日回報, 須至禀者。萬曆二十四年正月初五日禀。」踏建州左衛之印。

忠一路見, 胡百餘騎, 各具兵器, 裹粮數斗, 建旗出北門, 乃烟臺及防備諸處摘奸事也。旗用靑黃赤白黑, 各聯二幅, 長可三尺。奴酋將設柵, 調傍近部落, 每一戶計其丁, 迭採城外合抱木。每一名輸十株, 方中式, 駕牛輸入絡續云。

佟交淸哈子托時。托時長女嫁童好羅厚, 有子忽哈。次子卽奴兒哈赤, 生己未, 有妻三人, 庚辰生[9]子歹舍, 又有五子二女皆幼。第二子毛兒哈赤, 生壬戌[10], 子二皆幼。次女嫁童親自哈, 生一子而喪其妻。第三子小兒哈赤生甲子, 有妻二人, 癸未生子培來, 又有三子皆幼, 長女以

---

9) 庚辰生(경진년, 1580): 다른 자료들에 의하면 계미생(1583)으로 나옴.

10) 壬戌(임술, 1562): 다른 자료들에 의하면 신유년(1561)으로 나옴.

今正月十五日, 與童時羅破作婿。奴兒哈赤·小兒哈赤同母。毛兒哈赤
異母云。

奴兒哈赤, 軀幹壯健, 鼻直而大, 鐵面甚長。頭戴貂帽, 釘象毛如拳
許, 又銀製蓮花臺, 臺上作人形, 以餙象毛。身穿五綵龍文帖裏[11], 上長
至膝, 下長至足, 貂皮餙其緣。腰帶銀餙金帶, 佩悅·刀·礪石·獐角一
條等件。足穿鹿皮兀剌鞋, 或黃或黑。諸將亦有龍紋衣, 餙緣或以貂, 或
以水獺, 或以山鼠皮。俗皆剃髮, 只留腦後少許, 上下二條辮垂, 髭亦留
左右十餘莖, 餘皆鑷去。奴酋出入, 只諸將或二或四雙引之, 奴酋騎則
騎, 步則步。奴酋除拜都督者十年, 拜龍虎將軍者三年云。

小酋體胖壯大, 面白而方, 耳穿銀環, 服色與其兄同。奴酋, 家南設一
堡, 去大吉號里可一日, 北設一堡, 去如許路亦一日, 西設十堡。去遼東
可一日許。奴酋, 遣親信諸胡往戍之。交一年而遞。

奴酋領各部酋長一百五十餘, 小酋領各部酋長四十餘, 諸酋長皆居城
中。凡有調發, 定卒伍多寡, 傳箭於諸酋長。諸酋長, 各領其部落, 具器
粮以待。唯遼東傍近處不調。烟臺軍并家口以處, 滿一年而代之, 每朔
計其口, 給粮餉。凡報變時, 只擊木梆, 以隣臺相準爲限, 旣準輒走匿,
恐被賊害故也。

田土腴, 則種粟一斗, 收八九石, 瘠則收一石。收穀輒埋田畔, 氷後輸
入部落。皆逐水而居, 胡家多於川邊, 少於山谷。凡製屋, 屋極及四傍,
并以粘泥厚塗, 故雖有火災, 只燒盖草。家皆畜鷄猪·鵝鴨·羔羊·犬猫
之屬。其有罪者, 不用刑杖, 脫其衣。以鳴鏑射背, 隨罪輕重而多少之,
亦有打腮之罰云。路見胡人持弓矢·甲冑·糗粮, 去來相續於道, 乃是

---

11) 帖裏(첩리): 天益. 철릭. 군사적인 일에 입는 복장이다.

遞番者, 而都是殘劣。

清河堡將備酒肉, 調六七人, 以十二月二十八日, 輦送奴酋, 乃歲饋云。

撫順通事, 抵奴酋, 忠一問其故, 曰: "清河堡新設烟臺, 奴酋自行毀撤, 遼東官拿致其次將康古里, 棍打二十, 復慮奴酋嗔怪, 將銀子五百兩, 慰解之, 令俺先告." 又言: "奴酋, 每請銃筒於遼東, 而不許."云。

前年, 變生南道時, 古未介酋長金歪斗, 領兵入寇。歪斗父周昌哈, 向化於我國, 賜姓名金秋, 差兼司, 僕仕於京者八九年, 托以歸見父, 還其部落, 不復來朝云。自奴酋家, 去古未介, 可六日許。

胡人言: "從前胡人凡有往來, 必佩弓矢, 以避侵害搶掠, 自王子管束, 只持馬鞭, 王子威德, 無所擬議." 或云: "前則任自田獵, 今旣管束行止, 凡有田獵, 必納王子, 雖畏彼不言, 中心豈無怨惡?"

胡人相言: "奴酋聚兵三千, 待氷合時, 一隊由末乙去嶺出高山里, 一隊由列於嶺出加乙軒洞, 以復渭原之讐, 因遼東官及余相公宣諭, 罷兵."

奴酋令各部, 刷出渭原採蔘人丁, 每人徵牛一頭, 或銀十八兩, 以贖其私自犯越罪, 貧不能當者, 並拿家口, 以備使喚。

忠一留親自哈家時, 有胡人四五來到。忠一令通事等, 佯睡臥而竊聽之。一胡問親自哈曰: "彼軍官, 因何幹來?" 答曰: "爲兩國如一國, 兩家如一家而來, 且將文書, 來告其國治渭原管兵官, 此後各守封疆, 無相侵犯." 一胡曰: "朝鮮多詐, 安知氷解前, 姑爲通信, 以緩吾師乎? 且朝鮮人, 刈草·伐木·縱獵於我國地方, 凡我人所獲, 皆搶奪而去, 反禁我使不得採蔘, 何也?"

溫火衛都酋長臺姜求愚之孫甫下下, 奴酋妹夫也。奴酋聞遼東及蒙古
聚兵, 使甫下下, 領兵千餘, 同守城, 今已罷去。甫下下守城時, 所領坡
山·時番·小乙可·厚地·所樞·應古等六部落, 皆屬溫火衛。

馬臣, 將上京事, 問忠一, 答曰: "我國恪守天朝法令, 此等事必須奏
聞天朝, 天朝若許之則行, 不許則不可行." 馬臣曰: "事當如是, 若得上
京, 道路何如?" 答曰: "路遠且險." 馬臣曰: "楊大朝亦言其脩阻."云。楊
大朝, 余相公所擧去夜不收, 與河世國, 往來虜中者也。

馬臣曰: "你國沿江地面, 留置降倭云, 然否?" 忠一答曰: "然." 馬臣
曰: "幾何?" 曰: "約五六千." 馬臣曰: "緣何留置?" 答曰: "倭奴慕義來
降。我國皆給與衣食, 俾得安接。伊等感懷恩德, 願住邊上, 爲國家禦
侮。我國家嘉其誠, 分置沿江諸郡." 馬臣曰: "倭子狀貌壯大否?" 曰:
"甚小, 潛行艸間。放丸能中飛鳥, 故曰鳥銃." 馬臣出示鐵盔曰: "能透得
此盔否?" 曰: "能穿兩重眞木防牌籠以薄鐵者, 於此盔乎何有?" 馬臣顧
左右而皆愕然。

小酋送言: "他日你斂使, 若有送禮, 不可高下於吾兄弟也." 前日, 滿
浦所給馬臣·佟羊才賞物, 盡爲奴酋兄弟所奪, 馬臣等皆有不平之色。

建州衛, 西自遼東界, 東至蔓遮, 準以我國地方, 西自昌城, 東至高山
里, 左衛也老江上, 右衛海西地界。溫火衛, 西自梨坡部落, 東至古未介
部落。毛憐衛, 在咸鏡北道, 隔江相望。

蒙古皆着皮衣。車上造家, 以毣爲幕, 飢食膻肉, 渴飮酪漿。春畊時,
多聚人馬於平野, 累日蹴踏而糞之, 播黍稷蜀秫諸種, 又放人馬踐之, 以
至耘治收穫, 亦令軍人齊力。

毛憐衛酋胡老佟, 以戰馬七十餘疋·獤皮百餘令爲禮, 十二月初, 投

降。馬臣言: "衛凡三十, 投屬者二十餘衛."云。

自奴酋家, 距蒙古王剌八ㄴ바所居, 東北行可一月, 晚者部落行可十二日, 沙劑者·忽可·果乙者·尼麻車·諸僞時五部落北去可十五日, 皆於今年投屬。剌溫東北去二十日, 兀剌北去十八日, 白頭山東去十日而至。

如許(협주: 葉赫也)酋長夫者(협주: 布齋也)·羅里(협주: 納林也)兄弟, 患奴酋强盛, 請蒙古剌八·兀剌酋長夫者太(협주: 布占泰也)等部兵, 以癸巳九月來侵, 奴酋迎戰於虛諸部落, 大破如許兵, 夫者(협주: 滿泰也)戰死, 羅里逃還, 夫者太投降, 所獲人畜·甲胄, 不可勝計。奴酋選所獲蒙古人二十, 被錦衣, 騎戰馬, 使還其巢, 二十人歸言奴酋恩德, 剌八令次將晚者等二十餘人, 從卒胡百十餘人, 以戰馬六十疋·橐駝六頭與奴酋, 戰馬四十疋·橐駝四頭與小酋, 其將領等皆厚待, 給與錦衣。自是, 遠近諸部, 相繼投降。

夫者太投降, 其兄晚太, 以馬百疋, 欲贖其弟, 奴酋不許, 晚太亦投屬。夫者太在奴酋城中, 已三年, 其家屬二十餘口, 以十二月始挈來。

諸蒙古, 如許·兀剌等兵最强。如許人, 多着白氈衣。

小酋家有一小兒, 自言: "甘坡人."又有女人福只者, 自言: "臨海君婢子, 壬辰在鏡城, 與班奴朴其土里被擄, 轉賣來此."云。正月初六日, 忠一止宿臺愁沙部落, 見一男子, 自言: "吾村甲士朴應守, 壬辰八月, 遇胡人三十餘, 與裵守難·河德仁·崔莫孫等, 一時被擄, 踰白頭山西麓, 三日而至臥乙可部落, 不一日, 轉賣於汝延牙叱大家, 去年冬, 又來于奴酋城內臺昭史家, 爲輸穀物至此。自臥乙可, 至汝延, 行可八日, 其間並無人家, 自汝延, 至奴酋家, 亦八日."語未幾, 胡人叫還。

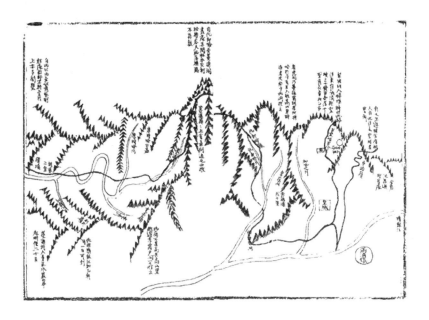

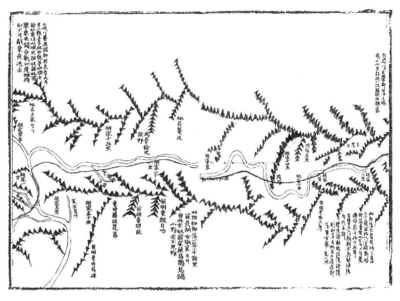

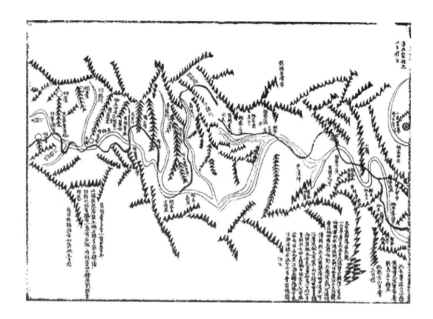

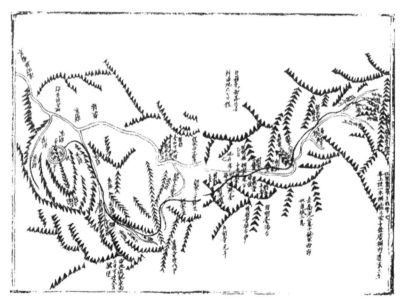

해설解說

성해응(成海應), 〈제건주기정후(題建州紀程後)〉,
《연경재전집(研經齋全集)》 권33 〈풍천록(風泉錄)〉 3.

이인영(李仁榮), 「신충일(申忠一)의 〈건주기정도기(建州紀程圖記)〉에 대하여:
최근 발견 청초사료(淸初史料)」, 『진단학보』 10, 1936.

〈제건주기정후(題建州紀程後)〉

/ 성해응*

만력(萬曆) 을미년(1595)에 우리는 요동도사(遼東都司)를 통해 건주이 (建州夷: 누르하치)가 사람과 말을 모아 압록강(鴨綠江)이 얼기를 기다렸다가 우리의 서쪽 변경을 침입할 것이라는 것을 알고 무과(武科) 출신 신충일(申忠一)을 파견해 정탐하게 하였다.

이때 누르하치[奴酋]가 만포첨사(滿浦僉使: 유렴)에게 보낸 회첩(回帖)에서 '여진국 건주위 관속이인지주(女直國建州衛管束夷人之主) 동노아합적(佟奴兒哈赤)'이라고 했으니, 그의 공손하고 온순함이 이와 같았다. 그런데 이때는 누르하치가 용호장군(龍虎將軍)에 제수된 지 이미 3년이 지났는

---

* 成海應(성해응, 1760~1839): 본관은 昌寧, 자는 龍汝, 호는 硏經齋 포천 출생이다. 할아버지는 찰방 成孝基이고, 아버지는 부사 成大中이다. 어머니는 전주이씨로 진사 李德老의 딸이다. 1783년 진사시에 합격했고, 1788년 규장각 檢書官으로 임명되었다. 그 뒤 내각에 봉직하면서 李德懋·柳得恭·朴齊家 등 북학파 인사들과 교유하고 각종 서적을 광범위하게 섭렵, 학문의 바탕을 이룩하였다. 특히, 1790년에는 정조가 규장각에 명하여 《春秋左氏傳》을 편제했는데, 여기에도 깊이 참여하고 권수의 범례를 작성하였다. 학문 연구의 방법은 翁方綱과 같은 청의 학자들과 마찬가지로 訓詁·考證을 바탕으로 하면서도, 번쇄하고 지리한 고증은 달가워하지 않았다. 즉, "漢學과 宋學의 요점을 잡아 博文約禮의 교훈으로 돌아간다."는 것이 그 주장의 핵심이었다. 그러한 견지에서 당시 조선의 학자들이 오로지 의리만을 숭상하고 程顥 형제나 朱熹만을 신봉하여 다른 학설을 배척하는 것을 비판하였다. 특히 "고증학자들이 의리를 소중히 여기지 않고 단지 名物度數 같은 말단만을 인증한다."는 洪奭周의 고증학 비판에 대해, 고증의 방법을 변호하고 漢宋의 절충을 주장하여 재래의 편파적인 학풍에 반대하는 논리를 펴기도 하였다. 그의 학문은 방대한 문집에 나타나는 바와 같이 지리·풍속·서적, 심지어 금수·곤충에 이르기까지 넓은 폭을 보이지만, 經學과 史學이 사람에게 절실한 학문으로서 서로 표리가 된다고 하여 그 두 학문에 진력하였다. 특히, 경학에 주력했으며 《禮記》와 《詩經》에 대한 저술이 대부분을 차지하고 있다.

데도, 그 관직을 써서 우리에게 자랑하지 않았기 때문이다. 대개는 절로 거들먹거리려 한다.

또 '천조(天朝: 명나라)의 관원이 나를 해치려 하니 그대는 나를 대신해 이롭게 해줄 양으로 말 한마디를 천조에게 아뢰어 제대로 알게 해주면 나도 보답이 있을 것이다.'라고 했다. 대개 오랑캐 야만인들이 함부로 날뛰는 것은 오로지 변신(邊臣: 변경의 신하)들이 침범하여 포학하였기 때문이다.

또 말하기를, "만약 조선이 벼슬을 제수해 준다면 한 자의 베일지언정 상으로 오히려 받을 수 있겠지만, 만일 벼슬을 제수해 주지 않는다면 금과 비단일지언정 상으로 주더라도 원치 않는다."라고 했으니, 우리나라 조정의 벼슬과 녹봉을 마음에서 우러나와 바라는 것이 이와 같았다. 대개 저 야인추장(野人酋長: 여진추장, 누르하치)은 평소에 우리나라 조정의 관함(官銜: 관직)을 받았다면, 예컨대 절충장군(折衝將軍) 등의 첩문 등에서도 압강(鴨江: 압록강) 밖에서 머리를 조아리며 사례하였을 것이고, 무릇 그 녹봉은 북로(北路)를 통해 전해주었다.

만력 기미년(1619) 심하(深河) 전투에서 패하기 하루 전날에 회령부(會寧府)에서 소농이(小農耳: 오랑캐 差使)가 녹봉을 받아 갔었다. 대저 건주위(建州衛)의 부락이 매우 적었는데 어찌 감히 요동과 맞설 수 있었으랴? 사로군(四路軍)의 대패는 하늘이 실로 그렇게 한 것이리라.

을미년(1595)에 만포첨사와 통첩하였고, 25년 뒤인 기미년(1619)에 비로소 감히 평안도감찰사(平安道監察史: 朴燁)와 통첩하였으며, 9년 뒤인 정묘년(1627년)에 감히 조정과 신사(信使: 原昌令 李玖)를 보냈는데, 11년 뒤인 정축년(1637)에 조정이 다시 강화하였다. 대저 우리에게 신하였던 자에게 43년 뒤에는 우리가 도리어 예물로 금과 비단을 바치고 있으니, 하늘이 진실로 돕지 않고서야 어찌 이와 같을 수 있겠는가?

　　충일은 돌아온 뒤에 도리(道里: 거리)와 산천을 기록하여 두루마리 하나
를 만들었는데, 그의 후손이 홍주(洪州)에 있어서 나는 모두 볼 수 있었다.

《연경재전집》 권33, 〈풍천록〉 3

題建州紀程後

萬曆乙未, 我因遼東都司[1]知建州夷[2], 聚合人馬, 俟鴨綠江冰合, 寇我西邊, 遺武出身申忠一往偵之。是時奴酋回帖于滿浦僉使曰: '女直國建州衛管束夷人之主佟奴兒哈赤.' 其恭順如此。 然是時奴酋封龍虎將軍已三年, 而不書其官以耀我。盖欲自雄張也。又云: '天朝官害我, 你替我方便壹言呈與天朝通知, 我有酬報.' 盖夷虜之畔, 專由邊臣之侵虐也。又言: "若朝鮮除職, 賞一尺之布, 猶叮受也, 如不蒙除職, 雖賞以金帛, 不願受也." 其嚮慕[3]本朝爵祿如此。 盖彼野人酋長, 素受本朝官衛[4], 如折衝將軍[5]等帖文, 卽叮謝鴨江之外, 凡其祿俸, 由北路[6]傳給之。萬曆己未, 深河[7]戰敗前一日, 亦從會寧府小農耳[8]受祿俸以去。夫

---

1) 遼東都司(요동도사): 遼東都指揮使. 명나라 洪武帝는 1371년에 山東의 해로를 통해 遼陽과 瀋陽을 점령 후 定遼都指揮使司를 설치하고, 1375년에 定遼都衛를 遼東都指揮使司로 개편하였다. 1377년에 요동도사 소속 州縣을 모두 군사체계의 衛로 개편하는 등 군사적 성격을 강화하였다. 명나라의 요동도사 설치 목적은 변방의 지리적 요소, 희소한 인구, 지리적인 형세, 다수의 이민족 거주 등이었다. 여진정책 및 유민정책을 두고 지속적으로 충돌하고, 물품교역, 정보수집, 犯越, 밀무역, 사행의 지송 등에 있어 매우 밀접한 명나라 관청이었다. 조선사행의 여정에 있어 요동도사는 수레의 운반 및 호송업무를 담당하였으며, 공문의 行移체계에서 요동도사는 조선에 명나라의 외교문서를 전달하는 역할이 있었다.

2) 建州夷(건주이): 奴胡. 그 추장이 바로 누르하치(奴兒哈赤 또는 奴酋)이다.

3) 嚮慕(향모): 마음에서 우러나와 그리워함.

4) 官衛(관함): 성 밑에 붙여 부르는 벼슬 이름. 곧 관직을 거쳐 온 경력을 말한다.

5) 折衝將軍(절충장군): 조선시대 정3품 西班 武官에게 주던 품계.

6) 北路(북로): 예전에, 서울에서 함경도로 통하는 길을 이르던 말.

7) 深河(심하): 중국 撫寧縣 동쪽 山海關 근처의 鎭 이름. 심하전투는 '사루후 전투'라고도 일컫는다. 1619년 명나라에 쳐들어오는 후금에 대항하기 위해 명나라, 조선, 여진족까지 참전한 대전투인데, 이 전투에서 명나라는 크게 패하여 쇠퇴하게 되고, 후금은 만주 지역을 차지하였다. 한편 군대를 파병한 강홍립의 조선군 부대는 명군의 패배소식을 듣고 급히 진을 쳐서 청군을 막고자 했지만 평지에서 조총수가 병력의 반이상이었던 조선군은 후금의 기병대에게 크게 패하고, 후금군에게 2일 동안 포위되어 결국 항복

建州衛部落甚微, 豈敢敵遼東哉? 四路9)之債, 天實爲之也。乙未與滿浦僉使通帖, 後二十五年己未, 始敢與平安道觀察使10)通帖, 後九年丁卯, 敢與朝廷通信11), 後十一年丁丑, 朝廷乃復講和。夫彼臣於我者, 乃於四十三年之後, 我反有金繒之役, 天苟不佑助之, 能如是乎。

　忠一旣歸, 記其道里山川爲一軸, 其後孫在洪州12), 余具見之。

《研經齋全集》권33,〈風泉錄〉3

하게 되었다.

8) 小農耳(소농이): 오랑캐 差使 이름. 李民宬의《紫巖集》권5〈柵中日錄〉1620년 5월 28일조에 나온다. 곧, 東路가 패하기 하루 전에 小農耳가 함경도에서 녹봉을 받으러 와서 오랑캐 추장에게, "회령 부사가 하는 말이 '우리나라가 부득이해서 군사를 내어 보냈으니 마땅히 명나라 진영 뒤에 있을 것이다.' 하였다."는 기록이 있다.

9) 四路(사로): 1616년 누르하치가 後金을 세우고 1619년 遼東 지방을 위협하자, 요동을 경략하던 명나라 楊鎬가 總兵官 劉綎 등 4명에게 군사를 나눠주고 四路로 공격하였던 명나라 군대. 四路軍은 總兵官 劉綎에 의해 9천여 명이 寬奠 방면으로 진격한 東路軍, 山海關 총병관 杜松에 의해 2만여 명이 撫順 방면으로 진격한 西路軍, 遼東 총병관 李如柏에 의해 2만여 명이 淸河 방면으로 진격한 南路軍, 총병관 馬林에 의해 2만여 명이 開原 방면으로 진격한 北路軍인데, 이 중 강홍립이 지휘한 조선군은 동로군을 지원하기로 되어 있었지만, 杜松이 패하면서 四路軍이 모두 대패하여 정예군을 잃게 되었다.

10) 平安道觀察使(평안도관찰사): 朴燁(1570~1623)을 가리킴. 본관은 潘南, 자는 叔夜, 호는 菊窓. 광해군 때 함경도 병마절도사가 되어 城池를 수축하여 방비를 굳건히 하였다. 평안도관찰사가 되어 기강을 바로 세우고 국방을 튼튼히 하여 재직 6년 동안 外侵을 당하지 않았다. 그러나 인조반정 후 처가가 광해군과 인척이었다는 이유로 1623년 인조반정의 勳臣들에 의해 虐政의 죄를 쓰고 사형 당하였다. 한편, 본문의 언급은 1619년 4월 4일 명나라 사신이 한성에 있을 때 후금 누르하치의 서신이 왔는데, 4월 21일에야 조정에서 아직 모르는 것으로 하여 박엽의 이름으로 회답한 것을 이른다.

11) 朝廷通信(조정통신): 1627년 강화도에서 후금과의 화약이 성립된 뒤 왕자가 信使로서 國書를 받들고 瀋陽에 가야했을 때, 仁祖가 原昌令 李玖를 왕자로 가장하여 信使로 瀋陽에 보낸 것을 가리킴.

12) 洪州(홍주): 충청남도 홍성군 지역에 있는 지명.

신충일(申忠一)의 〈건주기정도기(建州紀程圖記)〉에 대하여
- 최근 발견 청초사료(淸初史料)*

/ 이인영(李仁榮)**

　　임진왜란이 일어난 지 3년만인 선조 28년(명나라 만력 23년) 을미년 12월에 남부주부(南部主簿) 신충일(申忠一)이 조정의 명을 받들어 당시 만주(滿洲) 소자하(蘇子河) 유역(流域)에서 흥기 중이던, 나중에 청태조가 된 누르하치(奴兒哈赤)가 살고 있는 지역에 이르러 그 실정을 정탐하고 돌아온 사실은 이미 널리 아는 바일 것이다. 당시의 견문을 기록한 신충일의 보고서는 소위 서계(書啓)라 하여 《선조실록》 71권 29년(병신) 12월 정유조(丁酉條)에 수록되어 있으나, 실록에는 '自二十二日, 至二十八日, 所經一路事, 載錄于圖'라는 문구가 있음에도 불구하고 도면 그것

---

* 여기서는 오늘날 독자들이 읽기 편하도록 고어투 글귀나 표기를 현대어로 바꾸고 또 불필요한 한자병기를 생략하면서 맞춤법과 띄어쓰기를 바로잡되 가급적 원문을 훼손하지 않고자 했다. 다만, 필요한 각주를 덧붙인다. 원문은 영인 자료로 첨부한다.

** 李仁榮(이인영, 1911~?): 역사학자이자 서지학자. 호는 鶴山. 휘문고등보통학교를 마치고 일본 마쓰모토 고등학교(松本高等學校)를 거쳐 1937년 경성제국대학 법문학부 사학과를 졸업하였다. 震檀學會에서 활동하면서, 1940년부터 1944년까지 연희전문학교의 강사로 있었다. 광복 이후 경성대학·연희대학교 교수로 재임했고, 정부수립 후에는 문교부 고등교육국장을 역임하였다. 1949년 이후 서울대학교 문리과대학과 연희대학교 교수를 겸임하다가 6·25 때 납북당해 생사를 알 수 없다. 實證史學에서 출발한 역사학자였으나, 광복 이후 孫晉泰와 더불어 新民族主義史學을 제창하였다. 1950년에 간행한 『國史要論』은 바로 신민족주의 사관의 입장에서 한국사의 체계화를 시도한 개설서였다. 주로 한국과 만주관계에 관심을 가져, 그 연구결과가 『한국만주관계사의 연구』라는 논문집으로 1954년에 출간되기도 하였다. 또한 서지학과 활자연구에도 일가를 이루었으니, 『淸芬室書目』이라는 목록과 해제는 그의 수장서적을 정리한 자필본 원고로 1968년에 영인되었다.

은 전혀 게재되지 않았다. 그런데 몇 해 전 진단학회(震檀學會) 소장 성해응(成海應)의 《연경재전집(研經齋全集)》 안에 〈건주기정(建州紀程)〉이라 제목을 붙여 신충일의 보고서를 초록한 가운데 실록에서는 볼 수 없던 지도(地圖)가 들어있는 것이 판명되자, 이나바 이와키치(稻葉岩吉)[1] 박사는 「申忠一書啓び圖記: 淸初史料の解剖」라는 논문을 청구학총(靑丘學叢) 제29호(1937.8)에 발표하여 신충일의 보고서가 갖고 있는 청초사료(淸初史料)로서의 가치를 소개한 바 있었으니, 이 역시 우리 기억에 새로운 바이다.

지나간 8월 하순, 뜻밖에도 당시 조정에 바친 보고서 외에 신충일 자신이 보관한 문건 하나가 충청남도 청양군(靑陽郡)에 거주하는 그 후손가로부터 나오게 되었다. 본보(本報: 진단학보)에 게재한 「자료(資料)」가 곧 그것으로, 원본은 세로(폭) 41㎝, 가로(길이) 1127㎝의 두루마리로 되어 있다. 여기에 '건주기정도기'라 하는 것은 이 두루마기를 가리키는 것이니, 이것은 외형으로 보나 내용으로 보나 신충일 자필의 보고서(書啓)의 초본(草本)이 아닌가 한다.

이 도기(圖記)에는 먼저 신충일 그가 11월 하순 경성을 떠나 12월 15일 강계(江界)에 도착, 12월 21일 만포진(滿浦鎭)에 이르러 안내자로 여진 추장(女眞酋長) 동여을고(童汝乙古)와 동팍응고(童愎應古), 향통사(鄕通事) 나세홍(羅世弘)과 하세국(河世國), 그밖에 노비 2명을 데리고 일행 7명이 그날 오후 만포를 떠나 얼음이 언 압록강을 건너 건주(建州)의 노

---

[1] 稻葉岩吉(1876~1940): 일본의 동양사학자. 히토쓰바시 외어학교[一橋外語學校]에서 중국어를 배우고, 화베이[華北] 지방에 유학했다. 러일전쟁 때에는 통역으로 종군했다. 조선사편수회(朝鮮史編修會)의 주무자로서 滿鮮史觀을 전개했다. 만선사관은 만주사를 중국사에서 분리시켜 한국사와 더불어 한 체계 속에 묶어 대륙사에 부속시키는 것으로 한국사의 주체적인 발전을 부정하고 타율성을 강조하는 데 그 목적이 있다.

아합적(奴兒哈赤: 누르하치) 성으로 향하게 된 것을 간단히 기록한 다음, 12월 22일부터 12월 28일 누르하치의 성에 이르기까지 경유한 산천과 지명, 부락의 수, 군비(軍備)의 유무를 기입한 지도를 붙였다. 이 지도에는 물은 청색, 길은 적색, 산은 흑색으로 그리고, 그들 일행이 매일 숙박한 곳과 부락 추장의 이름과 도중의 견문까지도 기입하였다. 그다음에 누르하치의 성에 들어가 내성(內城)의 중앙 목책(木柵) 안에 있는 누르하치 집의 약도와 외성(外城) 안에 있는 누르하치의 동생 소아합적(小兒哈赤: 슈르가치) 집의 약도를 그리고, 이어서 신충일 자신이 성내에 머무는 동안 친히 견문한 97개조의 기사를 첨부하였다. 그리고 그 끝에는 신충일의 당숙인 신숙(申熟)의 도기제발(圖記題跋)이 있어, 거기에는(이것도 또한 신숙 자필이 아닌가 생각된다.) '歲萬曆二十四年丙申四月燈夕後三日 西峯申熟仁仲題'라고 씌어 있다.

그러면 이 도기(圖記)와 선조실록(宣祖實錄) 및 연경재전집(硏經齋全集)에 수록된 그것과의 관계는 어떠하며 또 내용에 있어서 어떠한 차이가 있는가 하면, 먼저 우리는 누르하치 집 및 슈르가치 집의 약도가 이번 도기에만 보이는 것을 지적하지 않을 수 없다. 다시 말하면 누르하치 집의 약도와 슈르가치 집의 약도는 실록에는 물론, 연경전집에도 보이지 않는 새로운 사료(史料)라는 점이다. 그리고 실록과 연경재전집에 오른 것으로 이 도기에 보이지 않는 조목(條目)은 하나도 없고, 또 끝에 첨부되어 있는 신숙(申熟)의 제발(題跋)도 실록이나 연경재전집에서는 그 전문(全文)을 볼 수 없었던 것이다.

도기(圖記)의 유래에 관하여는 신숙의 제발에 다음과 같이 설명되어 있다.

歲乙未(협주: 선조 28년, 명나라 만력 23년)秋九月, 遼東鎭守官, 走驛書言: '奴酋(협주: 奴兒哈赤), 聚人馬浩大, 候氷合渡江(협주: 鴨綠江), 壤突我西彊.' 廷臣上言: "此不可以爲信, 急之, 亦不可以爲不信, 緩之, 其備之之策, 則自當豫圖之矣. 須遣有智有才, 能審事機者一人, 往奴酋所, 察虛實以來." 上(협주: 宣祖)可之. 吾族子申忠一, 字恕甫, 實膺其選, 及其還也, 圖其山川·道里·城柵·屋廬于前, 錄其士馬·耕農·問答·事爲于後, <u>爲二通, 其一上進, 其一自藏. 一日, 袖其自藏者, 來示余, 屬余題其末.</u> 余披而閱之.。

신숙은 평산신씨계보(平山申氏系譜)에 의하면 신충일의 오촌숙(五寸叔: 당숙)이어니와, 이글을 쓴 만력이십사년병신사월(萬曆二十四年丙申四月)은 충일이 귀국한 지 겨우 3개월이 경과하였을 뿐이다. '요동진수관 주역서언(遼東鎭守官 走驛書言)'이라고 운운한 구절은 신숙이 오해한 것이라는 것을 후에 말하고자 하는 바이다. 우리는 이글에 의하여 두 가지 중요한 사실을 알 수 있을 것이다. 즉 첫째로는 충일이 만주에서 귀국하자, 곧 보고서 두 벌을 작성하여 한 벌은 조정에 바치고 다른 한 벌은 자신이 보관하였다는 것이니, 이로써 보면 이번에 발견된 신숙의 발(跋)이 있는 도기(圖記)는 신충일 자신이 보관하였던 것임을 짐작할 수 있다. 그뿐만 아니라 이번 발견된 도기(圖記)는 해서(楷書)로 쓴 것이 아니고 초서체(草書體)로 씌어 있는 것과 또 곳곳에 가필하거나 정정한 것이 있는 점으로 보아 이것은 당시 조정에 바친 보고서(書啓)의 초고(草稿)인 것 같기도 하며, 또한 신충일 자필이 아닌가도 생각된다. 둘째로는 연경재전집에 들어있는 〈건주기정(建州紀程)〉은 틀림없이 이 신씨가장본(申氏家藏本)에 의하여 초록(抄錄)한 것임을 짐작할 수 있는 것이다. 왜그런가 하면 〈건주기정〉에는 첫머리에 다음과 같이 설명되어 있기 때문이다.

만력 을미년(1595) 9월 요동도사가 급히 보낸 역서(驛書: 역에서 띄운 공문)에 이르기를, 「누르하치가 사람과 말을 모아서 강물이 얼기를 기다리니, 우리의 서쪽 변경을 침범할 것이다.」라고 하자, 조정에서는 무과 급제자 신충일을 파견해 정탐하도록 하였다. 신충일은 11월 22일 호인향도(胡人鄕導: 호인 안내자)를 기다려서 향통사 나세홍과 하세국, 만포진의 노비 강수 등과 함께 점심 때 만포진을 떠나서 압록강을 건넜다. 명나라 장관 여희윤(余希允: 여희원의 오기)과 더불어 28일 누르하치의 집에 이르렀다. 지나간 곳의 산천, 도리(道里: 거리), 성책, 살림집을 기록하여 2개의 두루마리를 만들었는데, 그 하나는 조정에 바치고 다른 하나는 집에 보관하였다.(萬曆乙未秋九月, 遼東都司走驛言: '奴酋聚人馬, 候氷合, 寇我西疆.' 朝廷遣武出身申忠一偵之。忠一以十一月二十二日, 待胡人鄕導, 從鄕通事羅世弘・河世國, 鎭奴姜守等, 午離滿浦鎭。渡鴨綠江。與中朝將官余希允行, 二十八日, 而至奴酋家。以所經山川・道里・城柵・屋廬, 錄之爲二軸, 以其一進于朝, 以其一藏之家.)

이 가운데 '朝廷遣武出身申忠一偵之'와 '與中朝將官余希允行'이란 구절은 《고사촬요(攷事撮要)》 권상 〈대명기년만력이십삼년을미조(大明紀年萬曆二十三年乙未條)〉에 '건주동노아합적부중점성, 청중조장관여희원 여아국무관신충일왕점, 잉유조지.(建州佟奴兒哈赤部衆漸盛, 請中朝將官余希元 與我國武官申忠一往覘, 仍諭朝旨.)'라 한 것에 따른 것으로 생각되나, 그 밖의 글은 확실히 앞서 게재한 신숙의 발문(跋文)에 따른 것이 틀림없을 것이다. 더구나 신숙의 발문에 '위이통(爲二通)'이라 한 것을 〈건주기정〉에는 '위이축(爲二軸)'이라 하였으니, 이것은 또한 권축(卷軸)으로 된 도기(圖記)를 실제로 보았다는 증거가 될 줄로 안다.

그러면 성 연경재(成研經齋: 성해응)는 어느 때 어떠한 동기로 신씨가장본(申氏家藏本) 도기(圖記)를 보게 되었던 것인가. 여기에는 역시 이유가 있었던 것이니, 그것은 다름 아니라 정조(正祖) 20년 병조참의(兵曹參議) 이의준(李義駿), 전 부사(前府使) 성대중(成大中) 등이 왕명을 받들어《존주휘편(尊周彙編)》[2] 편찬에 착수한 사실이 있다. 다시 말할 것도 없이《존주휘편》15권은 인조(仁祖)의 병자호란[丙子丁丑役] 때 만주군(滿洲軍)과의 강화(講和)에 반대한 이들의 대의명분을 표창하기 위해 만든 것인데 만주 관계의 사료를 공적으로 사적으로 널리 수집하였다. 이《존주휘편》편찬에는 청성(靑城) 성대중이 참가하였고, 청성의 아들 연경재(硏經齋) 성해응(成海應)도 또한 규장각 검서관(奎章閣檢書官)의 한 사람으로써 나중에 참가하게 되었던 것이니,《연경재전집(硏經齋全集)》속에 수록된 북방 관계의 많은 사료는 곧 이때에 수집되었던 것이 아닌가 생각된다. 신충일의 보고서도 또한《존주휘편》편찬할 때에 연경재의 주의를 이끌었던 것 같으니,《존주휘편》권1〈황조기년(皇朝紀年)〉제1 첫머리의 만력 23년 12월조와 다음의 만력 24년 정월조에 신충일 도기(圖記)의 한 구절이 게재되어 있다. 이로써 보면 신충일의〈건주기정도기〉는《존주휘편》편찬을 계기로 연경재의 주의를 끌어서 드디어 그의 문집에까지 초록(抄錄)되어 현재까지 전하게 되었다고 볼 수 있을 것이다.

그러면 먼저 신충일은 어떤 인물인가. 평산신씨계보에 의하면 신충일의 자는 서보(恕甫)요, 명종(明宗) 9년(명나라 嘉靖33년) 갑인년(1554)에 면천군수(沔川郡守) 신묵(申默)의 셋째아들로 태어나 선조 16년 계미년

---

2) 尊周彙編(존주휘편): 1595년(선조 28)부터 正祖 연간까지 대후금·대청 교섭사와 이에 관련된 인물들의 사적을 모은 15권 7책의 필사본.〈本書紀年〉끝에 기록한 정조 유언에 의거하여 1800년경에 편찬한 것으로 추정된다. 정조가 존명배청을 위해 李義駿·成大中에게 명하여 편찬했고, 李書九·成海應의 윤삭을 거쳐 완성했다.《弘齋全書》에는 20권으로 기록되어 있으나 현재 전하는 것은 15권이다. 구성은〈皇朝紀年〉·〈本國紀年〉·〈皇壇志〉·〈皇壇年表〉·〈諸臣事實〉등으로 되었다.〈제신사실〉은 연대순이 아니라 사실의 성격에 따라 분류했고, 대표 인물을 설정하고 부수되는 인물을 부기했는데, 대체로 척화파와 문신 위주로 수록했다.

(1583) 무과(武科)에 급제하고 관직은 부총관(副摠管)에 이르렀으며, 광해군 14년 임술년(1622) 향년 69세로 죽었는데, 뒷날 영의정을 추증하였다고 한다.

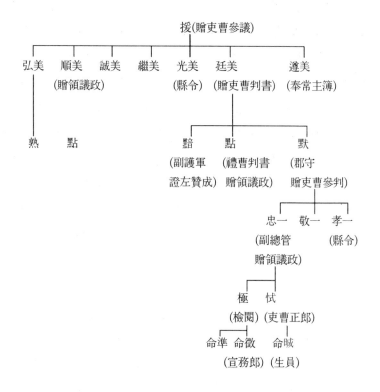

관리로서의 자세한 경력 등에 관해서는 그의 종제(從弟) 신민일(申敏一)3)의 《화당집(化堂集)》, 《선조실록》 및 《광해군일기》에 산견(散見)되

---

3) 申敏一(신민일, 1576~1650): 본관은 平山, 자는 功甫, 호는 化堂. 할아버지는 申廷美이고, 아버지는 申黯이며, 어머니는 金琿의 딸이다. 1624년 예조정랑으로 宣陵(성종과 계비 정현왕후의 능) 단오제 典祀官이었는데, 환관 羅業이 불경스런 행동을 취한 것을 구실로 환관들의 폐를 상소하였다. 1627년 정묘호란 때에는 왕을 호종, 강화도로 피난하였고 청나라와의 화의에 반대하였다. 1631년 보덕으로 인조의 아버지 定遠君을

는 것을 종합하여 간단히 적어 보면, 그는 선조(宣祖) 임진왜란 초에 전
라도(全羅道) 강진현감(康津縣監)으로 있었으며, 만주(滿洲)에 갔을 때는
앞에서 말한 바와 같이 남부주부(南部主簿, 종6품)이었다. 만주에서 귀국
하여 얼마 되지 않아 그는 함흥판관(咸興判官)이 되었으나, 그해(협주: 선
조 28년, 역주자: 선조 29년의 오류) 4월 초순에는 사헌부의 공격을 받아
파직되었다. 당시 파직의 이유를 살펴보면, 첫째로는 그가 임진왜란
초 강진현감으로 있을 적에 남해현감(南海縣監: 해남현감의 오류) 변응정
(邊應井)4)과 협력하여 금산(錦山)에서 적병과 싸우게 되었을 때 그는 처
음에 변응정과 생사를 같이하기를 약속하였음에도 불구하고 변응정은
전사하였으나 신충일은 퇴주하고 말았다는 것이며, 둘째로는 지난번
그가 건주 누르하치의 성에 갔을 때 그는 누르하치가 준 의복을 입고
오배삼고두(五拜三叩頭)의 예를 행하여 도리어 그들의 웃음 샀다는 것이
다. 과연 신충일의 행동이 그와 같았는지는 지금 확인할 사료가 없으
므로 어떻다고 평가할 수는 없으나, 생각건대 사헌부의 신충일 파직
이유와 같은 것은 당시 동서분당의 한 현상으로 볼 수 있지 않은가 한
다. 여하한 그는 함흥판관을 그만두게 되었는데, 그가 당숙 신숙(申熟)
에게 도기(圖記)의 발문을 부탁한 때는 곧 그가 함흥에서 경성으로 돌아
왔으리라고 생각되는 4월 18일이었던 것이다. 그러나 그는 얼마 되지

元宗으로 추숭하려는 의논이 일어나자 이를 반대하여 강계로 유배되었다. 1636년 병
자호란 때에는 왕을 호종하여 남한산성에 들어갔다. 화의가 성립된 뒤에는 영남에 내
려가 있다가 1640년 동부승지가 되고 이어 우승지에 임명되었으며, 1650년 대사성에
이르렀다.

4) 邊應井(변응정, 1557~1592): 본관은 原州, 자는 文叔, 시호는 忠壯이다. 宣祖 때 무과
에 급제하여 越松萬戶·선전관 등을 거쳐서 1592년 임진왜란이 일어나자 海南縣監으로
서 전공을 세우고 수군절도사가 되었다. 錦山에 포진한 적군을 金堤군수 鄭湛과 공동
작전으로 쳐서 큰 전과를 올렸으나 적의 夜襲을 만나 분전 중 전사하였다.

않아 다시 등용되어 혹은 호남독포사(湖南督捕使)도 되고 혹은 명사접반
관(明使接伴官)도 되고 혹은 김해부사(金海府使) 혹은 수군절도사(水軍節度
使) 혹은 부총관(副摠管)이 되었으니 무인(武人)으로서는 상당한 관직을
역임하였다고 할 수 있을 것이다. 또 광해군 14년 임술년(1622) 4월 그
가 죽기 얼마 전에 그는 안악군수(安岳郡守) 겸 방어사(防禦使)에 천거된
일이 있으나, 이는 당시 신충일의 장자 신칙(申恜)이 이조좌랑(吏曹佐郞)
의 관직에 있었던 관계상 문제를 일으키게 되어 결국 임명을 보지 못하
고 말았는데, 이 문제의 진상과 시비는 확실하지 않다.

　임진왜란이 일어나자 건주위도독(建州衛都督) 누르하치가 조선과 명
나라 양국 군대를 위하여 원병을 보내겠다고 자청한 것은 주지의 사실
이거니와, 전운(戰雲)이 아직 암담하던 만력 23년(1595) 7월에 누르하치
는 부하 여진인(女眞人) 90여 명을 만포(滿浦)로 보내어 그곳 첨사(僉使)
에게 서계(書契)를 제출한 일이 있었다. 임진왜란 이전에 있어서 여진추
장(女眞酋長)들은 함경도(咸鏡道)를 경유하여 매년 경성(京城)에 올라와 약
간의 토산품을 진상하고 그 보상으로 조정으로부터 여러 가지 물품을
하사받아 가지고 귀향하였다. 그것은 물론 조선의 직첩(職帖)을 가진 여
진인에게 한한 것이었다. 압록강 외에 거주하는 건주위 여진인들은 세
조(世祖) 6년 경진년(天順 4년, 1460)에 소위 건주좌위도독(建州左衛都督)
동창(童倉)의 직첩 문제로 인하여 명나라 조정의 간섭이 있었으므로 그
이후 조선의 관직을 얻지 못하게 되었으며, 따라서 경성에 왕래함도
금지되고 말았던 것이다. 그러나 그들은 다만 만포진(滿浦鎭)에 와서 소
위 조선의 접대를 받을 수는 있었다. 그들과 우리 조선의 교섭은 대개
구두와 물물교환의 방식으로 취하여 왔을 뿐, 서로 문서를 교환하여
교섭한 적은 없었다. 그런데 이때 누르하치가 전례 없는 서계(書契: 그
내용은 앞서 여진인에게 약탈된 조선 사람과 가축들을 돌려보내고 이후로는 양국

이 서로 영구히 화평하자는 의미)를 제출하는 동시에 90여 명의 다수를 만포로 보내어 이에 대한 회답까지 요구하였다. 이것은 요컨대 조선의 그들에 대한 태도와 처치를 엿보고자 시험하는데 불과하였다고 생각되는 것이다.

또 이와 거의 때를 같이하여 다른 한 가지 사건이 발생하였으니, 그것은 여진인 10여 명이 몰래 평안도(平安道) 위원군(渭原郡)에 월경하여 인삼을 채취하던 중 그곳 사람들에게 발각되어 그 중 여러 명이 체포되어 죽임을 당한 일이다. 이러한 사건은 한두 번이 아니었으나, 이때에는 그들이 이를 복수하기 위하여 많은 사람과 말을 모아 장차 압록강을 건너 침입하리라는 풍문이 전해졌다. 당시 조선은 아직 임진왜란이 계속되고 있었으므로 북방 여진인에 대한 방비에까지 힘을 쓸 여지가 전혀 없었다. 그러므로 조정에서는 여기에 대한 의논이 비등하게 되었다. 이때 병조(兵曹)에서 한 가지 방책을 생각하여 아뢰었으니, 그것은 곧 당시 평양(平壤) 부근에 주둔하고 있던 명나라 유격(遊擊) 호대수(胡大受)에게 청하여 그 부하 한 사람을 누르하치에게 보내 조선과의 화평(和平)을 말로 타이르도록 하여 일시 시국의 안정을 도모하자는 것이었다. 다시 말하자면, 조선은 호대수에게 '여진과 조선이 다 같이 천조(天朝)의 속국(屬國)이니 각각 그 영토를 보존하되, 여진은 압록강을 넘어서 사사로이 조선과 교섭하여 왕래치 말 것이며 조선도 또한 천조의 명이 없는 한 너희 여진과 교섭하여 왕래치 못하리라.'는 의미의 선유(宣諭)를 해달라는 것이었다. 다행히 호대수는 이러한 조선의 부탁을 들어주었다. 그래서 호대수는 조선이 역시 희망하는 그 부하의 여희원(余希元)이라는 사람을 만포로 보냈다. 여희원은 8월 중순 호대수의 선유문(宣諭文)을 휴대하고 만포에 도착하여 그곳에 머물면서 조선의 여진통사(女眞通事) 하세국(河世國)에게 선유문을 주어 누르하치에게 보내 수교케

하였다. 그래서 하세국은 선유문을 누르하치에게 주고 돌아오게 되었는데, 그때 누르하치는 그 부장(副將) 마신(馬臣) 등을 하세국과 함께 만포로 보내어 다시 서계(書契)를 만포첨사에게 제출하였다. 마신은 11월 2일 만포에 도착하여 직접 여희원의 선유(宣諭)도 듣게 되었던 것이다. 이것이 즉 여희원의 제1회 선유이니, 이때 여희원은 마신에게 약속한 것이 있었다. 그것은 다름이 아니라 다음해 정월에 여희원 자신이 많은 상품을 가지고 친히 누르하치의 성에 가서 그들에게 나누어 주겠다는 것이었다. 이러한 약속은 그들을 회유함에 있어서 언제나 불가결의 조건이었던 것이다.

이때를 당하여 조선에서는 다시 다음해 정월 여희원의 제2회 선유, 즉 여희원이 상으로 줄 물품을 가지고 누르하치의 성에 갈 때 다만 통사 하세국만을 그와 동행케 할 뿐 아니라 계략 있고 사태를 잘 파악할 만한 무사(武士) 한 명을 선택하여 하세국과 같이 누르하치에게 파견하여 한편으로는 논의의 길을 트고 다른 한편으로는 직접 정세를 정탐할 방침을 세우게 되었으니, 여기에 선발된 이가 곧 남부주부 신충일이었던 것이다. 앞서 살펴본 신숙(申熟)의 제발(題跋)에 '遼東鎭守官 走驛書言' 운운의 한 구절은 신숙의 오해에 불과하다. 그러면 특히 남부주부 신충일이 선발된 이유는 어디에 있었던가. 이에 대해서는 신숙의 제발 중에 '其未往也 吾見之李學士好閔家 往萬里胡地 其逆順未可知也 而憂愁畏憚之意 無一毫形於言面.'이라는 것이 보인다. 이것으로써 보면 신충일과 오봉(五峯) 이호민(李好閔)과는 당시 상당한 친교가 있었던 것을 짐작할 수 있는데, 이호민이 그때 어떠한 지위에 있었던가 하면 그는 병조참지(兵曹參知)이었던 것이다. 이러한 점으로 추측한다면 신충일을 직접 추천한 사람은 이호민이 아닌가 한다. 여하간 다음해 정월에는 신충일을 누르하치의 성에 파견키로 결정되었다.

그런데 얼마 되지 않아 11월 23일에 비변사(備邊司)는 아뢰되, '북방의 사태가 한창 급한 이때 하루라도 빨리 누르하치에 대한 만포첨사 유렴(柳濂)의 답서를 신충일에게 주고 들여보내어서 그곳 정세를 살펴 후일의 참고를 삼으면 좋겠다.'고 하였다. 이 비변사의 의견이 곧 채용되어 신충일은 (여희원과는 따로) 즉시 서울을 출발하여 만포로 향하게 되었던 것이다. 도기(圖記) 두루마리 첫머리에 '臣於上年十一月二十□□, □朝'는 11월 24일이나 25일 사조(辭朝: 부임인사)일 것이다. 신충일의 파견은 요컨대 표면상 명목은 누르하치 서계에 대한 답서를 지참한 만포첨사의 사자(使者)에 불과하나, 사실은 누르하치의 실력을 정찰할 임무를 가졌던 것이다. 경성 출발 후에 신충일의 행동은 도기(圖記)에 보이는 바와 같았다. 즉 그는 선조 28년 12월 23일에 만포를 출발하여 12월 28일에 건주 누르하치의 성에 도착하고, 성내에 머무르기 일주일(다음해 정월 5일)만에 누르하치의 성을 출발해 갈 때의 길을 거의 그대로 밟아서 만포에 도착, 1월 하순에 경성에 귀환하였던 것이다.

이상과 같이 신충일은 호 유격(胡遊擊)의 부하 여희원과는 한 번도 동행한 일이 없으니, 여희원의 제2회 선유(宣諭)는 신충일이 경성에 돌아온 다음 달 즉 선조 29년(만력 24년, 1596) 2월에 있었다. 즉 여희원은 지난번 약속보다 한 달 늦게 누르하치의 성에 도착하였거니와, 조선측 수행원은 역관(譯官) 김억례(金億禮), 만포첨사 군관(軍官) 안충성(安忠誠) 등이었다. 청조태조실록(淸朝太祖實錄) 병신년 2월조에 '明遣官一員, 同朝鮮官二員, 從者二百人來, 太祖令我軍盡甲, 觀兵于外, 遇于妙洪科地, 迎入大城, 優禮答送之.'라 한 것이 그것이다. 여희원의 두 차례 선유(宣諭)에 관해서는 선조실록에 상세히 나타나 있으나 여기서는 논급하지 않기로 한다. 신충일 내방에 관한 만주측 사료는 전혀 찾아볼 수 없으나, 다만 신충일과 여희원과는 한 번도 행동을 같이하지 않았다는 것만은 기억하여 둘 필요가 있다. 그런데 성 연경재(成硏經齋)는 바로 앞서 살핀 청조실록과 거의 같은 문장인《대청개국방략(大淸開國方略)》의 기사를 인용하여 신충일이 여희원과 더불어 동행하였다 하고, 최근 조선사편 수회 편《조선사(朝鮮史)》제4편 제10권에도 여희원의 선유와 신충일의 파견을 혼동하고, 또 몇 해 전에 이나바 이와키치(稻葉岩吉) 박사도 청조 실록(淸朝實錄)의 기사를 인용하여 대명국 관원이라 한 것은 여희원을 가리키는 것이며 고려국 관원이라 함은 신충일 등을 가리킴이니, 청실 록이 이러한 명나라와 조선 양국 사람의 동행을 서술하였음에 대하어 신충일의 보고서가 여희원과 동행하였음을 언급하지 않음은 알 수 없 는 일이라고 하였다. 이러한 오해는 선조실록의 전후관계 기사를 자세 히 검토한다면 명확히 해결할 수 있을 것이다. 그러나 이러한 오해가 또한 연경재로부터 처음 생긴 것이 아니라는 것을 기억하지 않으면 안 된다. 즉 인조조(仁祖朝)에 편찬된《선조수정실록(宣祖修正實錄)》(권29, 28 년 12월 기해조)이 벌써 그와 같은 오해를 하고 있으며, 최명길(崔鳴吉) 등 의 증수본(增修本)《고사촬요(攷事撮要)》(권상, 만력 23년 을미조)에도 이와 동일하다. 연경재가 관계한《존주휘편》(권1, 만력 23년 을미조)이 또한 이 러한 오류에 빠졌음은 두말할 것도 없는 것이다.

신충일의 왕복로(往復路)에 관해서는 도기(圖記)에 따라 대략을 짐작 할 수 있거니와, 지명(地名)은 물론 한자로 기입되어 있으나 이것은 한 자의 조선음(朝鮮音)으로 읽은 것은 다시 말할 것도 없으며 또 언문(諺文) 으로 발음을 명시한 곳도 보인다. 도기(圖記)에 보이는 지명으로 지금의 지명에 일치하는 것은 거의 찾아볼 수 없으니, 도기(圖記)에 보이는 지 명 고증만도 확실히 우리 연구의 대상이 될 것이다. 신충일의 왕복로 (往復路)는 대체로 지금의 만포진에서 압록강을 건너 고구려시대의 서 울인 집안현(輯安縣)을 지나 북상하여 판차령(板岔嶺)을 넘어 신개하(新開

河) 상류로 나와 신개하를 따라 하류에 이르러 거기서 다시 혼하(渾河)의 지류인 부이강(富爾江)의 유역을 거슬러 올라가 지금의 소자하(蘇子河) 유역인 흥경노성(興京老城) 부근에 있는 누르하치의 성에 도착하였던 것이다. 신충일이 도착한 누르하치의 거성(居城: 평소에 거처하는 성)은 만력 15년에 축조한 소위 호란합달(虎欄哈達: 산 이름) 아래 동남방에 있는 무명성(無名城)인데, 이 성의 구조에 관한 만주측 기록으로서는 겨우 《성경통지(盛京通志)》5)에 약간 보일 뿐이나 신충일의 도기(圖記)에는 가장 세밀한 설명이 있다. 특히 청태조 누르하치의 건국 이전, 그들의 생활 상태를 고찰함에 있어서 가장 흥미 있는 것은 누르하치 집과 그의 동생 슈르가치 집의 약도일 것이다. 이 약도는 상술한 바와 같이 이번 발견된 도기(圖記)에서 처음 볼 수 있는 것으로 만주측 사료에서는 말할 것도 없이 전혀 찾아볼 수 없는 새로운 사료이다. 이에 의하면 그들이 거주하는 가옥은 개와(蓋瓦) 단청(丹靑)한 건물이며 객청(客廳)과 삼층고루(三層鼓樓)도 있어 현재 우리가 그것을 방불히 목격하고 있는 느낌이 있다. 그밖에 무릇 97개조의 설명문이 있으니, 이는 그가 1주일 동안 성내에서 직접 보고들은 견문록(見聞錄)이다. 이 중에는 성곽 구조에 관한 설명을 비롯하여 성내와 성외에 거주하는 인민의 다소(多少), 군비(軍備)의 강약, 그들의 생활 상태, 정월 1일 누르하치가 베푼 연회의 광경, 누르하치가의 세계(世系), 누르하치와 그의 동생 슈르가치와의 관계, 누르하치 형제의 용모, 누르하치와 올라(兀剌)·여허(如許) 및 몽골과의 관계, 그들에게 사역되어 있는 조선인 노예 이야기, 만포첨사에게 보내는 누르하치의 회첩(回帖) 문필(文筆)을 맡은 유일의 한인(漢人) 왜내(歪乃)에 관한 일, 기타 여진인(女眞人)과의 문답, 특히 일본 소식과

---

5) 盛京通志(성경통지): 중국 遼寧省(瀋陽)의 지리지. 1736년에 발간된 것이다.

조총(鳥銃)에 관한 기사 등이 들어 있다.

도기(圖記)의 내용 가치에 관해 하나하나의 비판과 검토는 장차 청조사(淸朝史) 연구자의 새로운 과제의 하나일 줄로 믿는 바이어니와, 신충일의 이상과 같은 보고는 당시에 있어서도 상당한 주목을 이끌었던 것이다. 즉 신충일의 도기(圖記)를 본 선조대왕(宣祖大王)은 "노을가치의 일이 극히 우려된다. 예로부터 오랑캐는 수초만 따라 사는데, 지금 누르하치가 진보(鎭堡)와 성지(城池)를 많이 설치하고 무기도 구비하여 제조하지 않은 것이 없으며, 몽골의 삼위도 모두 귀순하였다고 하니 그 조짐을 알 수가 없다.(老乙可赤事, 極可憂慮。自古胡虜, 只逐水草而居, 今老酋多設鎭堡·城池·器械, 無不備造, 而蒙古三衛, 亦皆歸順云, 其漸不可說也.)"[6]라 하고 혹은 "끝내는 필시 큰 걱정이 있을 것 같다.(終必有大可憂者.)"[7]라 하여 우리나라도 고식지책(姑息之策)을 버리고 반드시 산성을 수축하며 변장(邊將)을 매우 잘 골라 양식을 저축하고 군사를 훈련시켜야만 되리라 하면서, 신충일의 보고서를 당시 겸경기·황해·평안·함경도도체찰사(兼京畿黃海平安咸鏡道都體察使)인 서애(西厓) 류성룡(柳成龍)에게 보인 바 있었다. 그러나 이에 대한 적극적인 방비책은 아무 것도 실현된 것이 없었던 것이다. 그 후 다만 신충일의 건주 정찰은 광해군시대에 이르러 만주의 풍운(風雲)이 급박하자 만포첨사 정충신(鄭忠信)의 건주 정찰을 비롯하여 누차에 걸쳐 누르하치의 내정 정탐의 선례가 되었던 것이다. 그러나 지금에 있어서 신충일의 《건주기정도기》는 당시와 다른 의미에서 중요성을 가지고 있으니, 다시 말하면 가장 풍부한 내용을 가진 청조(淸朝) 개국기(開國期) 신사료(新史料)로서 새로 우리의 주목을 이끌

---

6) 《선조실록》 72권 1596년 2월 2일조 1번째 기사.
7) 《선조실록》 71권 1596년 1월 30일조 4번째 기사.

게 된 것이다.(소화 14년 2월 稿)

【부기】(附記) 지나간 늦은 가을 어느 일요일이었다. 나는 평산신씨계보에 신충일 그의 무덤에 대해 '재광진선영내(在廣津先塋內)'라 한 것만을 보고 한 조각 비(碑)라도 찾아볼까 하여 두셋 학우와 더불어 서울 교외 광나루(廣壯里)로 나아갔다. 다행히 우리는 곧 아차산(峨嵯山) 남쪽 기슭에서 그의 조부 증이조판서(贈吏曹判書) 정미(廷美)의 묘비를 찾게 되었다. 이 비는 그리 크지는 않으나 이끼가 껴서 겨우 '정미' 두 글자를 판독할 수 있었다. 이 비가 서 있는 묘역 내에는 상중하 3단에 도합 4기의 분묘가 있으니 상단 1기에 비가 있어 그것이 그의 조부 무덤임을 알 수 있었고 중단 2기와 하단 1기에는 아무 표시도 찾아볼 수 없었다. 그러나 앞서 말한 계보에 의하면 광진 선영 내에는 신충일 그와 그 아버지 묵(默)과 그 조부 정미(夫人完山李氏墓祔)의 무덤만이 있으니, 이로써 추측건대 중단의 2기는 그 부친 묵과 그 모친(安氏인지 金氏인지 미상)의 분묘일 것이며, 하단의 1기가 곧 신충일 그의 무덤임이 틀림없을 것이다. 우리는 잠시 감개무량하여 이에 경의를 표하였다. 또 위창(葦滄) 오세창(吳世昌) 씨의 《근역서화징(槿域書畫徵)》에는 〈잠영보(簪纓譜)〉와 〈진휘속고(震彙續攷)〉에 의거하여 '신충일. 평산인. 척재(惕齋) 신점(申點) 종자(從子). 관지수사(官至水使). 화죽(畫竹). 여탄은제명(與灘隱齊名).'이라 하였다. 그의 묘지명(墓誌銘)과 아울러 그의 화죽(畫竹)의 출현은 최근 나의 가장 큰 관심의 하나이다.

『진단학보』 10(진단학회, 1939.6.)

建州紀程圖記 解說[*]

朝鮮宣祖二十八年乙未(明萬曆二十三年)十二月, 南部主簿申忠一奉命, 至建州奴兒哈赤(後爲淸太祖)之居城, 得察其情勢而歸, 事屬著聞。其復命書(忠一所上見聞錄)稱以書啓, 收錄于宣祖實錄(卷七十一)二十九年丙申十二月丁酉條, 且云『自二十二日, 至二十八日, 所經一路事, 載錄于圖.』而其圖, 則實錄全無所載。往年, 余從震檀學會, 獲見成海應著研經齋全集中有「建州紀程」一篇, 乃是抄錄申忠一復命書, 而並載實錄所無之地圖焉。其後, 稻葉岩吉博士聞之, 借見該書, 對照實錄, 遂著爲論文, 發表於靑丘學叢第二十九號, 題曰『申忠一書啓及圖記』, 詳說其在淸初史料有何等貴重價値。此亦吾儕所共知者也。

然而去戊寅八月下旬, 偶從忠淸南道靑陽郡居住申忠一後裔家, 出現其家藏圖記舊軸一件, 轉入于余手, 一見而似是忠一自藏者。蓋其程納朝廷者外, 又有一件, 卽此軸也。豈不奇異哉? 測其長廣, 則縱(輻)四一糎, 橫(長)一一二七糎。余所題建州紀程圖記, 卽指此卷軸而言, 玩其外形, 究其內容, 此豈非申忠一自筆書啓草本歟?

按此圖記, 首陳忠一於十一月下旬, 發京城, 十二月十五日, 到江界, 十二月二十一日, 至滿浦鎭, 率嚮導女眞酋長童汝乙古童愎應古·鄕通事羅世弘·河世國及奴者二名, 而當日午後, 離滿浦鎭, 永渡鴨綠, 向建州奴兒哈赤城, 次自十二月二十二日, 至十二月二十八日, 所經山川·地名·部落多寡·軍備有無, 記入于地圖。地圖中, 水以靑色, 路以赤色, 山以黑色, 繪之。且列書其一行日宿處·部落酋長之名·以及途中見聞。其次則奴兒哈赤居城中央木柵內所在奴兒哈赤家略圖·及外城內

---

[*] 이인영, 『淸芬室叢刊』 제1, 조선인쇄주식회사, 1940.8. 이인영이 『진단학보』 10 (1939.6)에 실은 자신의 글을 다시 漢譯한 것이다.

所在奴兒哈赤弟小兒哈赤家略圖, 一一作之, 繼以忠一自身留連城內時親所見聞者凡九十七記事矣。 又其書尾附有忠一五寸叔申熟之題跋(似亦是申熟自筆), 明書以『時萬曆二十四年丙申四月燈夕後三日西峯申熟仁仲題.』

然則此圖記與宣祖實錄及研經齋全集中所抄錄者, 其關係如何? 其內容之異同, 果如何? 余於此不得不先爲指摘者, 卽其奴兒哈赤家及小兒哈赤家之略圖, 只見於此圖記, 是也。 更言之, 二家略圖, 實錄則尙矣勿論, 研經齋全集中, 亦無以見之, 此其特色也。 又以實錄及研經齋全集所錄者較之, 此圖記無一條不載。 其末端申熟題跋, 則前二書俱闕其文。

關於圖記之由來, 申熟題跋, 有曰:

歲乙未(宣祖二十八年明萬曆二十三年)秋九月, 遼東鎮守官走驛書言: "奴酋(奴兒哈赤), 聚人馬浩大, 候永合渡江(鴨綠江), 隳突我西疆." 廷臣上言: "此不可以爲信, 急之, 亦不可以爲不信, 緩之, 其備之之策, 則自當豫圖之矣。 須遣有智·有才, 能審事機者一人, 往奴酋所, 察虛實以來." 上(宣祖)可之。 吾族子申忠一, 字恕甫, 實膺其選, 及其還也, 圖其山川·道里·城柵·屋廬于前, 錄其士馬·耕農·問答·事爲于後, 爲二通, 其一上進, 其一自藏。 一日, 袖其自藏者, 來示余, 屬余題其末。 余披而閱之。 云云

據平山申氏系譜, 申熟乃忠一之五寸叔, 而其撰跋則在萬曆二十四年丙申四月, 卽忠一歸國後纔經三月也。 跋文中『遼東鎮守官走驛書言』一節, 疑是撰者之誤認, 如後節所言。 然而吾儕因此書, 可知有二個重要事實。 其一, 則忠一歸朝卽時, 作成報告書(書啓)二件, 一件進于朝廷, 一件藏于家也。 以此觀之, 圖記之有申熟跋文, 可以推知其爲忠一自藏之件。 非但如是, 今觀此圖記不以楷書, 而草書亦往往有加筆訂正處, 無乃當時進上報告書(書啓)之草稿, 而又或是忠一自筆歟。 其次則研經齋全集所載〈建州紀程〉明是抄錄自申氏家藏本, 殆無疑也。 何以知其爲然

也, 〈建州紀程〉首言:

> 萬曆乙未秋九月, 遼東都司走驛言:"奴酋聚人馬, 候永合, 寇我西疆." 朝
> 廷遣武出身申忠一偵之. 以十一月二十二日, 待胡人嚮導, 從鄕通事羅世弘·
> 河世國, 鎭奴姜守等, 午離滿浦鎭. 度鴨綠江. 與中朝將官余希允行, 二十八
> 日, (而)至奴酋家. 以所經山川·道里·城柵·屋廬, 錄之爲二軸, 以其一進于
> 朝. 以其一藏之家. 云云

此文中『朝廷遣武出身申忠一偵之』及『與中朝將官余希允行』等句語,
盖出於攷事撮要(同書卷上大明紀年萬曆二十三年乙未條『建州佟奴兒(兒)哈赤部聚
漸盛. 請中朝將官余希允(元), 與我國武官申忠一, 往覘. 仍論朝旨』(云云), 而除此數
句, 則大槪與前揭申熟跋文之意無異. 就中, 跋文有云『爲二通』, 紀程
有云『爲二軸』, 此其實見卷軸之證祖據也.

然則成硏經齋果在何時, 有何動機, 得見申氏家藏圖記耶? 此必有所
由, 無他, 正二十年, 兵曹參議李義駿·前府使成大中等, 奉命編纂尊周
彙編. 彙編(共十五卷)主旨, 卽在追念, 仁祖丙子丁丑役斥和諸臣, 表彰其
大義名分, 故不問公私書類, 廣搜滿洲關系史料而成之. 初彙編之編纂
也, 靑成成大中旣參其役, 靑城之子硏經齋成海應, 亦以奎章閣檢書官,
前後參與之, 則硏經全集中其收錄北方關係之多般史料想應此時所蒐
集. 申忠一之報告書, 似亦伊時爲硏經齋所注意者, 尊周彙編卷一, 皇
朝紀年第一初頭, 萬曆二十三年十二月條, 及萬曆二十四年正月條, 揭
載忠一圖記一節. 以此觀之, 忠一之建州紀程圖記, 由此尊周彙編編纂
之契機, 而仍爲硏經齋所寓目, 遂至抄載其文集, 以傳于今日者也.

然則, 申忠一果如何人物乎? 據平山申氏系譜, 申忠一字如甫明宗九
年(明嘉靖三十三年)甲寅生, 泗川郡守申默之第三子也. 宣祖十六年癸未
武科及第, 官至副摠管, 光海君十四年壬戌(享年六十九)卒. 後追贈領議
政. 系譜:

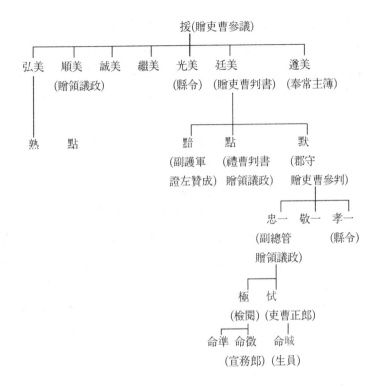

至於其詳細事蹟, 大抵散見於其從弟申敏一撰化堂集及宣祖實錄·光
海君日記等書, 而綜合以抄錄之, 則忠一於宣祖壬辰役初, 官全羅道康津
縣監, 其後爲南部主簿(從六品)往滿洲, 如上述。歸朝末幾, 出補咸興判
官, 然是年(宣祖二十八年)四月, 被司憲府攻劾, 而罷歸。察其當時罷職之
理由, 先是, 壬辰役初忠一(康津縣監)與南海縣監邊應井, 協力, 共擊錦山
敵, 期與之同生死, 應井戰死, 忠一遠約退走, 此其罷職罪目之一。又前
往建州奴兒哈赤城時, 身被奴兒哈赤所賜衣服, 且行五拜三叩頭禮, 却爲
彼輩所嘲笑, 此其罪目之二也。其果有如斯行動與否, 到今無他史料, 故
不可得以詳論也。然顧其當時政界, 朝臣士類分東分西, 互相反目, 同黨
伐異之風, 無處不現則憲府之劾忠一, 其或因於如斯黨爭關係歟? 後當
再考。更述罷職後事蹟, 其依囑圖記跋文, 當在於自咸興歸京城之四月

十八日。居未久, 忠一復被登用, 或爲湖南督捕使, 或爲明使接伴官, 或爲金海府使, 或爲水軍節度使, 或爲副摠管, 可知其歷任相當之官職矣。又於光海君十四年壬戌四月(卒逝稍前)被薦安岳郡守兼防禦使, 而長子申 恪時在吏曹佐郎, 是以朝論紛紜, 意不見任命云, 而問題之眞相與是非, 並不確實。

壬辰之役方起, 建州衛都督奴兒哈赤知朝鮮殘毀, 自請爲鮮明兩軍發兵來救, 朝鮮不許, 此爲周知之事實。而又於萬曆二十三年七月, 奴兒哈赤送其部下女眞九十餘名于滿浦付一書契於僉使矣。在壬辰以前, 諸女眞酋長率多經由咸鏡道, 每歲到京城, 進上若干土産, 以其代償, 受朝廷多般賞賜而歸。但此是限於受持朝鮮職帖之女眞, 固勿論矣。至如鴨綠江外居住之建州女眞, 則會於世祖六年庚辰(明天順四年), 有所謂建州左衛都督童倉之職帖問題, 仍生明間之干涉, 故爾來彼輩不得朝鮮之官職, 亦隨以禁止往來京城矣。是以, 彼輩只得來到滿浦鎭, 受所謂朝鮮之接待。彼我交涉, 槪以口頭, 又止於物物交換, 故互無以文書爲交換交涉之事。然而至是, 奴兒哈赤提出無前例之書契。其書以爲, 朝鮮人畜之嘗被掠於女眞者, 送還。自今以來, 永結和好。仍送還我人, 且要回答。蓋欲以此覘窺朝鮮之態度及處置如何也。

又同其時而有一事件發生, 卽是時女眞十餘名潛越平安道渭原郡境, 採取人蔘, 其中數名爲我人所捕殺。如此事件從前比比有之。而今次則有人來言: '女眞以報仇爲名, 聚集多數人馬, 將越江侵入.' 當時朝鮮尙在板蕩之中, 故至於防備女眞, 全無用力之餘地。以是廷議沸騰。時明遊擊將軍胡大受留平壤練兵。兵曹籌一策, 獻議: '請囑胡大受, 其部下一人于奴兒哈赤, 宣諭毋侵朝鮮, 與之和平, 蓋欲圖謀一時之安定也.' 換而言之, 朝鮮請胡大受要設奴兒哈赤, 以女眞及朝鮮俱是明朝屬國, 則各保其土, 女眞莫越鴨綠江, 私自交通。朝鮮亦苟無明朝之命, 則不得與女眞相交通。朝鮮之要求蓋如此。胡大受, 因朝鮮之希望, 遺策士余希元, 往探之。希元於八月中旬, 携帶胡大受之諭文, 到滿浦。仍留而授宣諭文於朝鮮人通事河世國, 使之手交于奴兒哈赤. 世國果使命而歸還, 時奴兒哈赤使其副將馬臣等, 同伴河世國, 送于滿浦, 復以書契交付于僉使矣. 馬臣於十一月二日, 來到滿浦, 直接聽受余希元之宣諭, 此卽余希元之第一回宣諭也. 是時, 希元與馬臣相約, 以來年正月, 希元賫持多數賞物, 親往奴兒哈赤城, 分與諸人. 如此約束, 在懷柔彼輩, 固不可缺也.

當此時, 朝鮮復立一策. 卽於明年正月, 余希元將以第二回宣諭次, 賫持賞賜往奴兒哈赤城時, 不獨與通事河世國使之同伴耳, 亦將選擇武士一名有計略善解事機者, 同伴河世國, 送于奴兒哈赤. 使之一邊開諭, 一邊體探, 是也. 而被選於此者, 卽南部主簿申忠一也. 前揭申熟跋文中『遼東鎭守官走驛書言』云云一條, 不過是誤解. 然則特其所以選拔忠一之理由, 果何在? 申熟之題跋曰『(前略)其未往也, 吾見之李學士好閔家, 往萬里胡地, 其逆順未可知, 而憂愁畏憚之意, 無一毫形於言面』云云. 以此觀之, 忠一之與五峯李好閔有親交, 可以推知. 李好閔, 時帶兵曹參知. 觀此事實, 其推薦忠一者, 亦非李好閔歟? 如是, 以明年正月, 遣忠一, 往奴兒哈赤城, 已爲決定焉.

而居未幾, 十一月二十三日, 備邊司啓, 「北方事機正急, 不可一日遲緩, 滿浦僉使柳濂答奴兒哈赤書, 宜速付忠一, 往察彼地情勢, 以爲後日之參考, 爲好.」云. 於是, 命忠一(不與余希元作伴)卽自京城出發, 向滿浦. 圖記軸頭「臣於上年十一月二十△△△朝」云云, 下段三字殘缺, 無可判讀, 然疑是(十一月二十)四日或五日辭朝. 要之, 忠一之派遣, 不過稱以滿浦僉使之回答使. 而其實, 則在偵察奴兒哈赤之實力如何耳. 其任務可謂爲重且大矣. 忠一離京後行動, 一如圖記所見. 卽於宣祖二十八年十二月二十三日, 離滿浦. 十二月二十八日, 至建州奴兒哈赤城. 留七日, 以翌年正月五日還, 復經往時路程, 至滿浦. 一月下旬歸京.

申忠一與胡遊擊部下余希元, 曾無一次同行之事, 盖如上述. 而希元之第二次宣諭, 在於忠一歸朝後翌月, 卽宣祖二十九年(明萬曆二十四年)二月也。希元之行, 較前日約束, 差遲一個月頃。而其時朝鮮側隨行員, 則譯官金億禮·滿浦僉使軍官安忠誠等也。 清太祖實錄丙申二月條有云『明遣官員一員·朝鮮官二員·從者二百人來。 上令我軍盡甲, 觀兵於外。遇於妙弘廊地界。迎入大城。優禮答遣之。』卽是也。關於余希元兩次宣諭事實, 雖備載宣祖實錄, 玆不欲論及。而關於忠一之事, 滿洲側史料, 全無覓見之道。然忠一與余希元固無一次同行, 是要注意者也。成研經齋引與前揭淸實錄同樣記事於大淸開國方略, 以爲, 申忠一與余希元偕往。最近朝鮮史編修會所編朝鮮史第四編第十卷, 亦以余希元之宣諭與申忠一之派遣, 認爲同時。又年前稻葉岩吉博士亦引淸朝實錄記事, 以爲, 其云『明國官員者』, 指余希元。而『高麗國官員』者, 指申忠一等, 殆無疑。如是淸實錄明示明鮮兩國人之同行, 而申忠一之報告書初不言及余希元同行之事, 所難解云。此皆攷之未審, 而誤解者也。苟於宣祖實錄, 仔細檢討其前後關係記事, 可得明確之解決矣。然而玆所應注意者, 如斯誤解, 非自研經齋始。已在仁祖時編纂宣祖修正實錄(卷二十九, 二十八年十二月朔己亥條), 有如此誤解, 又崔鳴吉等增修攷事撮要(卷上萬曆二十三年乙未條)亦犯同一誤解, 研經齋所與之尊周彙編(卷一萬曆二十三年乙未條)亦隨而誤謬, 不順更論。

　忠一之來往經路, 卽依圖記, 而略可窺知。而地名多以漢字記入, 讀之以朝鮮音, 且置莫論, 間或以諺文明示其音。以若圖記所見地名, 較今地名, 殆無可得一致處。考證圖記地名, 亦確實爲吾儕研究之對象。然忠一之往復路, 大體自今滿浦鎭, 渡鴨綠江, 經高句麗所都輯安縣, 北上, 踰板岔嶺, 出新開河上流, 沿河而至下流。自此, 更爲溯往渾河支流富爾江之流域, 到今蘇子河流域興京老城附近, 乃奴兒哈赤所居也。奴兒哈赤居城, 則萬曆十五年所築, 本是所謂虎欄哈達下東南之一無名城。而關於城之構造, 滿洲側記錄僅見盛京通志中若干處而已。然忠一之圖記, 最付細密之說明。其於考察淸朝建國以前彼人生活狀態, 最感興味者, 乃在於奴兒哈赤家及其弟小兒哈赤家之略圖耳。此圖只因今次

所發見之圖記而始得之, 如上所述。在滿洲側史料, 亦難見之, 極新重
要史料也。依此圖而觀之, 彼人之居住家屋, 亦以盖瓦丹靑, 有客廳及
三層敀樓, 現在吾儕有彷彿目睹之感。此外尙有九十七個條之記事, 皆
七日間滯留城內, 直接所聞見者。而其中始自關於城郭構造, 列錄城內
外居住人民之多少·軍備之強弱·彼人生活狀態, 以及元日奴兒哈赤家
宴會之光景·奴兒哈赤家之世系·奴兒哈赤與其弟小兒哈赤之關係·奴
兒哈赤兄弟之容貌·奴兒哈赤與兀刺·如許及蒙古之關係·我人之使役
於彼人者·又關於漢人歪乃(掌文筆。　奴兒哈赤之回答滿浦僉使書皆此人所書)·
其他與女眞人問答·日本消息·鳥銃記事等, 一一錄之。

　就圖記之內容價値, 一一批判之, 且檢討之, 將屬爲淸朝史專門硏究
家之一新課題。而忠一之報告, 亦在當時喚起相當注目。宣祖覽圖記而
有『老乙可赤事, 極可憂慮。自古, 胡虜只逐水草而居。今老酋多設鎭
堡·城池·器械, 無不備造, 而蒙古三衛亦皆歸順云, 其漸不可說也.』之
敎。又有『終必有大可憂者』之敎, 其意以爲, 我國亦棄姑息之策, 必修
築山城, 極擇邊將, 積穀練兵, 爲當然之事。乃以忠一報告, 下示當時兼
京畿黃海平安咸鏡道都體察使柳成龍。　然對此積極的防策無一講究實
現者。只因忠一之例, 以偵察其內情爲能事, 及光海君時代, 滿洲風雲
之急迫, 首先遣滿浦僉使鄭忠信偵察建州, 以來如此種類之偵察, 屢次
反覆, 以爲常例耳。

【附記】去戊寅秋某日, 是日曜也。余曾見申氏系譜申忠一墳墓『在廣津
先塋內』, 雖一片碑石, 擬欲尋見。乃與二三學友, 出遊(京城)郊外廣壯里
(舊廣津)。幸於峨嵯山南麓, 覓得其祖父贈吏曹判書廷美之墓碑。此碑不
甚長大, 苔蘚沕, 才有判讀「廷美」二字。此碑所立塋域內, 分爲上中下
三段, 合有四基墳墓。而上段一基卽此碑所在。(可知其爲祖墓)中段二基
及下段一基, 無一表示可覓。然依前揭系譜, 則廣津先塋內, 只有忠一

及父默·祖父廷美(夫人完山李氏墓祔)墓。以此推之，中段二基，爲其父默及母(未詳其爲安氏或金氏)墓。下段一基，卽爲忠一墓，殆無疑矣。於是，吾儕之感慨，一層無量。聊表敬意焉。按葦滄吳世昌氏編槿域書畫徵，引簪纓譜及震彙續考曰『申忠一平山人，惕齋申點從子，官至水使。畫竹。與灘隱齊名』。但其墓誌與畫竹，未嘗見之。故兩者之出現，又余所以切望不已者也。

本圖記出版之際，多蒙京城帝國大學教授藤田亮策先生暨張鴻植·李丙燾·井上琢磨諸先生之敎示便宜，聊表謝忱。

清芬室主人　李仁榮

찾아보기

건주기정도기
영인자료

여기서부터는 影印本을 인쇄한 부분으로 맨 뒷 페이지부터 보십시오.

申忠一의 建州紀程圖記에 對하야

— 最近 發見의 淸初 史料 —

李 仁 榮

壬辰役이 이러난지 三年만인 宣祖二十八年 (明萬曆二十三年)乙未十二月에 南部主簿申忠一이 朝廷의命을 받들어 當時 滿洲蘇子河流域에서 興起中이든 後의 淸太祖奴兒哈赤의 居城에 이르러 그實情을 偵察하고 돌아온 事實은 이미 널리 아는바일것이다. 當時의 見聞을 記錄한 申忠一의 報告書는 所謂書啓라하야 宣祖實錄卷七十一、二十九年丙申十二月丁酉條에 收錄되여 있으나 實錄에는 「自二十二日 至二十八日 所經一路事 載錄于圖」라는 文句가 있음에도 不拘하고 圖 그것은 全혀揭載되지않었든바 年前에 發攬學會所藏 成海應의 研經齋全集中에 「建州紀程」이라 題하야 申忠一의 報告書를 抄하여두가운 메 實錄에서는 볼수없든 地圖가 들어있는것이 判明되자 稻葉岩吉博士는 「申忠一書啓及び圖記」라는 論文을 靑丘學叢第二十九號에 發表하야 申忠一의 報告書가 갖고 있는 淸初史料로서의 價値를 紹介한바있었으니 이亦是 우리記憶에 새로운바이다.

그런데 지나간 八月下旬 意外에도 當時朝廷에 바친報告書外에 申忠一自藏의 一件이 忠淸南道靑陽郡에 居佳하는 그後孫家로부터 나오게 되였다. 本報에 揭載한「資料」가 곧 그것으로、原本은 縱(幅)四一糎、橫(長)一一二七糎의 卷軸으로 되여있다. 여기에 이른바 建州紀程圖記는 이卷軸을 가라첨이니 이것은 外形으로보나 內容

1

으로보나 申忠一自筆의 報告書啓(書啓)의 草本이 아니었

든가 한다.

이圖記에는 먼저 申忠一 그가 十一月下旬 京城을 떠

나 十二月十五日 江界에 到着、十二月二十一日 滿浦鎭

에 이르러 案內者로 女眞酋長湟汝乙古·董愆應古·鄕通

事羅世弘·河世國과 그밖에 奴子二名을 다리고 一行七

人이 그날 午後滿浦를 떠나 鴨綠江氷上을 건너 建州奴

兒哈赤城에 向하게된것을 簡單히 記錄한다음 十二月二

十二日로부터 十二月二十八日 奴兒哈赤城에 이르기까지

의 經由한 山川과 地名 部落의 多少、軍備의 有無를 記

入한 地圖를 불였다. 이 地圖에는 물은 靑色、길은 赤色

山은 墨으로그리고、그들 一行이 每日宿泊한곳과 部落酋

長의 이름과 途中의 見聞까지도 記入하였다. 그다음에

奴兒哈赤居城에 들어가 內城의 中央 木柵內에 있는 奴兒

哈赤家의 略圖와 外城內에 있는 奴兒哈赤의 아우 小兒

哈赤家의 略圖를 그리고、이어서 申忠一自身이 城內에

留하는동안 親히 見聞한 九十七個條의 記事을 添付하여

있다. 그리고 그끝에는 忠一의 五寸叔인 申熟의 圖記題

申忠一의 建州紀程圖記에 對하야 （李仁榮）

一三五

跋이 있어、거기에는 （이것도 또한 申熟自筆이 아닌가

（생각된다） 「時萬曆二十四年丙申四月燈夕後三日 西峯申

熟仁仲題」라 써있다. 그러면 이圖記와 宣祖實錄 及 研經

齋全集에 收錄된 그것과의 關係는 어떠하며 또內容에 있

어서 如何한 差異가 있는가하면、먼저 우리는 奴兒哈赤

家 及 小兒哈赤家의 略圖가 이번 圖記에만 보이는 것을

指摘치않을수 없다. 다시 말하면 奴兒哈赤家의 略圖와

小兒哈赤家의 略圖는 實錄에는 勿論、研經齋全集에도

보이지않는 新史料라는 點이다. 그리고 實錄과 研經齋

全集에 오른것으로 이圖記에 添付되여있는 申熟의 題跋도

없고、또끝에 오른것으로 이圖記에 보이지않는 條目은 하나도 研

經齋全集에서는 그全文을 볼수없었든 것이다.

歲乙未明 宣祖二十八年秋九月 遼東鎭守官 走驛書曰 奴

酋哈赤 聚人馬浩大 候氷合渡江〇鴨綠江 照突我西疆 廷

臣上言 此不可以爲信 殆之其

備之之策 則自當像圖之矣 須遣有智有才 能審事機者

一人 往奴酋所 察虛實以來 上〇祖宣可之 吾族子申忠

2

申忠一의 建州紀程圖記에 對하야　(李仁榮)

一、字恕市、實膺其選 及其還也 圖其山川・道里・城柵・
屋廬于前 鈐其士馬・耕蓺・問答・事爲于後 爲二通
其一上進 其一自藏。一日 袖其自藏者 來示余 屬余題
其末。余披而閱之 云云

이라하얏다。申熟은 平山申氏系譜에 依하면 忠一의 五寸叔이 어니와、이 글을 쓴 萬曆二十四年丙申四月은 忠一의 歸國後 겨우 三個月을 經過하얏을뿐이다。「遼東鎭守官 走驛書言」云云의 一節은 申熟의 誤解라는것을 後에 말하고저 하는바이나、우리는 이 글에 依하야 두가지 重要한 事實을 알수있을것이다。즉 첫재로는 忠一은 滿洲로부터 歸國하자、곧 報告書 두벌을 作成하야 한벌은 朝廷에 바치고 한벌은 自藏하얏섯다는것이니、이로써보면 이번에 發見된 申熟의 跋이 있는 圖記는 申忠一自藏의 것이었음을 짐작할수 있다。그뿐만아니라 이번 發見된 圖記는 楷書로 쓴것이 아니고 草書體로 써있는 것이라하는것을 建州紀程에「爲二通」이라하얏으나、이것은 또한 卷軸으로된 圖記를 實見하얏다는 證據가 될줄로 안다。그러면 成研經齋는 어느때 어떠한 動機로 申

또 곳곳이 加筆訂正이 있는點으로보아 이것은 當時 朝廷에 바친 報告書(狀啓)의 草稿인것같기도 하며 또한 申忠一自筆이 아닌가도 생각된다。둘재로는 硏經齋全集

에 들어있는「建州紀程」은 틀림없이 이 申氏家藏本에 依하야 抄錄한것임을 짐작할수 있는것이다。웨그런가하면「建州紀程」에는 첫머리에

萬曆乙未秋九月 遼東都司 走驛言 奴酋聚人馬 候氷合
寇我西疆 朝廷遣武出身申忠一偵之 以十一月二十二
日 待胡人嚮導 從鄕通事羅世弘・河世國鎭奴姜守等
午離滿浦鎭 渡鴨綠江 與中朝將官余希元行 二十八日
(而)至奴酋家 以所經山川・道里・城柵・屋廬錄之
爲二軸 以其一達于朝 以其一藏之家 云云

이라는 說明은 하였다。이中「朝廷遣武出身申忠一偵之」와「與中朝將官余希元行」이란 글은「攻事撮要卷上」大明紀年萬曆二十三年乙未條에「建州倭奴兔哈赤部衆漸密 請中朝將官余希元 與我國武官申忠一往偵 仍諭朝旨」라한데 依한것으로 생각되나、그外의 글은 確實히 前揭申忠一의 跋에 依한데 틀임없을 것이다。더구나 申熟의 跋에「爲二通」이라한것을 建州紀程에는「爲二軸」이라하얏으니、이것

氏家藏本圖記를 보게되었든 것인가。 여기에는 亦是 理由

가 있었든것이니 그것은 다름아니라 正祖二十年 兵曹參

議李義駿、前府使成大中等이 王命을 받들어 尊周彙編編

纂에 着手하였든 事實이있다。 다시 말할것도 없이 尊周

彙編十五卷은 仁祖丙子丁丑役에 滿洲軍과의 講和에 反

對한이들의 大義名分을 表彰하기 爲하여 맨든것으로 널

리 滿洲關係의 史料를 公私에 亘하야 蒐集하였다。 이尊

周彙編編纂에는 靑城成大中이 이에 參加하였고、 靑城의

子硏經齋成海應도 또한 奎章閣檢書官의 一人으로써 後

로 이에 參與케 되었든것이니 硏經齋全集中에 牧錄된

北方關係의 많은 史料는 곧 이때에 蒐集되었든 것이 아

닌가 생각된다。 申忠一의 報告書도 또한 尊周彙編編纂

時에 硏經齋의 注意를 이끌었든것 같으니、 尊周彙編卷

一、皇朝紀年第一첫머리에 萬曆二十三年十二月條와 다음

萬曆二十四年正月條에 申忠一圖記의 一節을 揭載하여있

다。 이것으로써보면 申忠一의 建州紀程圖記는 尊周彙編

編纂을 契機로 硏經齋의 注意에 올라、 드디어 그文集에

까지 抄錄되어 今日에 傳하게되었다고 볼수있을것이다。

그러면 먼저 申忠一은 如何한 人物이었든가。 平山申

氏系譜에 依하면 申忠一의 字는 恕甫요 明宗九年(明嘉

靖三十三年)甲寅에 沔川郡守申默의 第三子로서 出生하

야 宜祖十六年癸未에 武科에 及第하고 官은 副摠管에

이르렀으며、 光海君十四年壬戌(享年六十九)에 卒하였는

데 後에 領議政을 追贈하였다고 한다。

申忠一의 建州紀程圖記에 對하야 (李仁榮)

世 系

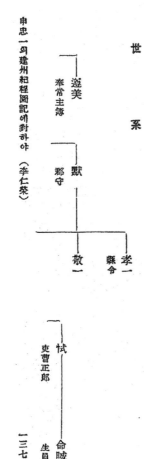

遵美 ── 奉常主簿

默 ── 郡守

敬一 ── 縣令

孝一

試 ── 吏曹正郎

命晙 ── 生員

一三七

申忠一의 建州紀程圖記에 對하야　（李仁榮）　一三八

```
援　吏曹參判
 ├─ 廷美　贈吏曹判書 ── 贈吏曹參判 ── 贈吏曹判書
 │                                   贈領議政
 │                                   籀　贈左贊成
 │                                   副護軍
 │                                   贈領議政 ── 忠一　副摠管　贈領議政
 │                                                    ├─ 極　檢閱
 │                                                    ├─ 命徵　宣務郎
 │                                                    └─ 命準
 ├─ 點
 ├─ 光美　縣令
 ├─ 纘美
 ├─ 誠美
 ├─ 順美 ……… 點
 ├─ 贈領議政
 └─ 弘美 ── 熱
```

그의 자세한 官歷에 關하여는——그 從弟申敍一의 化堂集、宣祖實錄 及 光海君日記에 散見하는것을 綜合하여 簡單히 적어보면、그는 宣祖王辰役初에 全羅道康津縣監으로 있었으며 滿洲에 갔을 때는 우에 말한바와 같이 南部主簿(從六品)이었었다。 滿洲로부터 歸國하야 얼마 안되여 그는 咸興判官이 되였으나、그해(宣祖二十八年) 四月初旬에는 司憲府의 攻擊을 받아 罷職되였다。 當時 罷職의 理由를 살펴보면、첫재로는 그가 王辰役初 唐津縣監으로 있을때 南海縣監邊應井과 協力하야 錦山에서 敵兵과 싸우게되었을때、그는 처음에 應井과 生死를 같이하기를 約束하였음에 不拘하고 應井은 戰死하였으나 忠一은 退走하고 말었다는 것이며、둘재로는 前番 그가

建州奴兒哈赤城에 갔을때 그는 奴兒哈赤가 준 衣服을
입고 五拜三叩頭의 禮를 行하야 도리어 그들의 웃음을
삿다는것이다。果然 忠一의 行動이 如斯하였는지는 차
금 이를 確認할 史料가 없으므로 어떻다고 評論할수는
없으나、 생각컨대 司憲府의 申忠一罷職理由와 같은것은
當時東西分黨의 한 現象으로 볼수있지 않은가 한다。如
何든 그는 咸興判官을 그만두게되었는데 그가 堂叔申熟
에게 圖記의 跋文을 依囑한 때는 곧 그가 咸興으로부터
京城에 돌아왔으리라고 생각되는 四月十八日이었든것이
다。그러나 그는 얼마안되여 다시 登用되야 或은 湖南
督捕使도 되고 或은 明使接伴官도 되고 武人으로서는
相當한 官職을 歷任하였다고 할수있을 것이다。또 安
岳郡守兼防禦使에 薦擧되었든일이 있으나 이는 當時忠
一의 長子申悗이 吏曹佐郎의 職에 있었든 關係上 問題
를 이르키게되여 結局 任命을 보지못하고 말었는데 이
問題의眞相과 是非는 確實치 않다。

申忠一의建州紀程圖記에 對하야 (李仁榮)

一三九

壬辰役이 이러나자 建州衛都將 奴兒哈赤 (리)가 鮮明
賊軍을 爲하야 援兵을 내겠다고 自請한것은 周知의 事
實이어니와 戰雲이 아즉 暗澹하든 萬曆二十三年七月에
奴兒哈赤는 部下女眞人 九十餘名을 滿浦로 보내여 그곳
食使에게 書契를 提出한일이 있었다。壬辰役以前에 있
어서는 女眞酋長들은 咸鏡道를 經由하야 每年京城에 올
라와서 若干의 土産을 進上하고 그代償으로 朝廷으로부
터 여러가지 賞賜를 받아가지고 歸鄕하였다。그것은 勿
論 朝鮮의 職帖을 가진 女眞人에게 限한것이었지만 鴨
綠江外에 居住하는 建州衛女眞人들은 世祖六年庚辰(天
順四年)에 所謂建州左衛都督僉童倉의 職帖問題로 因하야
明朝의 干涉이 있었음으로 爾來 朝鮮의 官職도 얻지 못
하게 되었으며 따라서 京城에 往來함도 禁止되고 말었
든것이다。그러나 그들은 다만 滿浦鎭에 와서 所謂朝鮮
의 接待를 받을수는 있었다。그러나 그들과 우리朝鮮의
交涉은 대개 口頭와 物物交換의 方式을 取하여 왔을뿐으
로 서루 文書를 交換하야 交涉한적은 없었다。그런데 이
때 奴兒哈赤는 前例없는 書契——그內容은 앞서 女眞人

申忠一의 建州紀程圖記에 對하야 (李仁榮)

에게 掠奪된 朝鮮人畜을 돌려보내고 일우는 二國이 서루 永久히 和平하자는 意味의것——을 提出하는 同時에 九十餘名의 多數를 滿浦로 보내여 이에 對한 回答까지 求하였다는것은 要컨대 이로서 朝鮮의 그들에 對한 態度와 處置를 엿보려고 試驗하였다고 생각되는것이다. 또 이와 거진 때를 같이하여 한가지 事件이 發生하였으니, 그것은 女眞人十餘名이 몰래 平安道渭原郡에 越境하야 人蔘을 採取하든中 그곳 사람들에게 發覺되여 그中 數名이 捕殺을 當한 일이다. 이러한 事件은 한두번이 아니였으나, 이때에는 그들이 이를 復讐키爲하야 많은 人馬를 모두아 장차 越江侵入하리라는 風說이 傳하게 되었든것이다. 當時 朝鮮서는 아직 壬辰役이 繼續되든中이었음으로 北方女眞人에 對한 防備에까지 힘을 參餘地는 全혀 없었든것이다. 그럼으로 朝廷에서는 여기에 對한 議論이 沸騰하게되였다. 이때 兵曹는 一策을 생각하야 獻議하였으니 그것은 平常時 平壤附近에 駐屯하고있는 明나라 遊擊胡大受에게 請하야 그部下의 한사람을 奴兒哈赤에게 보내여 朝鮮과의 和平을

設論케하야 一時 時局의 安定을 圖謀하자는 것이었다. 다시 말하자면 朝鮮은 胡大受로하여금 女眞과 朝鮮과는 女眞은 鴨綠江을 넘어서 各各 그領土를 保存하야 너이 朝鮮도 또한 天朝의 命이 없는限 너이 女眞과 交通치 못하리라는 意味의 宣諭를 하여달라는 것이다. 多幸이 胡大受는 朝鮮이 亦是 希望하는 그部下의 余希元이라는 사람을 滿浦로 보내게 되였다. 余希元은 八月中旬 胡大受의 宣諭文을 携帶하고 滿浦에 到着하야 그곳에 머물, 면서 朝鮮의 女眞通事河世國에게 宣諭文을 주어 奴兒哈赤에게 보내어 手交케 하였다. 그래서 河世國은 宣諭文을 奴兒哈赤에게 주고 돌아오게 되였다. 그때 奴兒哈赤는 그 副將로 馬臣等을 河世國과함께 滿浦로 보내여 다시 書契를 滿浦僉使에게 提出케 되였다. 이때 馬臣은 十一月二日 滿浦에 到着하야 直接 余希元의 宣諭도 듣게 되였든 것이다. 이것이 즉 余希元의 第一回宣諭이니, 이때 余希元은 馬臣에게 約束한것이 있었다. 그것은 다름이 아

니라. 來年正月에는 余希元自身이 많은 賞物을 가지고 親히 奴兒哈赤城에 가서 그들에게 分與하겠다는 것이었다. 이러한 約束은 그들을 懷柔합에는 언제나 不可缺의 條件이 었든 것이다.

이때를 當하야 朝鮮서는 다시 明年正月 余希元第二回宣諭 即 余希元이 賞賜를 가지고 奴兒哈赤城에 갈때에 다만 通事河世國만을 그와 同行케할뿐 아니라 計略있고 事機를 잘 理解할만한 武士 한名을 選擇하야 河世國과 같이 奴兒哈赤에게 派遣하야 一邊으로는 開諭하며 一邊으로는 體探할 方針을 세우게 되였으니 여기에 選拔된 이가 곧 南部主簿申忠一이 었던 것이다. 前揭申熟의 題跋에「遼東鎭守官 走驛書言」云云의 一節은 申熟의 誤解에 不過하다. 그러면 特히 南部主簿申忠一이 選拔된 理由는 어떠 있었던가. 이에 對하여는 申熟의 題跋中에「(前略) 其末徃也 吾見之李學士好閔家 徃萬里胡地 其逆順未可知 而憂愁畏憚之意 無一毫形於言面」云云 이라 는것이 보인다.

이것으로써보면 申忠一과 五峯李好閔과는 當時 相當한 親交가 있었던것을 짐작할수 있는데, 李好閔은 그때 如何한 地位에 있었던가 하면 그는 兵曹參知이 었던것이다. 이러한 點으로 推測한 다면 申忠一을 直接推薦한사람은 李好閔이 아니었던가 한다. 如何間 明年正月에는 申忠一을 奴兒哈赤城에 派遣키로 決定되었다. 그런데 얼마안되여 十一月二十三日에 備邊司는 啓하되 北方事機가 正急한 이때 하로라도 빨리 奴兒哈赤에 對한 滿浦僉使柳濂의 答書를 申忠一에게 주어 入送케하야 그곳 情勢를 살펴 後日의 參考를 삼으면 좋겠다고 하였다. 이 備邊司의 意見은 곧 採用되야 申忠一은 (余希元과는 따로) 即時 서울을 出發하야 滿浦로 向하게 되었던것이다. 圖記軸頭에 「臣於七年十一月二十△△△朝」云云 은 十一月二十四日 이나 二十五日辭朝일것이다. 申忠一의 派遣은 要컨댄 表面上 名目은 奴兒哈赤書契에 對한 答書를 持參한 滿浦僉使의 使者에 不過하나 其實은 奴兒哈赤의 實力을 偵察할 任務를 가졌던 것이다. 즉 그는 宣祖二十八年 十二月二十三日에 滿浦를 出發하야 十二月二十八日에 建州奴兒哈赤城에 到着하고、城內에 留하기 一

申忠一의 建州紀程圖記에 對하야 (李仁榮)

申忠一의建州紀程圖記에對하야 (李仁榮)

週日만에 —翌年正月五日에— 奴兒哈赤城을 出發하야 往路와 거진같은 길을 밟아 滿浦에 到着, 一月下旬에 京城에 歸還하였던것이다.

以上과같이 申忠一은 胡遊擊의 部下余希元과는 한번 同行한일이 없으니, 余希元의 第二回宣諭는 忠一이 京城에 돌아온 다음달 즉 宣祖二十九年(萬曆二十四年)二月이었었다. 즉 余希元은 전번 約束보담 한달늦게 奴兒哈赤城에 到着하였거나와 朝鮮側隨行員은 譯官金億禮, 滿淸兵使軍官安忠誠等이 있었다. 淸朝太祖實錄丙申二月條에 明遣官員一員 朝鮮官二員 從者二百人來 上令我軍盡甲 觀兵於外 遇於妙弘廊地界 迎入大城 優禮答遣之…다한것이 그것이다. 余希元兩次의 宣諭에 關하여는 宣祖實錄에 詳細히 나타나 있으나 여기서는 論及치 않기로한다. 申忠一來訪에 關한 滿洲側史料는 全혀 찾아볼 수 없으나 그러나 다만 申忠一과 余希元과는 한번도 行動을 같이하지 않았다는것만은 記憶하여둘 必要가 있다. 그런때 成研齋는 前揭淸實錄과 거이 同文인 大淸開國方署의 記事를 引用하야 申忠一은 余希元과 더부러

同行하였다고하고、最近 朝鮮史編修會編 朝鮮史第四編第十卷에도 余希元의 宣諭와 申忠一의 派遣을 混同하고 또 年前 稻葉岩吉博士도 淸朝實錄의 記事를 引用하야 大明國官員이라 한것은 余希元을 가르친것이며、高麗國官員이라함은 申忠一等을 가르친이니 淸實錄이 이러한 明鮮兩國人의 同行을 敍述하였음에 對하야 申忠一의 報告書가 余希元과 同行하였음에 言及치 않었음은 알수없는일이라고 하였다。 그러나 이러한 誤解는 宣祖實錄의 前後關係記事를 仔細히 檢討한다면 明確히 解決할수 있을것이다。 그러나 이러한 誤解가 또한 研經齋로부터 처음생긴것이 아니라는것을 記憶하지 않으면 안된다。 즉 仁祖朝에 編纂된 宣祖修正實錄(卷二十九、二十八年十二月朝已亥條)이 벌써 그와같은 誤解를 하고있으며、崔鳴吉等의 增修本 攷事撮要(卷上、萬曆二十三年乙未條)에도 이와 同一하다。 研經齋가 關係한 海東繹史(卷一、萬曆二十三年乙未條)이 또한 이러한 誤謬에 빠졌음은 무릇

申忠一의 來往路에 關하여는 圖記에 依하야 大略을 집

작할수 있거니와 地名은 勿論 漢字로 記入되여있은나
이것은 漢字의 朝鮮音으로 읽을것도 없
으며 또 諺文으로 發音을 明示한곳도 보인다.

이것은 漢字의 朝鮮音으로 읽을것도 없
으며 또 諺文으로 發音을 明示한곳도 보인다.

보이는 地名으로 現今地名에 一致하는것은 거진 찾아볼
수 없으나 忠一의 地名考證만도 確實이 우리研究
의 對象이 될것이나 忠一의 往復路든 大體로 現今의 滿浦
鎭으로부터 鴨綠江을 건너 高句麗時代의 서울인 韓安縣
을 지나 北上하야 板岔嶺을 넘어 新開河上流의 나와 新開
河를 따라 下流에 이르러 거기서 다시 渾河의 支流富爾
江의 流域을 거슬러올라가 現今蘇子河流域인 興京老城附
近에있는 奴兒哈赤城에 到着하였던것이다. 忠一의 到着

한 奴兒哈赤의 居城은 萬曆十五年에 築造한 所謂虎欄哈
達下東南의 無名城으로 이城의 構造에 關한 滿洲側記錄
으로서는 겨우盛京通志에 若干보일뿐이나 申忠一의 「圖
記」에는 가장 細密한 說明이 있다. 特히 淸太祖奴兒哈赤
의 生活狀態를 考察함에 있어서 가장 興味
있는것은 奴兒哈赤家와 그弟小兒哈赤家의 圖記일것이다.

建國以前 그들의 生活狀態를 考察함에 있어서 가장 興味
있는것은 奴兒哈赤家와 그弟小兒哈赤家의 圖記일것이다.

이圖는 上述한바와 같이 이번 發見된 圖記에서 처음볼

申忠一의 建州紀程圖記에 對하야 （李仁榮）

수있는것으로 滿洲側史料에서는 말할것도없이 全혀 찾
아볼수 있는것이다. 이에 依하면 그들의 居住하는
在우리가 그것을 彷彿히 目睹하고있는 느낌이 있다. 그
밖에 무릇九十七個條의 說明文이 있으니 이는 그가 一
週間동안 城內에서 直接보고들은 見聞錄이다. 이中에는
城郭構造의 關한 說明을 비롯하야 城內外에 居住하는 人
民의 多少、軍備의 强弱、그들의 生活狀態、正月一日 奴兒
哈赤家宴會의 光景、奴兒哈赤兄弟의 世系、奴兒哈赤와 그
弟小兒哈赤와의 關係、奴兒哈赤의 容貌、奴兒哈赤의 回帖
兀刺、如許及蒙古와의 關係、그들에게 使役되여있는 朝
鮮人奴隷이야기、滿洲僉使에게 보내는 奴兒哈赤의 回帖
文筆을 말은 唯一의 漢人歪乃의 關한일、其他 女眞人과의
問答（特히 日本消息과 鳥銃에 關한 記事等이 들어있다.

家屋은 蓋瓦丹靑한 建物이며 容廳과 三層鼓樓도 있어 現
在우리가 그것을 彷彿히 目睹하고있는 느낌이 있다. 그

圖記의 內容價値에 關한 一一의 批判과 檢討는 장차
淸朝史研究者의 새로운 課題의 하나일줄로 믿는 바이어
니와、申忠一의 以上과같은 報告는 當時에 있어서도 相
當한 注目을 이끌었던 것이다. 즉忠一의 圖記를 보읍신

申忠一의 建州紀程圖記에對하야　(李仁榮)

宣祖大王은「老乙可赤事　極可憂慮　自古胡虜　只逐水草而

尻今老酋多設鎭堡・城池・器械　無不備造　而蒙古三衛亦

皆歸順云　其漸不可說也」라하고　或은「終必有大可憂者」라

하야　我國도　姑息之策을　버리고　반다시　山城을　修築하

며　邊將을　極擇하야　積穀鍊兵하여만 되리라 하야、忠一

의 報告書를　當時　兼京畿黃海平安咸鏡道都體察使인西厓

柳成龍에게　보인바　있었다。그러나　이에　對한　積極的防

備策은　아두것도　實現된것이　없었던　것이다。그後　다만

申忠一의　建州偵察은　光海君時代에　이르러　滿洲의　風雲

이念迫하자　漢浦僉使鄭忠信의　建州偵察을비롯하야　屢次

에　亘한　奴兒哈赤의　內情偵探의　先例가　되였던것이다。

그러나　今日에　있어서는　申忠一의　建州紀程圖記는　當時

와는　다른意味에　있어서　重要性을　가지고있어서　다시말

하면　가장　豐富한　內容을　가진　淸朝開國期新史料로써새

로 우리의　注目을　이끌게　된것이다。(昭和十四年二月日稿)

【附記】　지나간　늦은　가을　어느　日曜日　이었었다。나는　平山

一四四

申氏系譜에 申忠一 그의 무덤이 「在廣津先塋內」라함을

보고　한조각　碑라도　찾어볼가하야　二三學友와　더부러

서울郊外　광나루(廣壯里)로　나아갔었다。多幸히　우리는

곧　峨嵯山南麓에서　그의祖父　贈吏曹判書廷美의　墓碑를

찾게되였다。이碑는　그리크지는　않으나　잇기가　껴서 겨

우「廷美」두字를　判讀할수　있었다。이碑가 서있는　塋域

內에는　上中下三段에　都合四基의　墳墓가　있으니　上段一

基에　碑가있어　그것이　그의祖父무덤임을　알수있었고　中

段二基와　下段一基에는　아무　表示도　찾을수없었었다。그

러나　前揭系譜에　依하면　廣津先塋內에는　忠一고와　그父

默과「丁祖父廷美(夫人完山李氏墓祔)」의 무덤만이 있으니

이것으로써　推測컨맨　中段의二基는　그父默과　그母(安氏

인지　金氏인지未詳)의　墳墓일것이며　下段의一基가 곧申

忠一그의　무덤에　들림없을것이다。우리는　暫時　感慨無

量히 이에 敬意를 表하였다。또　莘滄吳世昌氏의　槿域書

畵徵에는　簪纓譜와　震彙續考에　依하야「申忠一　平山人

楊齋申點從子　官至水使　畵竹　與灘隱齊名」이라하였다。

그의墓誌銘과　아울러　그의　畵竹의　出現은　最近　나의 가

장 큰 關心의 하나이다。

申忠一의 建州紀程圖記에 對하야

– 최근 발견의 淸初史料 –

李仁榮

『진단학보』 10. 진단학회, 1939.6. 142~152면, 국립중앙도서관 소장.

清史資料　第三輯
開國史料（三）第六冊

建州紀程圖錄　申忠一著

台聯國風出版社印行

1

建州紀程圖記   圖版 1

2

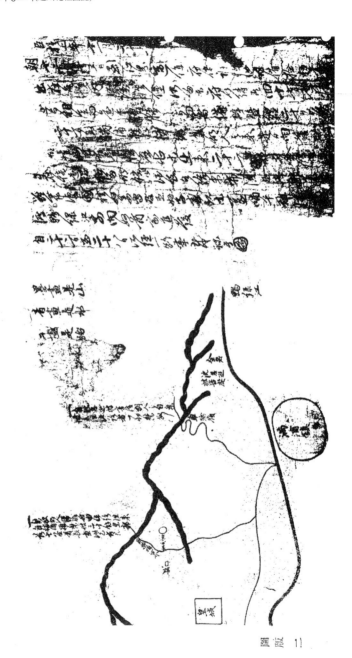

圖版 11

3

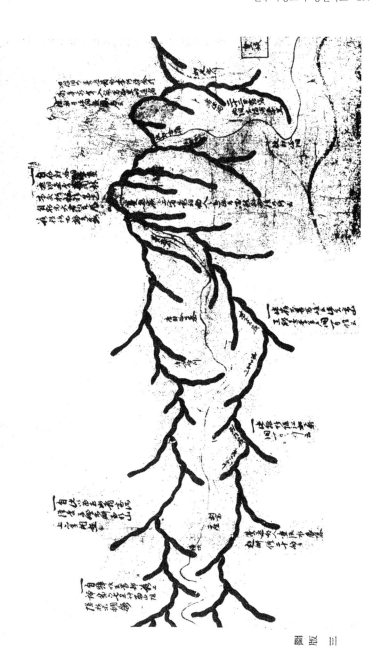

圖版 三

4

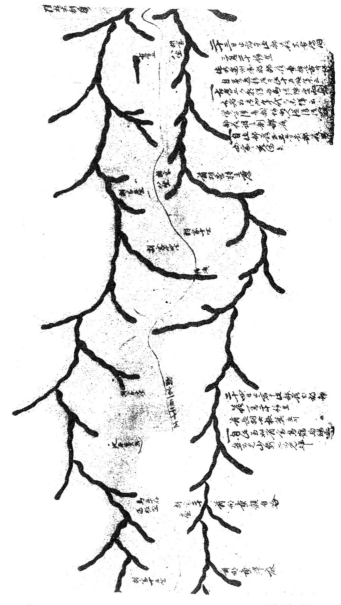

圖版 四

5

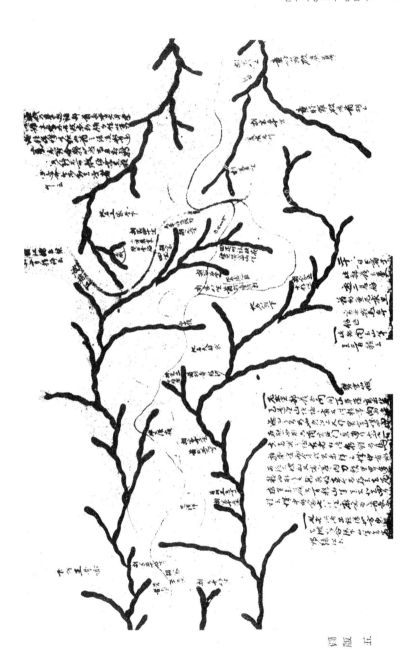

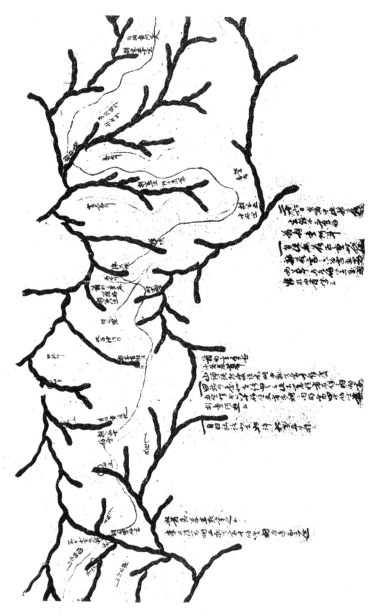

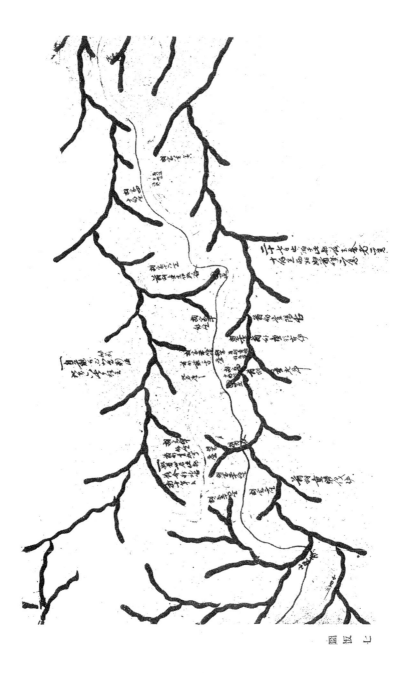

8

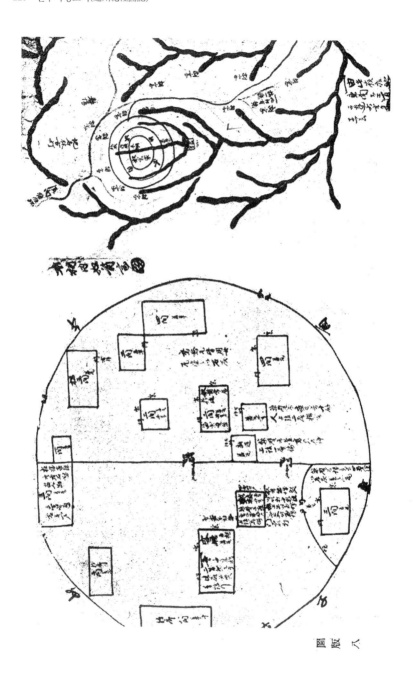

圖版 八

9

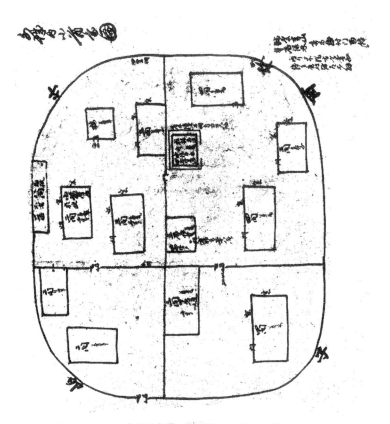

圖版 九

10

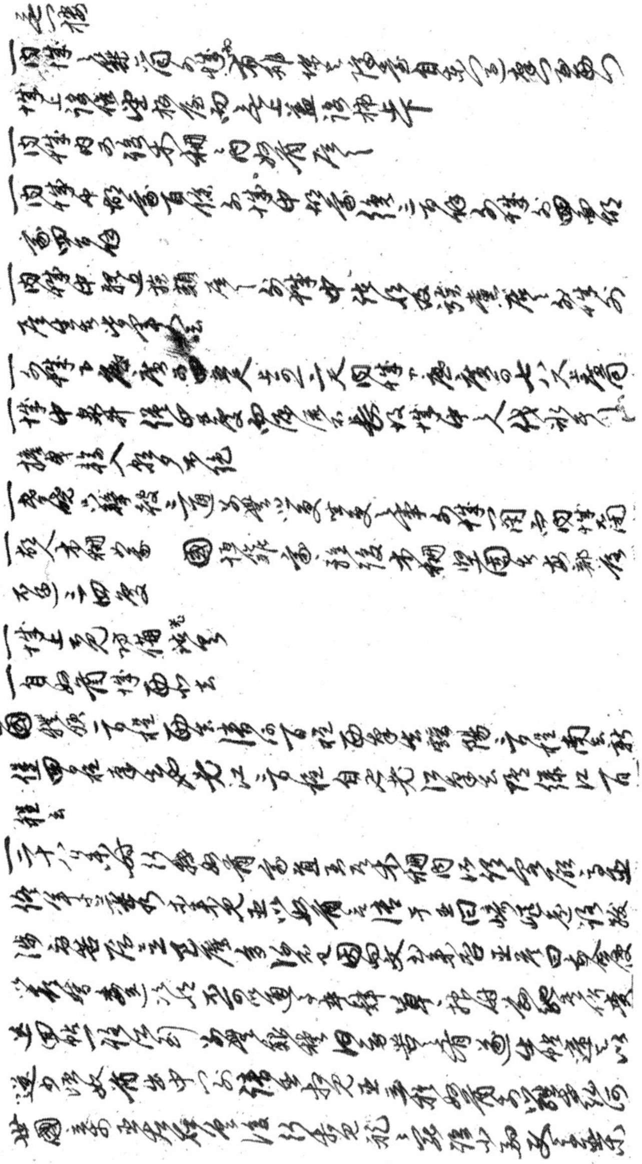

圖版 10

圖版 二

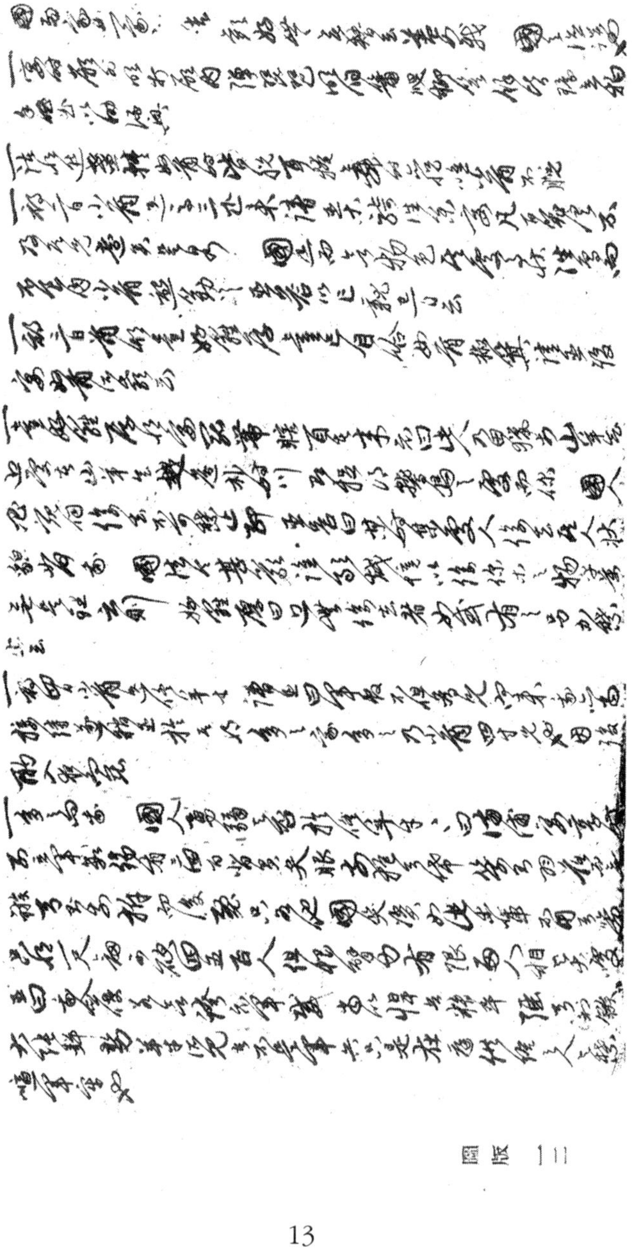

圖版 111

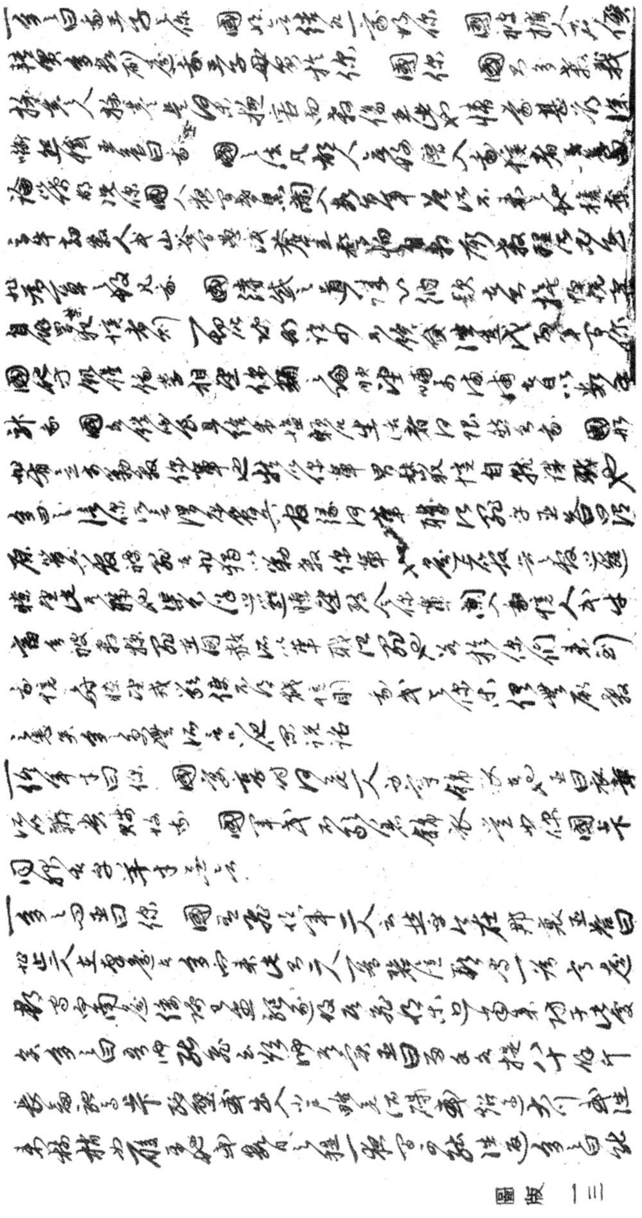

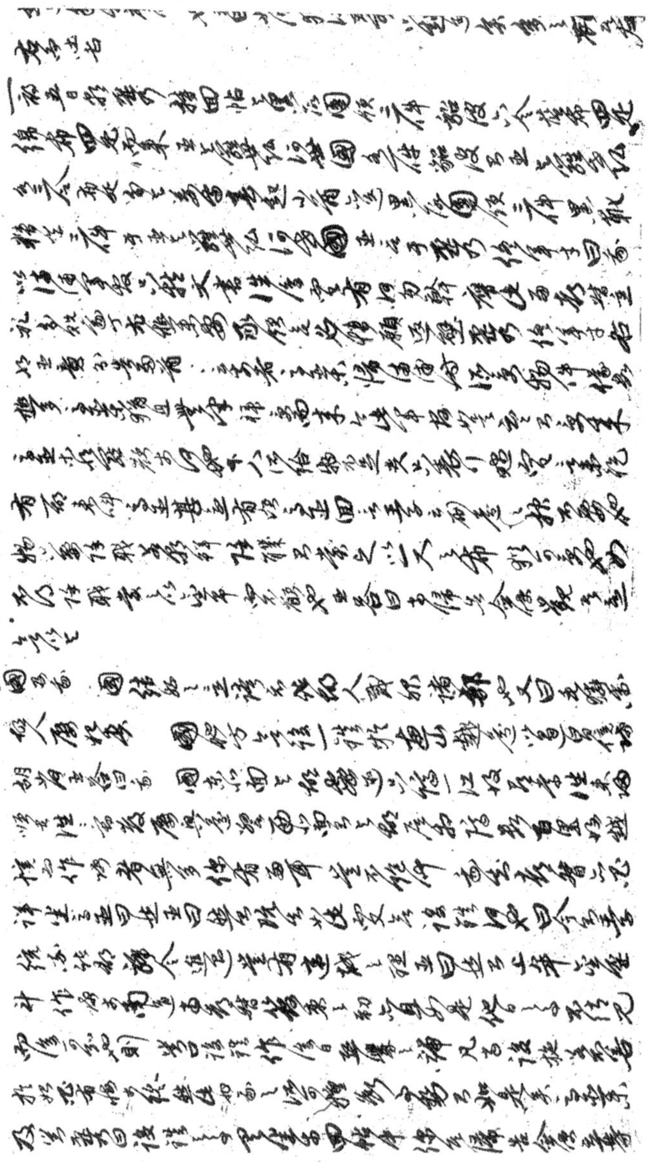

15

圖版 一 正

16

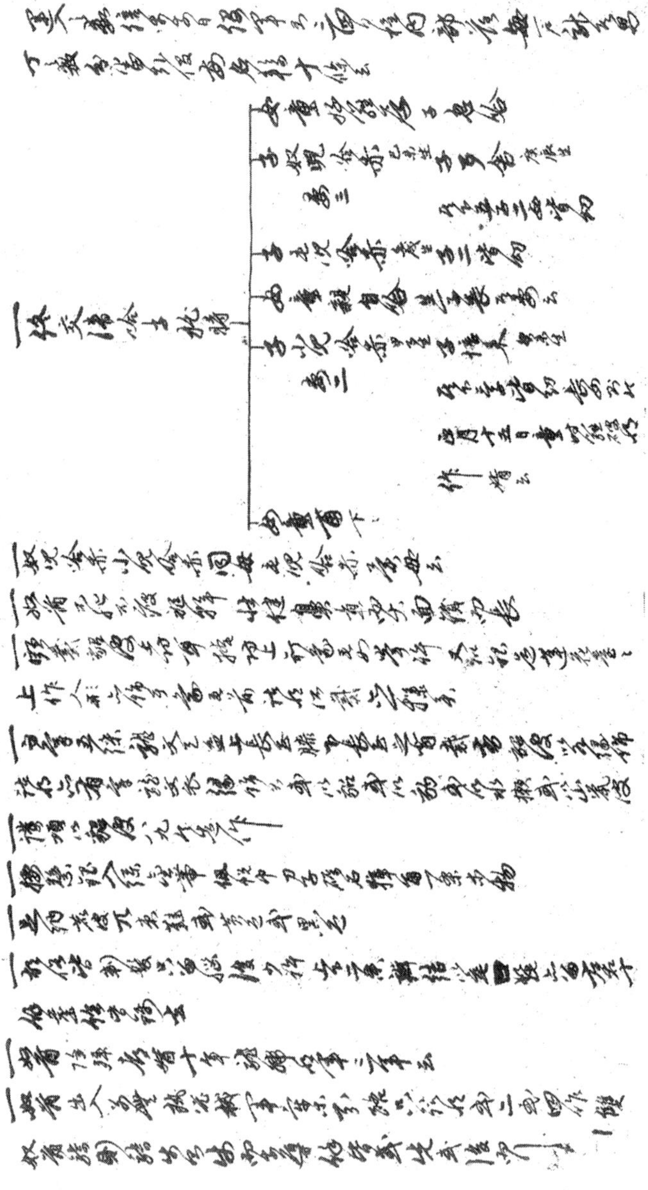

圖版 十六

17

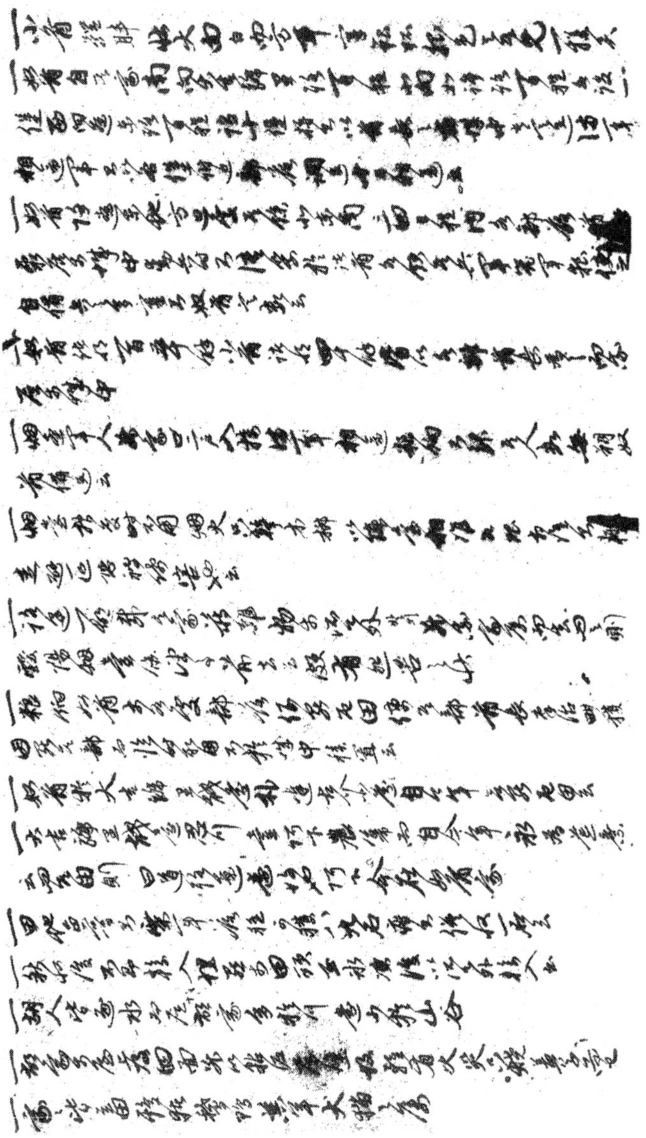

圖版 一七

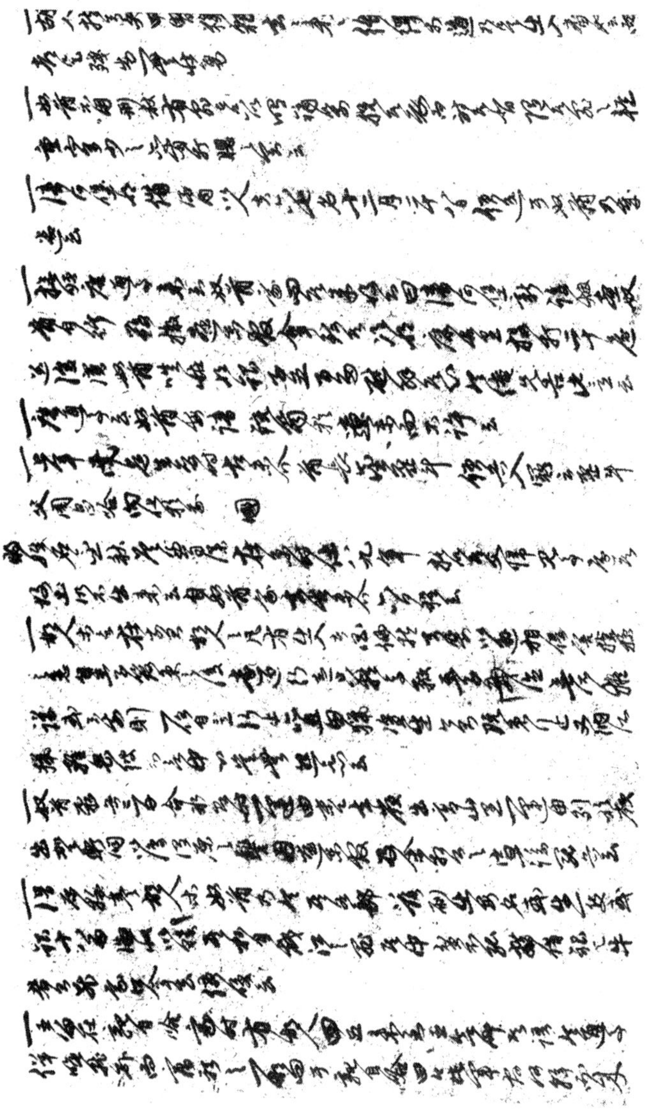

圖版 一八

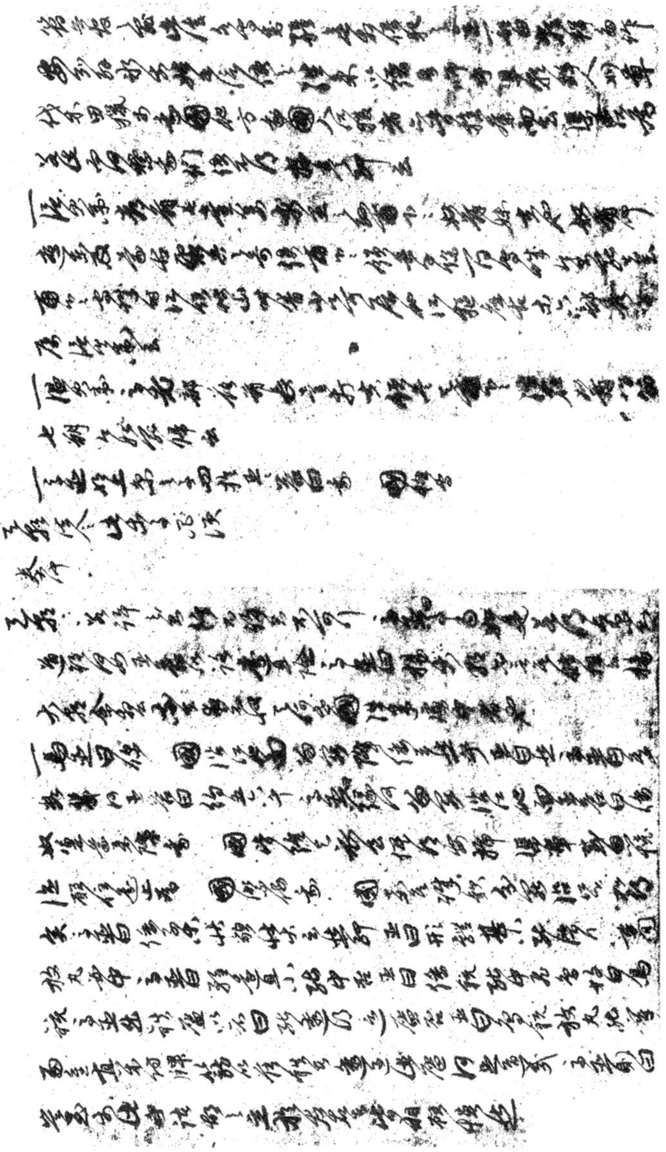

圖版 一九

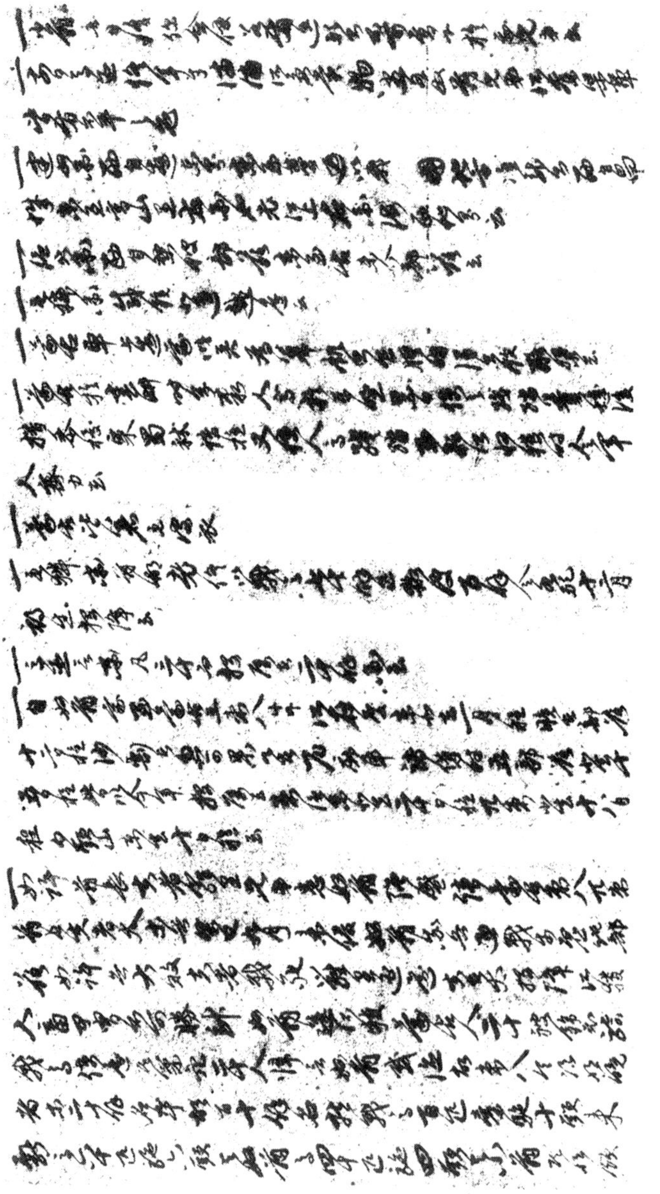

圖版 二〇

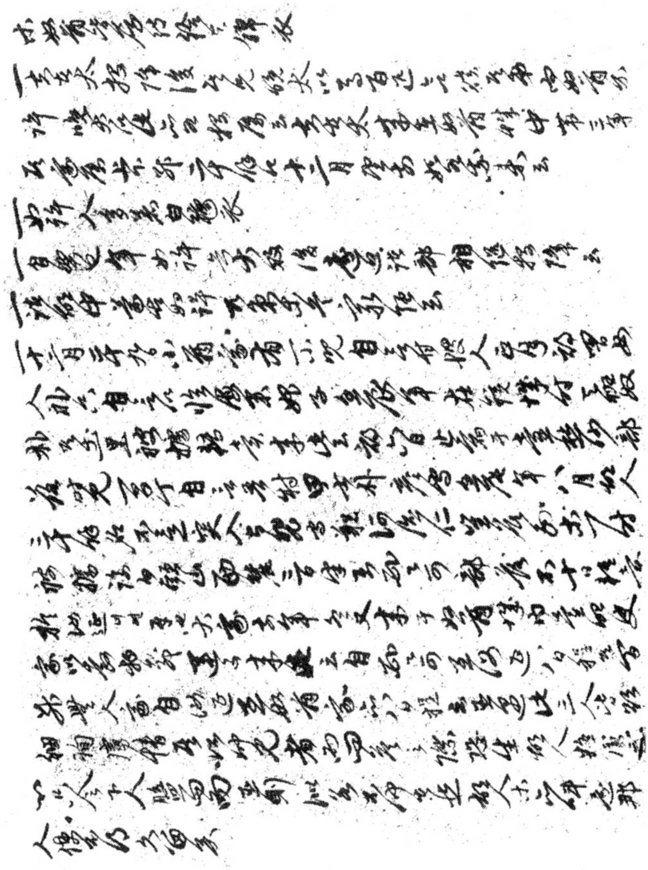

圖版 二一

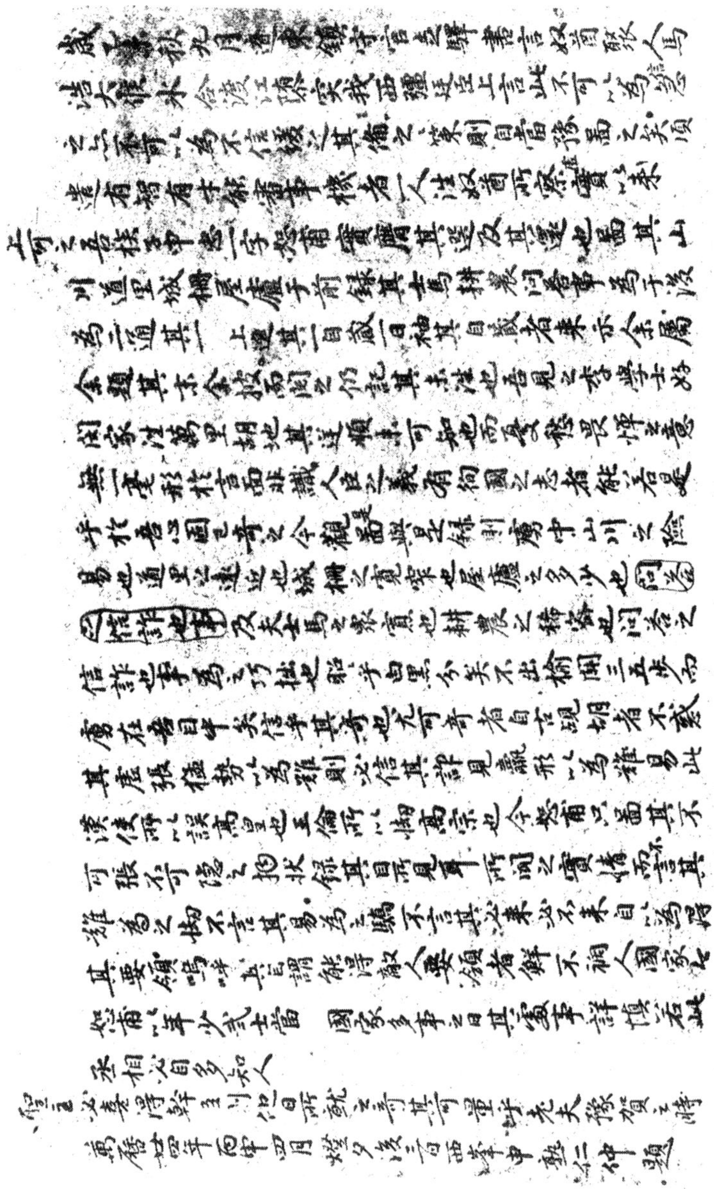

圖版 二三

23

欄外奧宣祖實
錄所收本文對
校

十以下至朝凡
九字、實錄無

發下字、實錄
作行、實錄作道
作行、實錄作道

坡下字、實錄
作圖
子、實錄作女
汝作僉、實錄無

所經道路圖錄、
實錄不載

寫定申忠一圖錄本文

臣於上年十一月二十△△。[辭]

朝十二月十五日到江界。適值府使許頊以防備檢勅事出在其境內所屬
鎭堡仍留本府以待其回十七日還官遂與相會問邊上虜情之可問者。
備辦盤纏二十日發△二十一日至滿浦鎭以待鄕導胡人之來是日向
暮梨坡胡童汝乙古童愳應古等出來。二十二日朝前僉使柳濂出在懷
遠舘招兩胡饋以酒食各給米布後臣與鄕通事羅世弘河世國鎭奴姜
守及臣奴子春起等一並晌午離滿浦氷渡鴨綠江前向奴酋家進發。

自二十二日至二十八日所經一路事載錄于圖。

[所經道路圖錄　二]

1　墨畫是山。青畫是水。朱畫是路。

2　鴨綠江。

3　金岩沈思遜被害處。　4　一梨坡來往此路者一切禁斷。[自此思遜被害後胡人之自梨坡來往此路者一切禁斷]

5　車踰嶺。　6　滿浦鎭。

7　一梨坡胡人歸順時由此路往來。自滿浦距梨坡三十餘里部落十八座。

寫定申忠一圖錄本文

24

寫定申忠一圖錄本文

酋長童汝乙古云。

8 巨柴項古介
9 皇帝墓丑碑　10 皇城

[所經道路圖錄　二]

1 加也之川
2 者皮洞乃蔓遮酋胡李阿將哈於明（補）廟辛亥年入寇高山里時造者皮舡于此洞故因名云。　3 者皮洞。　4 二十二日。露宿此洞去滿浦五十里。

5 仇郎哈嶺。　6 仇郎哈川。　7 仇郎哈洞。
8 一自仇郎哈洞至蔓遮洞過處其間林木交柯松檜參天自枯木大者小者風落橫路不計其數。　9 蔓遮嶺之上有叢祠胡人之過此者必致敬而後乃行云。　10 蔓遮川
11 唐時哈古基。　12 唐時哈川
13 末乙去嶺。　14 一此嶺不甚高峻云此去高山里越邊李萬戶洞一日程云。　15 末乙去川

25

16. 列於嶺。 17 夫乙家川。 18 一此距鴨綠江氻軒洞一日可到云。

19 一自此以西至奴酋家所經處無墅不畊至於山上亦多開墾。 20 胡家

二坐。 21 蔓遮胡人童流水農幕起畊僅二十餘日。 22 獐項。 23 一自

獐項至營部落上端幾六七里許多山阻隘樹木稠密。

[所經道路圖錄 三]

1 古營丘。 2 胡家八坐。 3 三十三日止宿于此部落去者皮洞三息二

十餘里此乃建州衞部落楷叱古다고自蔓遮移居于此十五餘年云。

4 古營丘乃朝鮮兵馬結陣處而只有古老相傳而年代有未詳云營者。

漢音剩故胡人從漢語此部落謂之剩部落。 5 一自此部落至王骨赤

部落男女家家充滿矣。

6 胡家五坐。 7 胡家八坐。 8 酋胡李將主厚。

9 胡家十坐。 10 胡家十四坐。

11 獐項。

12 胡家二坐。 13 胡家一百二十坐。

14 地名蔓遮。 15 二十四日止宿于此部落去箕部落一息二十餘里。 16

宣定串忠一圖錄本文

寫定申忠一圖錄本文

酋長胡女椒箕쵸긔。

17　一自此至奴酋家鳥鵲烏鵶並然不見山野亦
不見雉。

18　馬五十餘匹放墅。　19　胡家二十坐。　20　酋胡童親自哈。

21　胡家十五坐。　22　酋胡童牌麻。

一　〔所經道路圖錄　四〕

1　胡家八坐。　2　童時羅破農幕。　3　性川　4　胡家五十坐。　5　童時羅

破爲酋胡云。

6　瓮古老川。　7　胡家五坐。

8　一土城乃蔓遮諸部酋長李大斗·李以難主·李林古致等抄領千餘壯勇
本住此城共拒奴酋之侵凌奴酋遂□群來鬪合戰四度尙且相持□
□□其終不可敵便乘黑夜□□逃命今不可知去處者□□□□云。

9　地名王家왕야。

10　胡家四十坐小酋農幕雙古掌治。　11　馬二十餘匹放野。　12　胡家一坐。

13　胡家四坐。

14　土城。

27

15 波猪江源出梨坡北二日程許云。　16 波猪江。　17 伊所多川

18 厄還時蹦此嶺望見欝靈山城。

19 胡家五坐。　20 地名虛之巨　21 胡家八坐。　22 酋胡童者打。　23 胡家

24 地名羅下。　25 二十五日止宿此部落去蔓遷二息餘。　26 酋胡童尼求
里家養戰馬五十餘坐。　27 一此部南去山羊會三日程云。

28 小嶺。　29 地名夫都求。　30 胡家十餘坐。　31 酋胡童愁沙。
五十餘坐。

32 欝靈山城。

33 非乙漢嶺。　34 胡家十二坐。　35 胡家十三坐。

36 非乙漢坪。　37 酋胡王忽可。　38 胡家十三坐。

39 酋胡王骨赤。　40 胡家二十餘坐。　41 胡家二十五坐。　42 地名者未下。

43 胡家十餘坐。

44 一尼求里部落西南間一山峯崒高出半天望山頂隱々有石城横帶向
西委迤間之則乃也老江上天作欝靈山城。四面石壁如削只南有石門。
可以通行。而有一夫當關之險古老相傳朝鮮兵馬駐箚處而年代則未

寫定申忠一圖錄本文

28

詳云城中有水可泛者皮船又有窟內刀鎗甲胄多積而取之者輒死故

至今尚存云去尼求里部落則一日程山羊會則北去四日程云城中胡

家七八十坐麻家爲之酋長云。

45　也老江源出霰陽地方東流與波猪合流下山羊會前鴨綠江云。

[所經道路圖錄　五]

1　酋胡童阿之夫。　2　胡家二十坐。

3　于於諸川위겨애。

4　胡都嶺。　5　喬老川。　6　胡家一坐。　7　阿斗農幕。　8　地名喬老　9

胡家五十餘坐。　10　黃家川。　11　獐項。　12　二十六日止宿于此部落去

羅下三息餘。　13　酋胡童阿斗。　14　一自此部落至童時伐伊部落家々

只留守直男女若干名其餘以過歲事歸於奴酋城云。

15　彌只項。　16　馬老川。　17　酋胡童麻羅好。　18　胡家四坐。　19　胡家八坐。

20　胡家四坐。　21　地名沙河乃。

22　曰旀川。　23　胡家百餘坐。　24　烟臺。　25　木栅。

26　酋胡童多古。　27　小酋農幕。　28　山端陡起處設木栅上排弓家十餘處。

繕定申忠一圖錄本文

29

29 一日於川北邊有路問之云一息程有石城之內胡家五坐城外六十餘坐又有木栅栅內胡家四十餘坐酋胡童阿愁云 30 一自日於路北去如許地則五日程

31 酋胡童(乃綢)歪地
32 胡家十餘坐
33 煙臺
34 仇羅川
35 王致川
36 胡家四十餘坐
37 胡家三十五坐
38 木栅
39 同相介川
40 煙臺
41 奴酋農幕王致掌之云
42 峯上設木栅上排弓家十餘處栅內造家三坐
43 林古打川

[所經道路圖錄 六]

1 煙臺
2 胡家八坐今空
3 馬八四牛七四放野
4 胡家四十餘坐
5 胡家十六坐
6 酋胡童豆伊致哈
7 二十七日止宿于此部落去
8 胡家二十餘坐
9 煙臺
10 胡家二十餘坐
11 酋胡蘇(蘇,毆?)乙古
12 地
13 胡家二坐
14 酋胡童陽古
15 胡家平坐
16 酋胡童欲
17 酋胡童暗復應古
18 酋胡童光斗
19 一白蘇乙古部落北

喬老二息十餘里西距奴酋城二息
名厚之
古伊

寫定中忠一圖錄本文

30

寫定中忠一圖錄本文

去〔忽理〕剌溫地界六七日程

20 胡家四十餘坐　21 煙臺　22 胡家四十餘坐。　23 酋胡童加可　24 奴

酋世居此部落今移林古打十年云

25 胡老嶺　26 胡家⋯坐酋胡童時伐伊　27 胡家二十餘坐　28 胡家二

坐　29 胡家三十餘坐　30 小里嶺　31 小里川

〔所經道路圖錄 七〕

1 由此嶺疾馳東南則三日可達大吉號里云〔小里〕

2 胡家　3 胡家此部有梨樹一條　4 胡家。　5 胡家。　6 胡家。　7 胡

家　8 教場　9 胡家　10 地名林古打　11 流向撫順所。

12 奴酋家　13 木柵　14 內城　15 外城　16 小酋家。　17 己地祭天祠堂

18 胡家　19 胡家　20 胡家　21 胡家　22 胡家

23 午　24 酉　25 子　26 卯

31

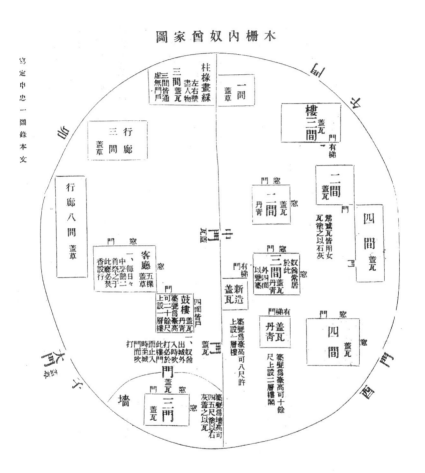

木柵內奴酋家圖

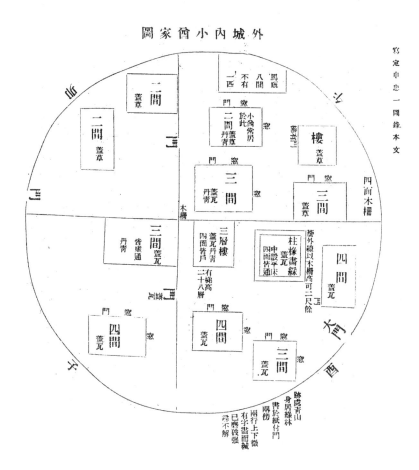

一奴酋家在小酋家北向南造排小酋家在奴酋家南向北進排。

一外城周僅十里內城周二馬場許。

一外城先以石築上數三尺許次布椽木又以石築上數三尺又布椽木如是而終高可十餘尺內外皆以粘泥塗之無雉堞射臺隔壕子。

一外城門以木板爲之又無鎖鑰門閉後以木橫張如我國將軍木之制上設敵樓盖之以草內城門與外城門同而無門樓。

一內城之築亦同外城而有雉堞與隔臺自東門過南門至西門城上設候望板屋而無上盖設梯上下。

一內城內又設木柵柵內奴酋居之。

一內城中胡家百餘外城中胡家繞三百餘外城外四面胡家四百餘,

一內城中親近族類居之外城中諸將及族黨居之外城外居生者皆軍人云。

一外城下底廣可四五尺上可一二尺內城下底廣可七八尺上廣同。

一城中泉井僅四五處而源流不長故城中之人伐氷于川擔曳輸入朝夕不絕。

向南、貫錄作南向。
南、實錄無。
十、實錄作一
許以下至見、實錄無。
橡、實錄作緣
皆、實錄無

而、實錄無。
雉、實錄作垣

外以下至餘凡九字、實錄在
內、實錄作底
外、實錄作底
外、實錄作底

而、實錄無撓、實錄作撓
三、實錄作二

筭定卹忠一圖錄本文

34

欽定中忠一圖錄本文

一昏曉只撃鼓三通別無巡更坐更之事外城門閉而內城不閉。

一胡人木栅如我國垣籬家家雖設木栅堅固者每部落不過三四處。

一城上不見防備器具。

一自奴酋城西北去。

上國撫順二日程西去清河二日程西南去靉陽三日程南去新堡四日程

南去也老江三日程自也老南去鴨綠江一日程云。

一二十八日未時行抵奴酋家直至其木栅內所謂客廳馬臣佟羊才歪乃

等來見臣以奴酋言傳于臣曰崎嶇遠路跋涉勞苦厚意至處多謝不已。

因問文書來否臣答曰我欲使以都督委送次將不可以通事卒隷草草

報謝玆馳專价賫送回帖一路所到別無艱楚何勞苦之有從出帖適與

以送少頃奴酋出中門外請臣相見臣立於奴酋前羅世弘河世國立於

臣左右差後行相見禮罷設小酌使馬臣等慰臣於客廳謂臣仍宿於

客廳臣意以爲若留在此凡百房情無從得聞諉之曰身多疾病願調溫

室遂館臣於外城內童親自哈家。

一臣等入城之夕馬臣來言于親自哈日馬料在外邊未及取來不得送去。

連、實錄作逐

此人之外、實錄作此外之人

臣、實錄無

東以下至部凡六字、實錄無

今日則你可備呈云。

一臣以賣去盤繩銅爐口二匙二十枚箸二十雙紙束魚物等言于馬臣曰

俺慮途中或有缺乏之事將此等物賣來今別無所用欲奉于都督（太祖）此意

何如馬臣曰不妨事臣卽令馬臣送于奴酋兄弟奴酋兄弟皆受之而多

謝云。

一奴酋兄弟遣馬臣佟羊才逐日朝夕來問如有缺乏之事隨卽探來云魚肉

與酒連絡送來至於馬料亦連送不絕歪乃或連日或間日來問

一馬臣本時下佟羊才本名蘇屎上年余相公希元相會事出來滿浦時。

改此名云歪乃本

上國人來于奴酋處掌文書云而文理不通此人之外更無解文者且無學

習者

一二十九日小酋請臣相見後令佟羊才設小酌以慰之。

一丙申正月初一日巳時馬臣歪乃將奴酋言來請臣衆宴臣與羅世弘河

世國往叅奴酋門族及其兄弟姻親與唐通事在東壁蒙古沙割者忽可。

果乙者尼麻車諸應時束溫兀刺各部在北壁臣等及奴酋女族在西壁。

寫定中忠一圖錄本文

寫定申忠一圖錄本文

於、實錄無

見下、實錄有之字

箕字、拍字、實錄無
拍字、實錄作如

等下、實錄有臣等二字
及、實錄作如

鳥、實錄無

奴酋兄弟妻及諸將妻皆立於南壁炕下奴酋兄弟則於南行東隅地上。

向西北坐黑漆倚子諸將俱立於奴酋後酒數巡兀剌部落新降將夫者〔卜占을〕

太起舞奴酋便下倚子自彈琵琶聳動其身舞罷優人八名各呈其才才

甚生踈。

一是日未宴前相見時奴酋令馬臣傳言曰繼自今兩國如一國兩家如

家永結歡好世世無替云蓋如我　國之德談也

一宴時廳外吹打廳內彈琵琶吹洞簫爬柳箕餘皆環立拍手唱曲以助酒

興。

一諸將進盞於奴酋時皆脫耳掩舞時亦脫唯小酋不脫。

一初二日小酋送馬三匹來請臣等騎往參宴凡百器具不及其兄遠矣是

日乃　國忌而欲物色其處事狀往焉而不食肉小酋懇勸之臣答以亡

親忌日云。

一初三日酋胡童〔胡喇空〕好羅厚童亡自哈女酋椒箕請臣設宴奴酋所敎云。

一童好羅厚將宴罷帶睰一目者來示曰此人乃田臘於山羊會近處者山

羊會越邊朴時川卽捉得鷲鳥之處而你國人必窺伺偸去不可禁止耶。

約、實錄作弱

示、實錄作視
只是、是只、實錄作

等、實錄無

理、實錄作勢

臣答曰某時某處人偸去其人狀貌如何我 國法令甚嚴誰敢越境以
偸你等之物乎萬無是理云則好羅厚曰近無偸去者如或有之另加禁
止云。

一初四日小酋送佟羊才請臣曰軍官不但爲兄而來我亦常接待遂館臣
於其將多之家多之乃小酋四寸兄也因設酌入夜而罷。

一多之間我 國人勇弱與否於佟羊才佟羊才曰滿浦宴享時列立軍數。
約有三四百背負矢服前抱弓帒箭則羽落而無鏃弓則前折而後裂只
爲他國笑資如此等輩不用弓箭只將一尺劍可砍四五百人但恨臂力
有限兩人相與大懹臣曰我僉使若欲誇示軍威當以悍兵精卒強弓利
鏃大張聲勢羊才所見者不是在庭供給之人與禁喧軍牢也。

一多之曰我王子(太烈)與你 國將欲結爲一家故你 國則多殺我採蔘人採蔘是何等擾害。
數刷還我王子母負於你國你 國則多殺我採蔘人採蔘是何等擾害。
而殺傷至此也情義甚薄卿怨憾臣答曰我 國之法凡胡人無故潛
入我境者論以賊胡況你國人夜間昏黑闌入數百年曾所不來之地搶
奪馬牛刦殺人民山谷間愚氓蒼皇驚怕自相斯殺理所必至非爲一草

寫定申忠一圖錄本文

38

冒禁犯境、實
錄作冒犯禁境

萃、實錄作於

冒禁犯境、實
錄作冒犯越
境實

官、實錄無

被、實錄作致

也、實錄作耶

軍、實錄無

寫定中忠一圖錄本文

之故凡我 國待夷之道誠心納欵者則撫恤懷柔自餘冒禁犯境者則

一切以賊胡論少不饒貸往在戊子年間你國地方飢饉餓莩相望你類

之歸順望哺於滿浦者日以數千計我 國各饋酒食且給米鹽賴以生

活者何限然則我 國初非有意於勦殺你輩也特以你輩冒禁犯境自

就戮也多之曰信你所言渭原管兵官緣何革職治罪乎臣答曰渭原

管兵官被罪者非獨以勦殺你輩也邊上管兵之官巡邏瞭望此其職也

渠不謹巡邏瞭望致令你輩闌入我境人民牛畜多被殺掠罪在闒敕所

以革職治罪也若於你們來到我境之時瞭望戒嚴使不得越境則我民

與你等俱無斷殺之患矣多之更無所言只他閑說話

佟羊才曰你 國宴享時何無一人身穿錦衣者也臣曰衣章所以辨貴

賤故我 國軍民不敢着錦衣豈如你國上下同服者乎羊才無言

多之問臣曰你 國有飛將軍二人云然乎今在那裏臣答曰非止二人

在南邊者多而來此則二人一爲碧潼郡守一爲寧邊郡守而南邊倭賊

己盡驅逐故其飛將等近常來防于此處矣多之曰吾聞能飛云欲聞其

寶臣曰兩手各提八十餘斤長劍馳馬上下絕壁或出入小戶略無所碍

只、實錄作旦

圓、實錄作圍
下同

領下、實錄有
名字

靴、實錄作鞍

或超過大川或往來樹梢如履平地或數日之程一夜間可能往返多之

曰能超過幾步廣川也臣曰如波猪江則可以超過矣多之顧其左右而

吐舌

一初五日朝歪乃持回帖與黑段圓領三件貂皮六令藍布四疋綿布四疋

而來臣與羅世弘河世國各一件貂皮則臣與羅世弘各三令布疋分與

姜守春起小酋亦送黑段圓領三件黑靴精具三件于臣與羅世弘河世

國臣言于歪乃佟羊才曰我以滿浦軍官只持文書往復而已有何勾幹

脣此兩都督重禮分貺家丁尤極未安承領無名情願返璧歪乃佟羊才

各將臣意分告兩酋兩酋云馬臣等歸滿浦時所受物件儀數極多

馬臣等猶且無辭拜受而來今此軍官如是云云則受馬臣等置顏於

何地下人所給物不足貴只表行贐而已言未訖有一胡來叫馬臣甚急

有頃馬臣回言王子云刷還之報不要他物只要除職若朝鮮除職則賞

之以一尺之布猶可受也如不得除職賞之以金帛而不願也臣答曰當

歸告僉使觀其意欲以與

上國及我 國結好之意誇示胡人威服諸部也又曰毛憐衛胡人屢犯貴

欽定中忠一圖錄本文

鎮、實錄作雲隅
惠、實錄作靈隅
冒、實錄無

道、實錄作邊
口、實錄作日

臣行、實錄無
此條凡二百四十字、實錄無

寫定申忠一圖錄本文

國地方欲設一鎮於惠山越邊以遏冒境賊胡如何臣答曰我國東北面與胡密邇只隔一江故尋常往來歸順者往往竊發屢與邊警西北面則與胡居相隔數百里故越境而作賊者無多你有兩耳豈不飽聞我知都督亦必詳悉馬臣曰然則既知如此而又欲設鎮何也曰今則王子統率諸部號令進退豈有違越之理臣曰然則上年金歪斗作賊於南道當都督束之初亦且如他日之事不待見而後可知也則對口設鎮作後日啓釁之端凡當設施若不善於始必有悔於終然此非我之所可擅斷事勢則如是矣馬臣未及對歪乃曰設鎮之事具悉於回帖中你其歸告僉使立等回話遂與臣出城童（胡里）忽哈（里空）邀臣於其家設酌以餞臣行酒至數巡臣托以日晚而罷忽哈拜別臣於城外。

一奴酋回帖云女直國建州衛管束夷人之主佟（佟?）奴兒哈赤爲夷情事蒙你朝鮮國我女直國二國往來行走（管?）營好我們二國無有助兵之禮我屢次營好保守天朝九百五十於里（余?）邊疆有遼東邊官只要害我途功陞（圖?）賞有你朝鮮國的人一十七名我用價轉買送去蒙國王稟賞我得知我們二國者不保心有你臨城堡對只地方着我的達子

住着看你的邊疆若有你的高麗地方生畜不見了我達子說知我亦尋

送還你差通事答滿(浦)堡城到我家來若有你的人畜我送去我的達子到

你地方你送還與我兩家為律在無歹情後日天朝官害我你替我方便

壹言呈與天朝通知我有酬報星夜力等

天朝二國明文及日囬報須至稟者

萬曆二十四年正月初五日稟

一觀囬帖中印跡篆之以建州左衛之印

一發程時逢蒙古脫者于內城門外問曰你久在這裏否答曰俺亦初七日
當囬還去

一正月初四日胡人百餘騎各具兵器裹粮數斗許建旗出北門乃烟臺及
防備諸處擲奸事出去云旗用青黃赤白黑各付二幅長二尺許初五日
亦如之

一初五日臣等出來時汝乙古言於馬臣曰欲將熊皮鹿皮賣於滿浦買牛
畊田你可言於王子說與軍官馬臣入告于奴酋奴酋曰朝鮮不許上京
之前你等決不可徑往滿浦買賣云

跡、實錄作迹

古下、實錄有將字

囬、實錄無

具、實錄作俱

裹粮、實錄作粮餉

畊、實錄作耕

寫定申忠一圖錄本文

42

寫定中忠一圖錄本文

此條凡一百八十字實錄無

一十二月二十八日至奴酋城外合抱之木長可十餘尺駕牛輸入者絡繹
於道乃外城外設柵之木云正月初五日囬還時見之則運入之數倍於
前日役軍則三四日程內部落每一戶計其男丁之數分番赴役每名輸

十條云。

一佟交清哈（敬常剛）（景祖）—子托時（塔互）（顯祖）

女童好羅厚子忽哈（婿）

子奴兒哈赤（太祖）己未生。子兒舍（帶善）庚辰生。妻三其下

女童親自哈一子喪其妻云。

子毛兒哈赤 壬戌生。子二皆幼。

五子二女皆幼。

子小兒哈赤（泰兒哈齊）甲子生。妻二子培來（阿敏）癸未生。其下

三子皆幼長女則今正月十五日童時羅破將作婿云。

女童甫下下。

一奴兒哈赤小兒哈赤同母毛兒哈赤異母云。

一奴酋不肥不瘦軀幹壯健鼻直而大面鐵而長。

43

靴、實錄作靴

向實、實
北路、如實錄作距
路作如許錄無、
許實錄許路錄作距
向錄無距路如
路作、如
北距
如

一。頭戴貂皮，上防耳掩，防上釘象毛，如拳許，又以銀造蓮花臺，臺上作人形。

亦飾于象毛前，諸將所戴，亦一樣矣。

一。身穿五綵龍文天益，上長至膝，下長至足，皆裁剪貂皮以爲緣飾，諸將亦

有穿龍文衣緣飾，則或以貂，或以豹，或以水獺，或以山鼠皮。

一。護項以貂皮八九令造作。

一。腰繫銀入絲金帶，佩帨巾・刀子・礪石・獐角一條等物。

一。足納鹿皮兀刺鞋，或黃色，或黑色。

一。胡俗皆剃髮，只留腦後少許，上下二條辮結，以垂。口髭亦留左右十餘莖。

餘皆鑷去。

一。奴酋除拜都督十年，龍虎將軍三年云。

一。奴酋出入，別無執器軍牢等，引路只諸將或二或四作雙，奴酋騎則騎，

步則步而前導，餘皆或先或後而行。

一。小酋體胖壯大，面白而方耳，穿銀環，服色與其兄一樣矣。

一。奴酋自其家，南向大吉號里路一日程，北向（後愚）如許路一日程，各設一堡，西

向遼東路，一日程設十堡，將則以酋長之在城中者定送滿一年相遞軍

寫定中忠一圖錄本文

44

寫定申忠一圖錄本文

西向遼東路、
實錄作西距遼
東向路、
實錄無、
地方、二字實
錄無、
於錄無、
實錄作于

長、實錄無

相遆、實錄作
遆番、則、
實錄作計

遂、實錄無、
於以下凡六字
實錄無、
前候、實錄無、
實錄作進

奴酋二字、實
錄無、
畊、實錄作耕、
部、實錄作部

古介、實錄作
嶺古介、

則以各堡附近部落調送十日相遆云。

一奴酋除遼東地方近處其餘北東南三四日程內各部落酋長聚居於城中動兵時則傳箭於諸酋各領其兵軍器軍粮使之自備兵之多寡則於

酋定數云。

一奴酋諸將一百五十餘小酋將四十餘皆以各部酋長爲之而率居於城中。

一烟臺軍人並家口二戶入接滿一年相遆粮餉則計其人數每朔奴酋備送云。

一烟臺報變時不用烟火只擊木梆以隣臺相准爲限相准則輒走避匿恐被賊害也云。

一路逢一胡載其家藏雜物於所乙外발의並率家屬而去問之則雙陽烟臺候望事前去云頗有怨苦之狀。

一粮餉奴酋等各部落例置屯田使其部酋長掌治畊獲因置其部而臨時取用不於城中積置云。

一奴酋於大吉號里越邊朴達古介北邊自今年欲置屯田云。

45

今年、實錄作
上年、

今下、實錄無
今上今年、實錄作
中家今上今年、實錄作城
以收、實錄作得
字以下、實錄無凡四

收、實錄作災

犬猫二字、實錄作
絡繹、實錄作
連絡繹、實錄無
也、實錄無

打康、實錄作唐
五、實錄無
實錄作伍

一大吉號里越邊忍川童阿下農幕而自今年永爲荒棄云間其由則曰道路遼遠故也阿下今在奴酋家。

一田地品膏則粟一斗落種可獲八九石瘠則僅收一石云。

一秋收後不卽輸入埋置於田頭至氷凍後以所乙外輸入云。

一胡人皆逐水而居故胡家多於川邊少於山谷。

一胡家於屋上及四面並以粘泥厚塗故雖有火災只燒盖草而已。

一家家皆畜雞猪鵝鴨羔羊犬猫之屬。

一胡人持弓矢甲冑糗糧去來絡繹於道乃是出入番也云而都是殘劣一無壯勇。

一奴酋不用刑杖有罪者只以鳴鏑箭脫其衣而射其背隨其罪之輕重而多少之亦有打腮之罰云。

一清河堡將備酒肉以人夫六七名十二月二十八日領送于奴酋乃歲遺云。

一撫順唐通事來至奴酋家問其來故則曰清河堡新設烟臺奴酋自行毀撤遼東官拿致其次將康古里棍打二十還送後慮奴酋嗔恡將銀子五

寫定忠一圖錄本文

46

云、實錄作言

會、實錄作有

去、實錄作距

云、實錄作言

忘、實錄作苦

氷、實錄作冰

去、實錄作距

并、實錄作並

寫定申忠一圖錄本文

百兩慰解其心。令俺先告此意云。

一。唐通事云。奴酋每請銃筒於遼東。而不許云。

一。上年南道生變時。古未介酋長金歪斗領兵入寇云歪斗父周昌哈向化於我國。

賜姓名金秋曾。兼司僕。在京時壯八九年托以其父歸見事。還其故土仍不出來云。自奴酋家去古未介六日程云。

一。胡人等言。在前則胡人之凡有出入者。必佩持弓箭以避相侵害搶掠之患。自王子管束之後。遠近行走只持馬鞭。王子威德無所擬議。或云。前則一任自意行止。亦且田獵資生。今則旣束行止。又納所獵雖畏彼不言。心豈無怨忘云。

一。奴酋聚兵三千合氷卽時。一運由老乙去嶺出高山里。一運由列於嶺出塑軒洞以復渭原之讐。因遼東官及悆(希元)相公之宣諭罷兵云。

一。渭原採蔘胡人等。奴酋乃令其各部落刷出每名或牛一隻。或銀十八兩。徵收以贖其私自越江之罪。其中貧不能措備銀與牛者則并家口拿去使喚云。

47

就、實錄作醉

人、實錄無
德、實錄作穗

耶、實錄作也
奴以下至凡二
十二字實錄無

道則賞
實錄無苟
實錄作途

一臣留在親自哈家時有胡人四五來至臣欲聞其語令通事伴睡就臥而

竊聽之一胡問于親自哈曰今此軍官何幹而來答曰爲兩國如一國兩

家如一家而來且將文書來告其 國治渭原管兵官之罪此後各守封

疆無相侵犯之意一胡曰朝鮮多詐安知氷前姑爲信使之往來以緩

吾師乎且朝鮮人刘草伐木田獵於我國地方我國人所獲者亦皆搶奪

而去渠等所爲若此而何禁我們使不得採蔘耶云

一溫火衛都酋長童姜求里之孫甫下下奴酋妹夫也奴酋聞遼東及蒙古

聚兵之奇使甫下下領兵千餘一同守城今則罷去云甫下下守城時所

領城山時番乞可厚地所樞應古等六部落皆屬溫火衛云

一溫火衛馬老部落酋長童打夫領兵與甫下下往在奴酋城留七朔今始

罷歸云

一馬臣將上京之事問於臣臣答曰我 國恪守

天朝法令此等事必湏

奏聞

天朝天朝若許之則行不許則不可行馬臣曰事當如是若得上京則道路

寫定申忠一圖錄本文

其、實錄無
率去、實錄無
平、實錄作耶
來、實錄作海
江、實錄作行
顧德、實錄作惠
顧、實錄作留
遠、實錄無

言、實錄作云
此條、實錄置
之末條
色字下、實錄有
夬字下
矢色下、實錄有
西自、實錄作
西自
遮下、實錄有
部落二字

寫定申忠一圖錄本文

何如臣答以路遠且險馬臣曰楊大朝亦言其脩阻云楊大朝余相公率

去夜不收與河世國往來虜中者也

一馬臣曰你 國沿江地面留置降倭云然乎臣曰然馬臣曰其數幾何臣

答曰約五六千馬臣曰緣何留置沿江地面臣答曰倭奴慕義來降我

國皆給與衣食俾得安揷渠輩感恩懷德願住邊上為 國禦侮我 國

嘉其誠欵分置沿江數郡矣馬臣曰倭子等狀貌壯大云然耶臣曰形體

甚小能潛行草間放丸必中馬臣曰雖遠且小能中否臣曰倭銃能中飛

鳥故曰鳥銃馬臣出鐵盔以示曰能透得這盔否臣曰鳥銃放丸能穿兩

重眞木防牌籠以薄鐵者透過此盔何足道哉馬臣則曰豈至於此乎諸

胡之立於左右者皆相顧愕然

一小酋言曰後你僉使若有送禮則不可高下於我兄弟云

一前日馬臣佟羊才滿浦所受賞物盡為奴酋兄弟所奪渠輩皆有不平之

色

一建州衛西自遠東界東至蔓遮以我 國地方准計則西自昌城東至高

山里左衛也老江上右衛海西地界云

49

至、實錄作止

稷、實錄無
畊、實錄作耕

奴酋家、實錄
作奴酋城、實錄
次晚、實錄有
將上二字、實錄無
去麻、實錄作馬
實錄作距

迎、實錄作匝

一溫火衞西自梨坡部落東至古未介部落云。

一毛憐衞咸鏡北道越邊云。

一蒙古車上造家以氈爲幕飢則食膻肉渴則飮酪漿云。

一蒙古於春畊時多聚人馬於平野累日使之踐踏糞穢後播黍·稷·粟·蜀·秫

諸種又使人馬踐踏至耘治收獲時令軍人齊力云。

一蒙古皆着毛皮衣。

一毛憐衞酋胡老佟〔舂呑〕以戰馬七十餘四獵皮百餘令爲禮十二月初生投降云。

一馬臣言衞凡三十而投屬者二十餘衞云。

一自奴酋家至蒙古王刺八卜所在處東北去一月程晩者部落十二日

程沙割者忽可果乙者尼麻車諸衞時五部落北去十五日程皆以今年投屬云刺溫東北去二十日程兀〔吉〕束北去十八日程白頭山東去十日程

一如許酋長夫者羅里〔納林卜祿〕〔夜思〕兄弟患奴酋强盛請蒙古刺八兀〔元喇〕刺酋長夫者太等

兵癸巳九月來侵奴酋率兵迎戰於虛諸部落如許兵大敗夫者戰死羅

寫定中忠一圖錄本文

50

太、實錄無

卒胡百十餘名、實錄作率胡百餘名、

衣下、實錄作正下同

衣下、實錄有自三字、又實錄有自

奴酋家三字、奴酋家北距…云凡十虛

來、實錄作名

一諸一字、實錄作名

兵、實錄無

年下、實錄無

許下、實錄無等字

子、實錄無

時下、實錄無里字、沙下、實錄無有

名、丁、實錄作人子

너연二字、實錄無

欽定申忠一圖錄本文

里逃還。夫者太投降所獲人畜甲冑不可勝計。奴酋選所獲蒙古人二十

被錦衣騎戰馬使還其巢穴。二十人歸言奴酋威德。故剌八令次將晚者

等二十餘名。卒胡百十餘名。持戰馬百匹。橐駞十頭。來獻馬六十匹。駞六

頭與奴酋。馬四十匹。駞四頭。與小酋。其將領等奴酋皆厚待給與錦衣。

一夫者太投降後。其兄(滿太)晚太以馬百匹。欲贖其弟。而奴酋不許。晚太以此亦

爲投屬云。夫者太來在奴酋城中第三年。其家屬上下並二十餘口。十二

月望前始爲率來云。

一如許人多著白氈衣。

一自癸巳年。如許兵大敗後。遠近諸部相繼投降云。

一諸胡中蒙古如許。兀剌等兵最強云。

十二月二十九日。小酋家有一小兒。自言甘坡人。正月初四日。女人福只。

自言以臨海君婢子。壬辰年在鏡城時。與班奴朴其士里被擄轉賣來此

云。初六日止宿于童愁沙部落時。見一男丁。自言吾村甲士朴彥守。壬辰

年八月。胡人三十餘名。不意突入。與裴守難河德仁崔莫孫等。一時被擄。

踰白頭山西麓。三日半至臥乙可部落。不十日轉賣於汝延너연牙叱大

若　一矣　一奕
十一字　才下　前日　實錄作亦
見上　云々凡三　實馬臣　錄有佟

運　實錄作來
城　實錄作六城
家　實錄作過
過亦家　實錄作過

家前年冬又來于奴酋城內童昭史家以穀物載運事來此云自臥乙可

至汝延八日程其間幷無人家自汝延至奴酋家亦八日程云臣遇此三

人皆欲細詢虜情其所聞見者而問答之際恐生胡人疑虜之心只令下

人盤問而臣則似若不聞者然胡人等亦叫還那人使不得久留矣

歲乙未秋九月遼東鎮守官走驛書言奴酋聚人馬浩大候氷合渡江
（明萬曆二十三年）

釁突我西疆廷臣上言此不可以為信急之亦不可以為不信緩之其

備之之策則自當豫圖之矣須遣有智有才能審事機者一人往奴酋

所察虛實以來

上可之吾族子申忠一字恕甫實膺其選及其還也圖其山川道里城柵屋
（宣祖）

廬于前錄其士馬耕農問答為于後為二通其一　上進其一自藏

一日袖其自藏者來示余屬余題其末余披而閱之仍記其未注也吾

見之李學士好閔家往萬里胡地其逆順未可知也而憂愁畏憚之意

無一毫形於言面非識人臣之義有徇國之志者能若是乎於吾心固

已奇之今觀是圖與是錄則虜中山川之險易也道里之遠近也城柵

之寬窄也屋廬之多少也及夫士馬之衆寡也耕農之稀密也問答之

寫定申忠一圖錄本文

52

寫定申忠一圖錄本文

信詐也。事爲之巧拙也。昭昭乎白黑分矣。不出楡關三五步。而虜在吾
目中矣。信乎其奇也。尤可奇者。自古胡者。不惑其虛張猛勢以爲難。
則必信其詐見贏形以爲易此漢使所以誤高皇也。王倫所以懼高宗
也。今恕甫只圖其不可張不可隱之物狀錄其目所見耳所聞之實情。
而不言其難爲之懼不言其易爲之驕不言其必來必不來。自以爲得
其要領。嗚呼其自謂能得敵人要領者鮮不禍人國家。今恕甫以年少
武士當。國家多事之日其處事詳愼若此。丞相必自多知人。
聖主必喜得幹臣。則他日所就之奇其可量乎。老夫豫賀之時
萬曆廿四年丙申四月燈夕後三日。西峯申熟仁仲題。

53

【영인】

건주기정도록
建州紀程圖錄

『開國史料』 3, 臺北 臺聯國風出版社, 1970, 국립중앙도서관 소장.

淸芬室
叢刊第一

建州紀程圖記解說

1

建州紀程圖記解說

八年乙未(明萬曆二十三年)十二月,南部主簿申忠一奉命,至建州
太祖之居城,得察其情勢而歸,事屬著聞,其復命書(忠一所上見聞
錄)稱以書啓收錄于宣祖實錄(卷七十一)二十九年丙申十二月丁酉條,且云『自二十
二日,至二十八日,所經一路事,載錄于圖。』而其圖則實錄全無所載,往年,余從震檀
學會,獲見成海應著研經齋全集中有「建州紀程」一篇,乃是抄錄申忠一復命書,而並
載實錄所無之地圖焉,其後,稻葉岩吉博士聞之,借見該書,對照實錄,遂著爲論文,發
表於青丘學叢第二十九號,題曰『申忠一書啓及圖記』,詳說其在清初史料有何等
貴重價值,此亦吾儕所共知者也,然而去戊寅八月下旬,偶從忠清南道青陽郡居住
申忠一後裔家,出現其家藏圖記舊軸一件,轉入于余手,一見而似是忠一自藏者,蓋
其呈納朝廷者外,又有一件,即此軸也,豈不奇異哉,測其長廣,則縱(幅)四一糎橫(長)一
一二七糎,余所題建州紀程圖記,即指此卷軸而言,玩其外形,究其內容,此豈非申忠一

建州紀程圖記解說

一

2

一、自筆書啓草本歟。

按此圖記首陳忠一於十一月下旬發京城十二月十五日到江界十二月二十一日至滿浦鎭率嚮導女眞僉長童汝乙古童愅應古鄕通事羅世弘河世國及奴者二名而當日午後離滿浦鎭氷渡鴨綠向建州奴兒哈赤城次自十二月二十二日至十二月二十八日所經山川地名部落多寡軍備有無記入于地圖地圖中水以靑色路以赤色山以黑色繪之且列書其一行日宿處部落僉長之名以及途中見聞其次則奴兒哈赤居城中央木柵內所在奴兒哈赤家略圖及外域內所在奴兒哈赤弟小兒哈赤家略圖一々作之繼以忠一自身留連城內時親所見聞者凡九十七記事矣又其書尾附有忠一五寸叔申熟之題跋似亦是申熟自筆明書以『時萬曆二十四年丙申四月燈夕後三日西峯申熟仁仲題』然則此圖記與宣祖實錄及硏經齋全集中所抄錄者其關係如何其內容之異同果如何余於此不得不先爲指摘者卽其奴兒哈赤家及小兒哈赤家之略圖只見於此圖記是也更言之二家略圖實錄則尙矣勿論硏經齋全集中亦無以見之此其特色也又以實錄及硏經齋全集所錄者較之此圖記無一條不載其末端申熟題跋則前二書俱闕其文。

關於圖記之由來、申熟題跋有曰

歲乙未(宣祖二十八年○明萬曆二十三年)秋九月、遼東鎮守官走驛書言、奴酋(哈赤○奴兒)聚人馬浩大。

候氷合、渡江(綠江○鴨)驀突我西疆、廷臣上言、此不可以爲信、急之、亦不可以爲不信、

緩之、其備之之策則自當豫圖之矣。須遣有智・有才・能審事機者一人、往奴酋所

察虜實以來上。(可之○宣祖)吾族子申忠一、字恕甫、實膺其選、及其還也、圖其山川・

道里・城柵屋廬于前、錄其士馬・耕農問答、事爲于後爲二通。其一上進、其一自藏。

一日、袖其自藏者、來示余、屬余題其末、余披而閱之云〜

據平山申氏系譜、申熟乃忠一之五寸叔、而其撰跋則在萬曆二十四年丙申四月、卽

忠一歸國後纔經三月也。跋文中『遼東鎮守官走驛書言』一節、疑是撰者之誤認、如後

節所言。然而吾儕因此書、可知有二個重要事實。其一、則忠一歸朝卽時、作成報告書

(書啓)二件。一件進于朝廷、一件藏于家也。以此觀之、圖記之有申熟跋文、可以推知其

爲忠一自藏之件、非但如是。今觀此圖記、不以楷書、而草書亦往々有加筆訂正處。無

乃當時進上報告書(書啓)之草稿、而又或是忠一自筆歟。其次則研經齋全集所載「建

州紀程」明是抄錄自申氏家藏本、殆無疑也。何以知其爲然也。「建州紀程」首言

建州紀程圖記解說

二

4

萬曆乙未秋九月，遼東都司走驛言，奴酋聚人馬，候氷合，寇我西疆，朝廷遣武出

身申忠一偵之，以十一月二十二日，待胡人嚮導，從鄉通事羅世弘·河世國·鎮奴

姜守等午離滿浦鎮，渡鴨綠江，與中朝將官余希允行，二十八日(而)至奴酋家，以

所經山川道里·城柵屋廬，錄之爲二軸，以其一，進于朝，以其一，藏之家云。

此文中『朝廷遣武出身申忠一偵之』及『與中朝將官余希允行』等句語，盖出於致事撮

要(同書卷上大明紀年萬曆二十三年乙未條『建州佟奴兒哈赤部衆漸盛，請中朝將

官余希允與我國武官申忠一，往覘，仍諭朝旨』云々)而除此數句則大槪與前揭申熟

跋文之意無異。就中，跋文有云『爲二通』。紀程有云『爲二軸』。此其實見卷軸之證

據也。然則成研經齋果在何時，有何動機，得見申氏家藏圖記耶。此必有所由，無他，正

二十年，兵曹參議李義駿·前府使成大中等奉命編纂尊周彙編(共十五卷)主旨，

卽在追念仁祖丙子丁丑役斥和諸臣，表彰其大義名分，故不問公私書類廣搜滿洲、

關係史料而成之。初彙編之編纂也，靑城成大中旣參其役，靑城之子研經齋成海應，

亦以奎章閣檢書官，前後參與之，則研經齋全集中其收錄北方關係之多般史料想

應此時所蒐集。申忠一之報告書似亦伊時爲研經齋所注意者。尊周彙編卷一，皇朝

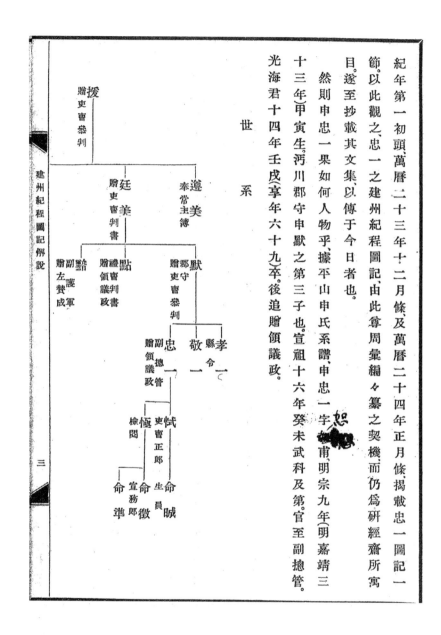

紀年第一初頭萬曆二十三年十二月條及萬曆二十四年正月條揭載忠一圖記一
節。以此觀之，忠一之建州紀程圖記，由此奪周彙編々纂之契機，而仍爲研經齋所寓
目。遂至抄載其文集，以傳于今日者也。
然則申忠一果如何人物乎，據平山申氏系譜，申忠一字○甫，明宗九年(明嘉靖三
十三年)甲寅生，漁川郡守申默之第三子也。宣祖十六年癸未武科及第，官至副摠管。
光海君十四年壬戌享年六十九卒。後追贈領議政。

世　系

建州紀程圖記解說

三

光美 縣令
繼美
誠美
順美 贈領議政 ⋯點
弘美 ─熟

至於其詳細事蹟，大抵散見於其從弟申敏一撰化堂集及宣祖實錄，光海君日記

等書，而綜合以抄錄之，則忠一於宣祖壬辰役初官全羅道康津縣監，其後爲南部主

簿(從六品)往滿洲，如上述歸朝未幾，出補咸興判官，然是年(宣祖二十八年)四月，被司

憲府攻劾而罷歸，察其當時罷職之理由，先是，壬辰役初忠一(康津縣監)與南海縣監

邊應井，協力，其擊錦山敵期與之同生死，應井戰死，忠一違約退走，此其罷職罪目之

一，又前往建州奴兒哈赤城時，身被奴兒哈赤所賜衣服，且行五拜三叩頭禮，却爲彼

輩所嘲笑，此其罪目之二也，其果有如斯行動與否，到今無他史料，故不可得以詳論

也，然顧其當時政界，朝臣士類分東分西，互相反目，同黨伐異之風，無處不現，則憲府

之劾忠一，其或因於如斯黨爭關係歟，後當再考，更述罷職後事蹟，其依囑圖記跋文，

當在於自咸與歸京城之四月十八日居未久、忠一復被登用、或爲湖南督捕使、或爲
明使接伴官、或爲金海府使、或爲水軍節度使、或爲副摠管、可知其歷任相當之官職
矣、又於光海君十四年壬戌四月(卒逝稍前)被薦安岳郡守兼防禦使、而長子申怵時
在吏曹佐郎、是以朝論紛紜、竟不見任命云、而問題之眞相與是非、並不確實。
壬辰之役方起、建州衞都督奴兒哈赤知朝鮮殘毀、自請爲鮮明兩軍發兵來救朝
鮮、不許、此爲周知之事實、而又於萬曆二十三年七月、奴兒哈赤送其部下女眞九十
餘名于滿浦付一書契於僉使矣、在壬辰以前諸女眞酋長率多經由咸鏡道、每歲到
京城進上若干土産、以其代償受朝廷多般賞賜而歸也、但此是限於受持朝鮮職帖之
女眞固勿論矣、至如鴨綠江外居住之建州女眞、則曾於世祖六年庚辰(明天順四年)、
有所謂建州左衞都督童倉之職帖問題、仍生明朝間之干涉、故爾來彼輩不得朝鮮
之官職、亦隨以禁止往來京城矣、是以彼輩只得來到滿浦鎭、受所謂朝鮮之接待、彼
我交涉、槪以口頭又止於物々交換、故互無以文書爲交換交涉之事、然而至是奴兒
哈赤提出無前例之書契、其書以爲、朝鮮人畜之嘗被掠於女眞者、送還、自今以後、永
結和好、仍送還我人、且要回答、蓋欲以此覘窺朝鮮之態度及處置如何也、又同其時

而有一事件發生、即是時女眞十餘名潛越平安道渭原郡境、採取人蔘、其中數名爲

我人所捕殺、如此事件從前比々有之、而今次則有人來言、女眞以報仇爲名、聚集多

數人、馬將越江侵入、當時朝鮮尙在板蕩之中、故至於防備女眞、全無用力之餘地、以

是、廷議沸騰、時明遊擊將軍胡大受留平壤、練兵兵曹等一策、獻議請囑胡大受送其

部下一人于奴兒哈赤、以女眞及朝鮮俱是明朝屬國、則各保其土、女眞莫越

朝鮮請胡大受、要說奴兒哈赤、宣諭毋侵朝鮮與之和平、蓋欲圖謀一時之安定也、換而言之、

鴨綠江、私自交通、朝鮮亦苟無明朝之命、則不得與女眞相交通、朝鮮之要求蓋如此。

胡大受、因朝鮮之希望、遣策士余希元、往探之、希元於八月中旬携帶胡大受之諭文、

到滿浦、仍留而授宣諭文於朝鮮人通事河世國、使之手交于奴兒哈赤、世國果使命

而歸還、時奴兒哈赤、使其副將馬臣等同伴河世國、送于滿浦、復以書契交付于僉使

矣。馬臣於十一月二日、來到滿浦、直接聽受余希元之宣諭、此卽余希元之第一回宣

諭也。是時、希元與馬臣相約、以來年正月、希元齎持多數賞物、親往奴兒哈赤城、分與

諸人。如此約束、在懷柔彼輩、固不可缺也。

當此時、朝鮮復立一策、卽於明年正月、余希元將以第二回宣諭次、齎持賞賜往奴

兒哈赤城時、不獨與通事河世國使之同伴耳、亦將選擇武士一名有計略・善解事機

者、同伴河世國、送于奴兒哈赤使之一邊開諭、一邊體探、是也。而被選於此者、即南部

主簿申忠一也。前揭申熟跋文中『遼東鎮守官走驛書言』云々一條不過是誤解。然則

特其所以選拔忠一之理由、果何在申熟之題跋曰『(前略)其未往也、吾見之李學士好

閔家。往萬里胡地。其逆順未可知。而憂愁畏憚之意、無一毫形於言面』云々。以此觀之、

忠一之與五峯李好閔有親交。可以推知李好閔、時帶兵曹參知事實、其推薦忠

一者、亦非李好閔歟。如是、以明年正月、遣忠一往奴兒哈赤城、已爲決定焉。而居未幾、

十一月二十三日、備邊司啓、北方事機正急不可一日遲緩。滿浦僉使柳濂答奴兒哈

赤書宜速付忠一、往察彼地情勢、以爲後日之參考爲好云。於是、命忠一(不與余希元

作伴)即自京城出發、向滿浦。圖記軸頭臣於上年十一月二十△△△朝云々。下段三

字殘缺、無可判讀。然疑是(十一月二十)四○。或五○。辭朝、要之忠一之派遣、不過稱以

滿浦僉使之回答使。而其實則在偵察奴兒哈赤之實力如何耳。其任務可謂爲重且

大矣。忠一離京後行動、一如圖記所見。即於宣祖二十八年十二月二十三日、離滿浦。

十二月二十八日、至建州奴兒哈赤城、留七日。以翌年正月五日、還復經往時路程。至

建州紀程圖記解說

五

滿浦。一月下旬歸京。

申忠一與胡遊擊部下余希元,曾無一次同行之事,蓋如上述。而希元之第二次宣諭,在於忠一歸朝後翌月,即宣祖二十九年(明萬曆二十四年)二月也。希元之行,較前日約束,差遲一個月頃。而其時朝鮮側隨行員,則譯官金億禮滿浦僉使軍官安忠誠等也。清太祖實錄丙申二月條有云『明遣官員一員·朝鮮官二員從者二百人來,上令我軍盡甲,觀兵於外,遇於妙弘廊地界,迎入大城,優禮答遣之。』即是也。關於余希元兩次宣諭事實,雖備載宣祖實錄,茲不欲論及。而關於忠一之事,滿洲側史料,全無覓見之道。然忠一與余希元固無一次同行,是要注意者也。成研經齋引與前揭清實錄同樣記事於大清開國方略,以爲申忠一與余希元偕往。最近朝鮮史編修會所編朝鮮史第四編第十卷,亦以余希元之宣諭與申忠一之派遣,認爲同時。又年前稻葉岩吉博士亦引清朝實錄記事,以爲其云『明國官員者』,指余希元。而『高麗國官員』者,指申忠一等,殆無疑。如是清實錄明示明鮮兩國人之同行。而申忠一之報告書初不言及余希元同行之事,實所難解云。此皆玆之未審,而誤解者也。苟於宣祖實錄仔細檢討其前後關係記事,可得明確之解決矣。然而玆所應注意者,如斯誤解,非自研經齋始。

已在仁祖時編纂宣祖修正實錄(卷二十九、二十八年十二月朔己亥條;有如此誤解。

又崔鳴吉等增修攷事撮要(卷上萬曆二十三年乙未條)亦犯同一誤解,研經齋所與

之尊周彙編(卷一萬曆二十三年乙未條)亦隨而誤謬,不須更論。

忠一之來往經路,卽依圖記,而略可窺知。而地名多以漢字記入讀之以朝鮮音。且

置莫論焉。或以諺文明示其音,以若圖記所見地名較今地名殆無可得一致處。考證

圖記地名,亦確實爲吾儕研究之對象。然忠一之往復路,大體自今滿浦鎭,渡鴨綠江,

經高句麗所都輯安縣,北上踰板岔嶺,出新開河上流,沿河而至下流,自此,更爲溯往

渾河支流富爾江之流域,到今蘇子河流域與京老城附近,乃奴兒哈赤所居也。奴兒

哈赤居城,則萬曆十五年所築。本是所謂虎欄哈達下東南之一無名城。而關於城之

構造,滿洲側記錄僅見盛京通志中若干處而已。然忠一之圖記,最付細密之說明。其

於考察淸朝建國以前彼人生活狀態,最感興味者,乃在於奴兒哈赤家及其弟小兒

哈赤家之略圖耳。此圖只因今次所發見之圖記而始得之,如上所述。在滿洲側史料,

亦難見之。極新重要史料也。依此圖而觀之,彼人之居住家屋,亦以蓋瓦丹靑,有客廳

及三層鼓樓,現在吾儕有彷彿目睹之感。此外尙有九十七個條之記事,皆七日間滯

建州紀程圖記解說

六

留城內直接所聞見者而其中始自關於城郭構造列錄城內外居住人民之多少軍

備之強弱彼人生活狀態以及元日奴兒哈赤家宴會之光景奴兒哈赤家之世系奴

兒赤與其弟小兒哈赤之關係奴兒哈赤兄弟之容貌奴兒哈赤與兀剌如許及蒙

古之關係我人之使役於彼人者文關於漢人歪乃〔掌文筆〕奴兒哈赤之回答滿浦僉

使書皆此人所書其他與女眞人問答日本消息鳥銃記事等一々錄之

就圖記之內容價值一々批判之且檢討之將屬爲淸朝史專門研究家之一新課

題而忠一之報告亦在當時喚起相當注目宣祖覽圖記而有『老乙可赤事極可慮

自古胡虜只逐水草而居今老酋多設鎭堡城池器械無不備造而蒙古三衛亦皆歸

順云其漸不可說也』之敎又有『終必有大可憂者』之敎其意以爲我國亦棄姑息之策

必修築山城極擇邊將積穀練兵爲當然之事乃以忠一報告下示當時兼京畿黃海

平安咸鏡道都體察使柳成龍然對此積極的防策無一講究實現者只因忠一之例

以偵察其內情爲能事及光海君時代滿洲風雲之急迫首先遣滿浦僉使鄭忠信偵

察建州以來如此種類之偵察屢次反覆以爲常例耳

〔附記〕去戊寅秋某日是日曜也余曾見申氏系譜申忠一墳墓『在廣津先塋內』雖

13

一片碑石、擬欲尋見、乃與二三學友、出遊(京城郊外廣壯里(舊廣津))幸於峨嵯山南

麓、竟得其祖父贈吏曹判書廷美之墓碑。此碑不甚長大。苔蘚纏沏、才有判讀「廷美」

二字。此碑所立塋域內、分爲上中下三段、合有四基墳墓。而上段一基卽此碑所在。

(可知其爲祖墓)中段二基及下段一基、無一表示可覓。然依前揭系譜、則廣津先

塋內只有忠一及父獸祖父廷美(夫人完山李氏墓祔墓)以此推之中段二基、爲其

父獸及母(未詳其爲安氏或金氏墓。下段一基、卽爲忠一墓、殆無疑矣。於是吾儕之

感慨、一層無量聊表敬意焉。按葦滄吳世昌氏編槿域書畫徵引管纓譜及震彙續

考曰『申忠一平山人惕齋申點從子官至水使。書竹與灘隱齊名』。但其墓誌與畫

竹、未嘗見之。故兩者之出現、又余所以切望不已者也。

本圖記出版之際。多蒙京城帝國大學教授藤田亮策先生暨張鴻植·李丙燾·井

上琢磨諸先生之教示便宜聊表謝忱。

—— 清芬室主人 李 仁 榮 ——

建州紀程圖記解說

七

14

15

臣於上年十一月二十△△△朝。十二月十五日、到江界。適値府使許頊、以防備撿

勅事、出在其境內所屬鎭堡。仍留本府、以待其回。十七日、還官、遂與相會。問邊上虜情

之可問者。備辦盤纏。二十日、發△二十一日、到滿浦鎭。以待嚮導胡人之來。是日向暮

梨坡△胡童汝乙古、童悾應古等出來。二十二日朝、前僉使柳濂、出在懷遠舘。招兩胡。

饋以酒食、各給采布後、臣與鄉通事羅世弘、河世國、鎭奴姜守、及臣奴子春起等、一並

晌午離滿浦。氷渡鴨綠江、前向奴酋家進發。

自二十二日、至二十八日所經一路事、載錄于圖。

（表出地圖所記文字如下）

墨畫是山

鴨綠江

青畫是水

朱畫是路

金岩沈思遜被害處

一、自沈思遜被害後、胡人之自梨坡來往此路者、一切禁斷。

車踰嶺

滿浦鎮

一、梨坡胡人歸順時、由此路往來。自滿浦、距梨坡、三十餘里。部十△坐會長童汝乙

古云。

皇帝墓

巨柴項古介

碑

皇城

加也之川

一、者皮洞、乃蔓遮會胡李阿將哈於△廟辛亥年、入寇高山里時、造者皮舡于此洞。

故因名云。

者皮洞

二十二日、露宿。

此洞去滿浦、五十里。

仇郎哈嶺

仇郎哈川

仇郎哈洞

一、自仇郎哈洞、至蔓遮洞盡處、其間林木交柯。松檜參天。自枯木大者小者、風落橫路、不計其數。

蔓遮嶺嶺上有叢祠胡人之過此者、必致敬而後乃行云。

蔓遮川

一、此嶺不甚高峻云。此去高山里越邊李萬戶洞、一日程云。

末乙去嶺

唐時哈古甚

末乙去川

唐時哈川

列於嶺

一、此距鴨綠江加乙軒洞、一日可到云。

夫乙家川

一、自此以西、至奴酋家、所經處、無野不畊。至於山上、亦多開墾。

胡家二坐

蔓遮胡人童流水農幕

起畊、僅二十餘日。

獐項

一、自獐項、至營部落上端、幾六七里許。兩山阻隘、樹木稠密。

古營丘

胡家八坐

二十三日、止宿于此部落。去者皮洞、三息二十餘里。

此乃建州衞初部落、童楮叱古다고、自蔓遮、移居于此、十五餘年云。

一、古營丘乃朝鮮兵馬結陣處。而只有古老相傳。而年代則未詳云。

營字漢音剩故胡人從漢語、呼此部落謂之剩部落。

一、自此部落、至王骨赤部落、男女家家充滿矣。

胡家八坐

曾胡李將主厚

胡家五坐

胡家十坐

胡家十四坐

獐項

胡家二坐

胡家一百二十坐

二十四日，止宿于此部落，去初部落，一息二十餘里。

酋長胡女椒箕立기

一，自此至奴酋家，烏鵲烏鴉竝然不見，山野亦不見雉。

地名蔓遮

馬五十餘匹，放野。

胡家二十二坐

酋胡童親自哈

胡家十五坐

酋胡童牌麻

胡家八坐

童時羅破農幕

性川

一, 土城乃蔓遮諸部, 酋長李大斗·李以難主·李林古致等, 抄領千餘壯勇, 相佳此城。

共拒奴酋之侵凌。奴酋遂△羣來鬪合戰四度。尚且相持△△△其終不可敵。便

乘黑夜△△逃命。今不知去處者△計云。

童時羅破爲酋胡云

胡家五十坐

瓮古老川

胡家五坐

地名王家왕가

馬二十餘匹放野

胡家四十坐

胡家一坐

伊所多川

小酋農幕

土城

雙古掌治

胡家四坐

囘還時、踰此嶺。望見霹靈山城。

一、波猪江源、出梨坡北二日許云。

波猪江

胡家五坐

胡家八坐

地名虛之巨

酋胡童者打

胡家五十餘坐

二十五日、止宿于此部落。去蔓遮、二息餘。

酋胡童尼求里

家養戰馬五十餘匹

地名籬下

小嶺

一、此部南去山羊會、三日程云。

地名夫都求

胡家二十餘坐

酋胡童愁沙

鬱靈山城

一、尼求里部落西南間、一山崒嵂。高出牛天。遙望山頂。隱々有石城橫帶、向西逶迤。

問之、則乃也老江上天作鬱靈山城。四面石壁如削。只南有石門、可以通行。而有

23

一夫當關之險古老相傳朝鮮兵馬駐劄處而年代則未詳云城中有水可泛者
皮舡又有窟窟內刀鎗甲胄多積而取之者輒死故至今尚存云去尼求里部落
則一日程山羊會則北去四日程云城中胡家七八十坐麻家爲之酋長云

斐漢嶺

胡家十二坐

酋胡王兀可

酋胡王忽可

胡家十三坐

斐漢坪

一也老江源出靉陽地方東流與波猪合流下山羊會前鴨綠江云

胡家二十餘坐

酋胡王骨赤

胡家二十五坐

胡家十餘坐

地名者未下
酋胡童阿之夫
胡家二十坐
于於諸川
워저내
胡都嶺
喬老川
地名喬老
胡家一坐
阿斗農幕
黃家川
胡家五十餘坐
二十六日，止宿于此部落，去離下，三息餘。
酋胡童阿斗

獐項

一、自此部落、至童時伐伊部落、家々只留守直男女若干名。其餘以過歲事等、歸於

奴酋城云。

彌只項

馬老川

酋胡童麻羅好

胡家四坐

胡家八坐

胡家四坐

地名沙河乃

曰彌川

胡家百餘坐

木柵

酋胡童多古

小酋農幕

山端陡起處，設木柵，上排弓家十餘處。

烟臺

一曰彌川，北邊有路。問之，云此去一息程，有石城。城內胡家五坐。城外六十餘坐。又

有木柵。柵內胡家四十餘坐。酋胡童阿愁云。

烟臺

酋胡童歪地

胡家十餘坐

一、自曰彌路北去，如許地界五日程云。

仇羅川

烟臺

王致川

奴酋農幕，王致掌之云。

胡家四十餘坐

峯上設一木柵。上排弓家十餘處。柵內造家三坐。

胡家三十五坐

木柵

同相介川

烟臺

林古打川

烟臺

胡家八坐今空

馬八匹。牛七匹。放野。

胡家四十餘坐

二十七日。止宿于此部落。去喬老二息十餘里。西距奴酋城二息。

胡家十六坐

會胡童豆伊致哈

烟臺

胡家二十餘坐

酋胡童陽古

胡家十坐

酋胡童欲古伊

胡家二十餘坐

一、自蘇乙古部落、北去刺溫地界六七日程云。

酋胡蘇乙古

胡家二坐

酋胡童暗復應古

地名厚之

胡家四十餘坐

酋胡童光斗

烟臺

胡家四十餘坐

酋胡童加可

胡家三坐

胡老嶺

一、奴酋世居此部落。今移林古打、十年云。

胡家二十餘坐

酋胡童時伐伊

胡家二坐

胡家三十餘坐

小里嶺

小里川

胡家

胡家

胡家

胡家

建州紀程圖記

一五

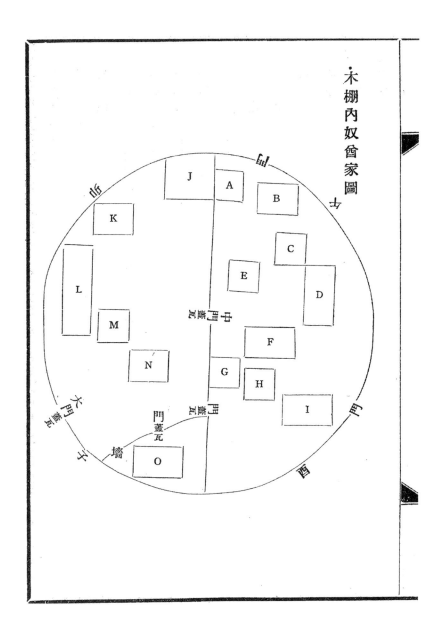

木棚內奴酋家圖

會胡童加可

胡家三坐

胡老嶺

一、奴酋世居此部落。今移林古打、十年云。

胡家二十餘坐

會胡童時伐伊

胡家二坐

胡家三十餘坐

小里嶺

小里川

胡家

胡家

胡家

一、由此嶺、疾馳東南則三日可達大吉號里云。

教場

胡家

胡家

胡家

一、此部有梨樹一條。

胡家

胡家

地名林古打

外城

內城

木柵

奴酋家

子
卯
午
酉
小酋家
天祭祠宇
巳地
胡家
流向撫順
胡家
胡家

建州紀程圖記

一六

34

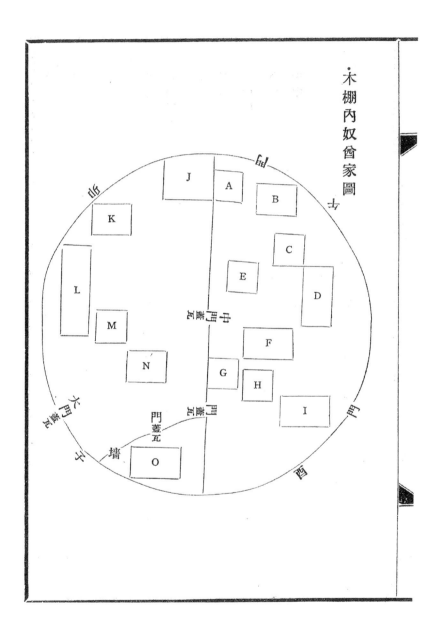

A　一間盖草

B　盖瓦
　　樓三間
　　門有梯

C　門
　　二間盖草

D　門
　　四間盖草
　　鴛鴦瓦皆用女
　　瓦塗之以石灰

E

窓
窓門
二間蓋瓦丹青

F

窓
窓門
奴僉常居
於此
三間蓋瓦丹青

G

新造
梯有門
外四面以甓築

盖瓦

築甓爲臺。高可八尺許。

H 上設一層樓

有梯
門

盖瓦

丹靑

築甓爲臺。高可二十餘尺。上設二層樓閣。

I 窓

窗門

J 四間盖瓦

建州紀程圖記

一八

柱椽畵緣

爲之左右壁

畵人物

三間盖瓦

三間皆通

虛無門戶

K
行廊

盖草

三門

行廊

L
行廊八間盖草

M
窓

39

窗門

客廳 蓋五樑瓦

一、每日日中烹鵝

二首祭天子

此廳必焚

香設行

N

四面皆戶

門有梯高二十層

皷樓 蓋瓦丹青

築甓爲臺

高可二十餘尺

上設一層樓

一奴曾出城外入

建州紀程圖記

40

〇

時吹打必於此
樓上出時至城
門而止入時至城
門而吹打。

築甓爲墻高可四五尺。塗
以石灰。盖之以瓦。

窓

窓門

三間盖瓦

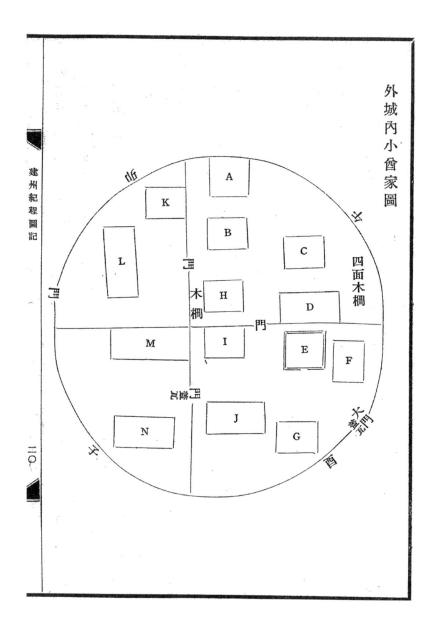

跡處青山　書於紙，付門兩傍。
身居綠林

兩行上下微有字畫。而
紙己磨破。强尋不解。

A

一匹

不有

八間

馬厩

B

窓

窓門

小會常居

於此

二間 蓋草 丹青

C 樓盖草
門有梯

D 窓
窓門
三間盖草

E 簷外、繚以木柵。高可二尺餘

F 柱椽畫綠
爲之盖瓦
中設平床
四面皆通

四間盖瓦

門

G 窓

窓門〔丹青〕

三間盖瓦〔丹青〕

H 窓

窓門〔盖瓦丹青〕

三間盖草

I 三層樓〔盖瓦丹青〕

四面皆戶

門有梯、高二十八層。

45

J　窓
　　窓門

K　四間盖瓦

L　二間盖草
　　二間盖草

M　盖瓦
　　三間皆虚通
　　丹青

N　窓

窓門
四間盖瓦

一奴酋家、在小酋家北向南造排。小酋家、在奴酋家南向北造排。

一外城周、僅十里、內城周二馬塲許。

一外城、先以石築上數三尺許、次布椽木、又以石築上數三尺。又布椽木如是而終。

高可十餘尺、內外皆以粘泥塗之。無雉堞、射臺隔臺壕子。

一外城門、以木板爲之、又無鎖鑰、門閉後以木橫張、如我國將軍木之制、上設敵樓。

盖之以草。內城門與外城同、而無門樓。

一內城之築、亦同外城而有雉堞與隔臺。自東門、過南門、至西門、城上設候望板屋、

而無上盖、設梯上下。

一內城內、又設木柵、柵內奴酋居之。

一內城中、胡家百餘、外城中、胡家纔三百餘、外城外四面、胡家四百餘。

47

一、內城中觀近族類居之、外城中諸將及族黨居之、外城外居生者皆軍人云。

一、外城下底廣可四五尺、上可一二尺、內城下底廣可七八尺、上廣同。

一、城中泉井、僅四五處、而源流不長、故城中之人、伐氷于川、擔曳輸入、朝夕不絕。

一、昏曉只擊皷三通、別無巡更、坐更之事、外城門閉、而內城不閉。

一、胡人木柵、如我國垣籬、家家雖設木柵、堅固者、每部落不過三四處。

一、城上不見防備器具。

一、自奴酋城、西北去上國撫順二日程、西去清河一日程、西南去靉陽三日程、南去新堡四日程、南去也老江三日程、自也老江南去鴨綠江一日程云。

一、二十八日未時、行抵奴酋家、直到其木柵內所謂客廳、馬臣、佟羊才、歪乃等、來見臣、以奴酋言、傳于臣曰、崎嶇遠路、跋涉勞苦、厚意至罷、多謝不已、因問文書來否

臣答曰、我僉使以都督委送次將、不可以通事卒隷、草草報謝、茲馳專价賫送囘帖、一路所到、別無艱楚、何勞苦之有、遂出帖諦與以送、少頃、奴酋出中門外請臣

相見、臣立於奴酋前、羅世弘、河世國立於臣左右、差後相見禮、禮罷、設小酌、使馬臣等、慰臣於客廳、謂臣仍宿於客廳、臣意以爲、若留在此、凡百虜情、無從得聞。

建州紀程圖記

二三

48

誘之曰。身多疾病。願調溫室。遂館臣於外城內童親自哈家。

一、臣等入城之夕。馬臣來言于親自哈曰。馬料在外邊未及取來。不得送去今日則你可備呈云。

一、臣以賚去盤纏銅爐口二匙二十枚筯二十雙。紙束魚物等言于馬臣曰。俺慮途中或有缺乏之事。將此等物賚來今別無所用欲奉于都督此意何如馬臣曰。不妨事臣。即令馬臣。送于奴酋兄弟奴酋兄弟皆受之而多謝云。

一、奴酋兄弟送馬臣佟羊才逐日朝夕來問。如有缺乏之事。隨即探來云。魚肉與酒連絡送來。至於馬料。亦連送不絕歪乃或連日或間日。來問。

一、馬臣本名時下佟羊才本名蘇屎。上年。余相公希元相會事出來滿浦時。改此名云。歪乃本上國人。來于奴酋處掌文書云。而文理不通此人之外更無解文者。且無學習者。

一、二十九日。小酋請臣相見。後令佟羊才設小酌以慰之。

一、丙申正月初一日巳時。馬臣。歪乃。將奴酋言。來請臣恭宴臣與羅世弘。河世國往

恭。奴酋門族及其兄弟姻親與唐通事在東壁蒙古。沙割者。忽可果乙者尼麻車。

諸傻時、束溫兀剌各部、在北壁、臣等及奴酋女族、在西壁、奴酋兄弟妻及諸將妻、
皆立於南壁炕下。奴酋兄弟、則於南行束隅地上、向西北坐。黑漆倚子、諸將俱立
於奴酋後。酒數巡、兀剌部落新降將夫者、太起舞。奴酋便下椅子、自彈琵琶、聲動
其身、舞罷。優人八名、各呈其才。才甚生踈。

一、是日未宴前相見時、奴酋令馬臣傳言曰、繼自今、兩國如一國、兩家如一家。永結
歡好、世世無替云。盖如我國之德談也。

一、宴時、廳外吹打。廳內彈琵琶、吹洞簫、爬柳箕、餘皆環立、拍手唱曲以助酒與。

一、諸將進盞於奴酋時、皆脫耳掩。舞時亦脫唯小酋不脫。

一、初二日、小酋送馬三匹、來請臣等騎往恭宴。凡百器具、不及其兄、遠矣。是日乃國
忌、而欲物色其處事狀焉。而不食肉。小酋懇勤之。臣答以亡親忌日云。

一、初三日、酋胡童好羅厚童亡哈。女酋椒箕請臣設宴。奴酋所敎云。

一、童好羅厚將宴罷帶瞎一目者、來示曰、此人乃田臘於山羊會近處者。山羊會越
邊朴時川、卽捉得鷟鳥之處。而伱國人、必窺伺偸去、不可禁止耶。臣答曰、某時某
處人偸去、其人狀貌如何。我國法令甚嚴。誰敢越境、以偸伱等之物乎。萬無是理

云。則好羅厚曰。近無偸去者。如或有之。另加禁止云。

一。初四日。小酋送佟羊才。請臣曰。軍官不但爲兄而來。我亦當接待。遂舘臣於其將

多之家。多之乃小酋四寸兄也。因設酌。入夜而罷。

一。多之問。我國人勇怯與否於佟羊才。佟羊才曰。滿浦宴享時列立軍數。約有三四

百。背負矢服。前抱弓帒。箭則羽落而無鏃。弓則前折而後裂。只爲他國笑資。如此

等輩。不用弓箭。只將一尺劍。可砍四五百人。但恨臂力有限。兩人相與大噱臣曰。

我僉使若欲誇示軍威。當以悍兵精卒。強弓利鏃。大張聲勢。羊才所見者。不是軍

兵。只是在庭供給之人。與禁喧軍牢也。

一。多之曰。我王子與你國將欲結爲一家。故你國被擄人。厚價轉買。多數刷還我王

子毋負於你國。你國則多殺我採蔘人。採蔘是何等擾害。而殺傷至此也。情義甚

薄。深啣怨懟。臣答曰。我國之法。凡胡人無故潛入我境者。論以賊胡。況你國人。夜

間昏黑闌入數百年曾所不來之地。搶奪馬牛。刼殺人民。山谷間愚氓蒼皇驚怕

自相賊殺。理所必至。非爲一草之故。凡我國待夷之道。誠心納欵者。則撫恤懷柔。

自餘冒禁犯境者。則一切以賊胡論。少不饒貸。往在戊子年間。你國地方飢饉餓

莩相望。尒類之歸順望哺於滿浦者、日以數千計。我國各饋酒食。且給米鹽。賴以

生活者何限。然則我國初非有意於勦殺尒輩也。特以尒輩冒禁犯境。自就誅戮

也。多之曰。信尒所言渭原管兵官。緣何革職治罪乎。臣答曰。渭原管兵官被罪者、

非獨以勦殺尒輩也。邊上管兵之官巡邏瞭望。此其職也。渠不謹巡邏瞭望。致令

尒輩闌入我境。人民牛畜多被殺掠罪在罔赦。所以革職治罪也。若於尒們來到

我境之時瞭望戒嚴。使不得越境則我民與尒等。俱無厮殺之患矣。多之更無所

言只他閑說話。

一、佟羊才曰。尒國宴享時、何無一人身穿錦衣者也。臣曰。衣章所以辨貴賤。故我國

軍民。不敢着錦衣。豈如尒國上下同服者乎。羊才無言。

一、多之問臣曰。尒國有飛將軍二人云。然乎今在那裏臣答曰。非止二人。在南邊者

多。而來此則二人。一爲碧潼郡守。一爲寧遠郡守。而南邊倭賊已盡驅逐。故其飛

將等近當來防于此處矣。多之曰。吾聞能飛云。欲聞其實。臣曰。兩手各提八十餘

斤長劔馳馬上下絕壁。或出入小戶略無所碍。或超過大川。或往來樹梢如履平

地。或數日之程。一夜間可能往返。多之曰。能超過幾步廣川也。臣曰。如波猪江則

可以超過矣。多之顧其左右而吐舌。

一、初五日朝。歪乃持回帖與黑段圓領三件。貂皮六令。藍布四疋。綿布四疋而來。臣

與羅世弘。河世國各一件。貂皮則臣與羅世弘。河世國各三令。布疋分與姜守。春起。小酋

亦送黑段圓領三件。黑靴精其三件于臣與羅世弘。河世國。臣言于歪乃佟羊才

曰。我以滿浦軍官只持文書往復而已。有何勾幹膚此兩都督重禮分既家丁尤

極未安承領無名。情願返璧。歪乃佟羊才。各將臣意分告兩酋兩酋前者馬臣

等。歸滿浦時。所受物件儀數極多。馬臣猶且無僻。拜受而來。今此軍官如是云

云。則受來馬臣等。將置顏於何地下人所給物不足貴只表行賑而已言未訖有

一。胡來叫馬臣甚急。有頃。馬臣回言王子云。刷還之報不要他物只要除職若朝

鮮除職則賞之以一尺之布猶可受也。如不得除職賞之以金帛而不願也。臣

曰。當歸告僉使。觀其意欲以與上國及我國結好之意誇示胡人威服諸部也。又

曰。毛麟衛胡人屢犯貴國地方。欲設一鎮於惠山越邊以遏冒境賊胡如何。臣答

曰。我國東北面。與胡密邇只隔一江。故尋常往來。歸順者往往窃發。屢與邊警。西

北面則與胡居相隔數百里。故越境而作賊者無多。价有兩耳。豈不飽聞我知都

督亦必詳悉焉。臣曰、然則既知如此而又欲設設鎮何也。曰、今則王子統率

諸胡、號令進退、豈有違越之理。臣曰、然則上年金歪斗作賊於南道、當都督管束

之初、亦且如是。他日之事、不待見而可知也。則對口設鎮、作後日啓釁之端。凡

當設施、若不善於始、必有悔於終。然此非我之所可擅斷、事勢則如是矣。馬臣未

及對、歪乃曰、設鎮之事、且悉於回帖中。你其歸告僉使立等回話。遂與臣出城。童

忽哈邀臣於其家、設酌以餞臣行。酒至數巡、臣托以日晚而罷。忽哈拜別臣於城

外。

一、奴酋回帖云、女直國建州衛管東夷人之主佟奴兒哈赤禀為夷情事。蒙你朝鮮

國、我女直國二國往來行走好。我們二國無有助兵之禮。我屢次營好、保守天

朝九百五十於里邊疆。有遼東邊官、只要害我途功陞賞。有你朝鮮國的人一十

七名、我用價轉買送去。蒙國王禀賞我得知。我們二國若不保心、有你臨城堡對

只地方、着我的達子住着看守你的邊疆。若有你的高麗地方生畜不見了、與我

達子說知、亦尋送還。你差通事答滿堡城到我家來、若有你的人畜、我送去。我的

達子到你地方、你送還與我。兩家爲律、在無歹情。後日天朝官害我、你替我方便。

壹言呈與天朝通知我有酬報星夜力等天朝二國明文及日回報須至稟者萬

曆二十四年正月初五日稟。

一觀回帖中印跡篆之以建州左衛之印。

一發程時逢蒙古晚者于內城門外問曰你久在這裏否答曰俺亦初七日當回還
云。

一正月初四日胡人百餘騎各具兵器裹糧數斗許建旗出北門乃烟臺及防備諸
處擲奸事出去云旗用青黃赤白黑各付二幅長可二尺許初五日亦如之。

一初五日臣等出來時汝乙古言於馬臣曰欲將熊皮鹿皮賣於滿浦買牛畊田你
可言於王子說與軍官馬臣入告于奴酋奴酋曰朝鮮不許上京之前你等決不
可徑往滿浦買賣云。

一十二月二十八日到奴酋城外合抱之木長可十餘尺駕牛輸入者絡繹於道乃
外城外設柵之木云正月初五日回還時見之則運入之數倍於前日役軍則三
四日程內部落每一戶計其男丁之數分番赴役每名輸十條云。

女童好羅厚子忽哈。

55

一佟交淸哈 ── 子托時 ──

　子奴兒哈赤、己未生子歹舍、庚辰生妻三、其下五、子二

　女皆幼。

　子毛兒哈赤、壬戌生子二皆幼。

　女童親自哈生一子喪其妻云。

　子小兒哈赤、甲子生子培來、癸未生妻二、其下三子皆

　幼。長女則今正月十五日、童時羅破將作婿云。

　女童甫下下。

一、奴兒哈赤、小兒哈赤同母。毛兒哈赤異母云。

一、奴酋不肥不瘦。軀幹壯健。鼻直而大。面鐵而長。

一、頭戴貂皮。上防耳掩。防上釘象毛。如拳許。又以銀造蓮花臺。臺上作人形。亦飾于象毛前諸將所戴亦一樣矣。

一、身穿五綵龍文天益。上長至膝下長至足。背裁剪貂皮以爲緣飾。諸將亦有穿龍

文衣。緣飾則或以貂或以豹、或以水獺或以山鼠皮。

一、護項以貂皮八九令造作。

建州紀程圖記

二七

56

一腰繫銀入絲金帶。佩帨巾刀子。礪石獐角。一條等物。

一足納鹿皮兀刺鞋。或黃色。或黑色。

一胡俗皆剃髮只留腦後少許。上下二條。辮結以垂口髭亦留左右十餘莖。餘皆鑷去。

一奴酋除拜都督十年豼虎將軍三年云。

一奴酋出入別無執器械軍牢等引路。只諸將或二或四作雙。奴酋騎則騎。步則步而前導。餘皆或先或後而行。

一小酋體胖壯大。面白而方。耳穿銀環。服色與其兄一樣矣。

一奴酋自其家。南向大吉號里路二日程。北向如許路一日程。各設一堡。西向遼東路一日程設十堡。則以酋長之在城中者定送滿一年相遞。軍則以各堡附近部落調送。十日相遞云。

一奴酋除遼東地方近處。其餘北東南三四日程內各部落酋長。聚居於城中。動兵時。則傳箭於諸酋。各領其兵。軍器。軍粮使之自備。兵之多寡。則奴酋定數云。

一奴酋諸將一百五十餘。小酋諸將四十餘。皆以各部酋長爲之。而牽居於城中。

一、烟臺軍人幷家口二戶入接。滿一年相遞。糧餉則計其人數。每朔奴酋備送云。

一、烟臺報變時。不用烟火。只擊木梆以隣臺相准爲限。相准則輒走避匿。恐被賊害也云。

一、路逢一胡。載其家藏雜物於所乙外발외。幷率家屬而去。問之則爨陽烟臺候望事前去云。頗有怨苦之狀。

一、糧餉。奴酋於各處部落。例置屯田。使其部酋長掌治耕穫。因置其部而臨時取用。不於城中積置云。

一、奴酋於大吉號里越邊朴達古介北邊。自今欲置屯田云。

一、大吉號里越邊忍川。童阿下農幕而自今年。永爲荒棄云。問其由。則曰道路遼遠故也。阿下今在奴酋家。

一、田地品膏則粟一斗種。可穫八九石。瘠則僅收一石云。

一、秋收後。不則輸入埋置於田頭。至氷凍後。以所乙外輸入云。

一、胡人皆逐水而居。故胡家多於川邊。少於山谷。

一、胡家於屋上及四面。幷以粘泥厚塗。故雖有火災。只燒盖草而已。

一家家皆畜鷄猪鵞鴨羔羊·犬猫之屬。

一胡人持弓矢·甲冑糗粮·去去來來·絡繹於道·乃是出入番也云·而都是殘劣·一無壯勇。

一奴酋不用刑杖·有罪者·只以鳴鏑箭·脫其衣·而射其背隨其罪之輕重·而多少之。亦有打腮之罰云。

一清河堡將備酒肉以人夫六七名·十二月二十八日領送于奴酋·乃歲遺云。

一撫順唐通事來·到奴酋家·問其來故則曰·清河堡·新設烟臺·奴酋自行毀撤遼東官拏致其次將康古里·棍打二十還送·後慮奴酋嗔恚·將銀子五百兩慰解其心。

令俺先告此意云。

一唐通事云·奴酋每請銃筒於遼東·而不許云。

一上年南道生變時·古未介酋長金歪斗領兵入寇云·歪斗父周昌哈·向化於我國·賜姓名金秋曾·兼司僕·在京時仕八九年·托以其父歸見事·還其故土·仍不出來·云自奴酋家·去古未介六日程云。

一胡人等言·在前則胡人之凡有出入者·必佩持弓箭以避相侵害搶掠之患·自王

59

子管東之後。遠近行走只持馬鞭王子威德無所擬議或云前則一任自意行止

亦且田獵資生今則旣東行止又納所獵雖畏彼不言中心豈無怨忘云。

一奴酋聚兵三千合氷卽時。一運由末乙去嶺出高山里。一運由列於嶺出毣軒洞。

以復渭原之讐因遼東官及余相公之宣諭罷兵云。

一渭原探蔘胡人等。奴酋乃令其各部落刷出每名或牛一隻或銀十八兩徵收以

贖其私自越江之罪其中貪不能措備銀與牛者則幷家口拿去使喚云。

一臣留在親自哈家時有胡人四五來到臣欲聞其語令通事佯睡就臥而竊聽之。

一胡問于親自哈曰今此軍官何幹而來答曰爲兩國如一國兩家如一家而來。

且將文書來告其國治渭原管兵官之罪此後各守封疆無相侵犯之意一胡曰

朝鮮多詐安知解氷前姑爲信使之往來以綏吾師乎且朝鮮人刈草伐木田獵

於我國地方我國人所獲者亦皆搶奪而去渠等所爲若此而何禁我們使不得

探蔘耶云。

一溫火衞都酋長童姜求里之孫甫下下。奴酋妹夫也。奴酋聞遼東及蒙古聚兵之

奇使甫下下。領兵千餘。一同守城今則罷去云甫下下守城時所領坡山。時番少

建州紀程圖記

可厚地。所栖應古等六部落皆屬溫火衞云。

一，溫火衞馬老部落酋長童打夫領兵。與甫下下往在奴酋城留七朔。今始罷歸云。

一，馬臣將上京之事。問於臣。臣答曰我國恪守天朝法令。此等事必須奏聞天朝。天朝若許之則行。不許則不可行。馬臣曰。事當如是。若得上京則道路何如臣答以路遠且險。馬臣曰揚大朝亦言其脩阻云。楊大朝。余相公率去夜不收與河世國往來虜中者也。

一，馬臣曰。你國沿江地面。留置降倭云。然乎。臣曰然。馬臣曰其數幾何臣答曰約五六千。馬臣曰。緣何留置沿江地面。臣答曰。倭奴慕義來降我國皆給與衣食。俾得安挿渠輩感恩懷德願住邊上爲國藩俉。我國嘉其誠款。分置沿江諸郡矣。馬臣曰。倭子等狀貌壯大云。然耶。臣曰。形體甚小。能潛行草間放丸必中云。馬臣曰。雖遠且小。能中否臣曰。倭銃能中飛鳥故曰鳥銃。馬臣出鐵盔以示曰。能透得這盔否。臣曰。鳥銃放丸。能穿兩重眞木防牌籠以薄鐵者透過。此盔何足道哉。馬臣則曰。豈至於此乎。諸胡之立於左右者皆相顧愕然。

一，小酋言曰。後伱僉使若有送禮則不可高下於我兄弟云。

一前日馬臣佟羊才滿浦所受賞物盡爲奴酋兄弟所奪渠輩皆有不平之色。

一建州衞西自遼東界東至蔓遮以我國地方淮計則西自昌城東至高山里左衞

也老江上右衞海西地界云。

一溫火衞西自梨坡部落東至古未介部落云。

一毛憐衞咸鏡北道越邊云。

一蒙古車上造家以氊爲幕飢則食膻肉渴則飲酪漿云。

一蒙古於春畊時多聚人馬於平野累日使之踐踏糞穢後播黍稷粟蜀秫諸種又

使人馬踐踏至耘治收穫時令軍人齊力云。

一蒙古皆着毛皮衣。

一毛憐衞酋胡老佟以戰馬七十餘四歡皮百餘令爲禮十二月初生投降云。

一馬臣言衞凡三十而投屬者二十餘衞云。

一自奴酋家至蒙古王刺八ㅑ바所在處東北去一月程晚者部落十二日程沙割

者忽可果乙者尼麻車諸酋儂時五部落北去十五日程皆以今年投屬云刺溫東

北去二十日程兀刺北去十八日程白頭山東去十日程云。

一、如許酋長夫者羅里兄弟患奴酋强盛。請蒙古刺八兀刺酋長夫者太等兵。癸巳

九月來侵。奴酋率兵迎戰於虜諸部落。如許兵大敗。夫者戰死羅里逃還。夫者太

投降。所獲人畜甲冑不可勝計。奴酋選所獲蒙古人二十。被錦衣。騎馬。使還其

巢穴。二十人歸言。奴酋威德。故刺八令次將晚者二十餘名。卒胡百十餘名持

戰馬百四。臺驢十頭來獻。馬六十四。驪六頭與奴酋。馬四十四。驢四頭與小酋。其

將領等。奴酋皆厚待給與錦衣。

一、夫者太投降後。其兄晚太以馬百匹。欲贖其弟。而奴酋不許。晚太以此亦爲投屬

云。夫者太來在奴酋城中第三年。其家屬上下幷二十餘口。十二月望前始爲率

來云。

一、如許人多着白氈衣。

一、自癸巳年。如許兵大敗後。遠近諸部相繼投降云。

一、諸胡中蒙古。如許兀刺等兵最强云。

一十二月二十九日。小酋家有一小兒。自言甘坡人。正月初四日。女人福只。自言以

臨海君婢子。壬辰年。在鏡城時。與班奴朴其土里。被擄轉賣來此云。初六日。止宿

63

于童愁沙部落時。見一男丁。自言吾村甲士朴彦守。壬辰年八月。胡人三十餘名。

不意突入。與裴守難。河德仁。崔莫孫等。一時被擄蹝白頭山西麓。三日半到臥乙

可部落。不十日轉賣於汝延니연牙此大家前年冬。又來于奴酋城內童昭史家。

以穀物載運事來此云。自臥乙可至汝延、八日程。其間幷無人家。自汝延至奴酋

家。亦八日程云。臣遇此三人皆欲細詢虜情其所聞見者。而問答之際。恐生胡人

疑慮之心。只令下人盤問。而臣則似若不聞者然。胡人等亦叫還那人使不得久

留矣。

歲乙未秋九月。遼東鎮守官走驛書言奴酋聚人馬浩大候氷合渡江突

我西疆廷臣上言。此不可以爲信急之。亦不可以爲不信緩之。其備之之策則

自當豫圖之矣。須遣有智有才能審事機者一人。往奴酋所察虛實以來。上可

之。吾族子申忠一字恕甫。實膺其選。及其還也。圖其山川道里。城柵屋廬于前。

錄其士馬。耕農問答。事爲于後爲二通。其一上進。其一自藏。一日袖其自藏者。

來示余。屬余題其末。余披而閱之。仍記其未往也。吾見之李學士好閔家往萬

里胡地。其逆順未可知。而憂愁畏憚之意。無一毫形於言面。非識臣人之義。有

徇國之志者。能若是乎。於吾心已固奇之。今觀是圖與是錄。則虜中山川之險

易也。道里之遠近也。城柵之寬窄也。屋廬之多少也。及夫士馬之衆寡也。耕農

之稀密也。問答之信詐也。事爲之巧拙也。昭昭乎白黑分矣。不出楡關三五步。

而虜在吾目中矣。信乎其奇也。尤可奇者。自古胡者。不惑其虛張猛勢以爲

難則必信其詐。見贏形以爲易。此漢使所以誤高皇也。王倫所以惻高宗也。今

恕甫只圖其不可張不可隱之物狀。錄其目所見耳所聞之實情。而不言其難。

爲之惻。不言其易爲之之驕。不言其必來。自以爲得其要領。嗚呼。其自謂

能得敵人要領者。鮮不禍人國家。今恕甫以年少武士。當國家多事之日。其處

事詳愼若此。丞相必自多知人。聖主必喜得幹臣。則他日所就之爲。其可量乎。

老夫豫賀之時萬曆廿四年丙申燈夕後三日。西峯申熟仁仲題。

65

建
州
紀
程
圖
記

三二

昭和十五年八月　十日印刷

昭和十五年八月十五日發行（濟芬室叢刊第一奧付 建州紀程圖記解說付）

京城府昌信町五九五番地

李　仁　榮

印刷所　朝鮮印刷株式會社

京城府蓬萊町三丁目六十二番地

【영인】

건주기정도기
建州紀程圖記

『건주기정도기해설』, 조선인쇄주식회사, 1940.8., 충남대학교 중앙도서관 소장.

資料

建州紀程圖記

凡例

一、本史料는 李氏朝鮮 宣祖朝人 申忠一의 書啓에 係함。

一、本史料는 平山申氏家(申忠一後裔)舊藏本(現李仁榮所藏)에 依據함。

一、本史料頭注對校에 使用한 實錄은 影印太白山本宣祖實錄(卷七十一、二十九年丙申正月丁酉條)이며、研經齋全集은 震檀學會所藏本임。

一、研經齋全集所收의 「建州紀程」은 平山申氏家舊藏本에서 抄錄한것임으로、本頭注에는 實錄에 削除된 數條以外에는 一々히 對校치 않었음。

一、本史料의 由來에 關하여는 本報所載李仁榮의 「申忠一의建州紀程圖記에對하야」를 參照하기바람。

(李 仁 榮 校)

一五九

1

建州紀程圖記

一六〇

○十以下至朝凡九字。　實錄
　脫
○發下字、實錄作行。
○尊、實錄作道。
○○○坡下字、實錄作僉。
○汝、實錄作女
○子字、實錄脫

建州紀程圖記

南部主簿申忠一書啓

臣。於上年十一月二十△△。△朝。十二月十五日。到江界。適値府使許頊。以防備撿勅事。
出在其境內所屬鎭堡。仍留本府。以待其回。十七日。還官。遂與相會。問邊上虜情之可問
者。備辦盤纏。二十日。發△。二十一日。到滿浦鎭。以待嚮導胡人之來。是日向暮。梨坡
△胡童汝乙古。童愎應古等出來。二十二日朝。前僉使柳灝。出在懷遠舘。招兩胡。饋以酒
食。各給米布後。臣與鄕通事羅世弘・河世國鎭奴姜守及臣奴子春起等。一並晌午離滿浦。
氷渡鴨綠江。前向奴酋家進發。
自二十二日。至二十八日。所經一路事。載錄于圖。

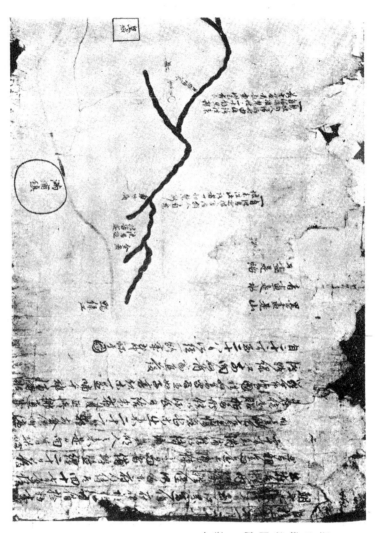

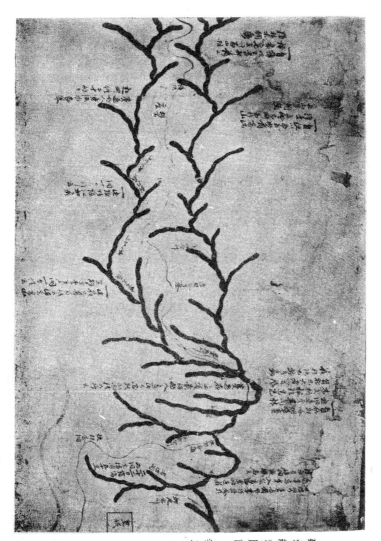

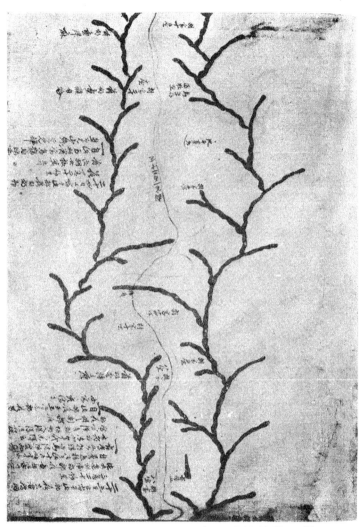

建州紀程圖記 其三

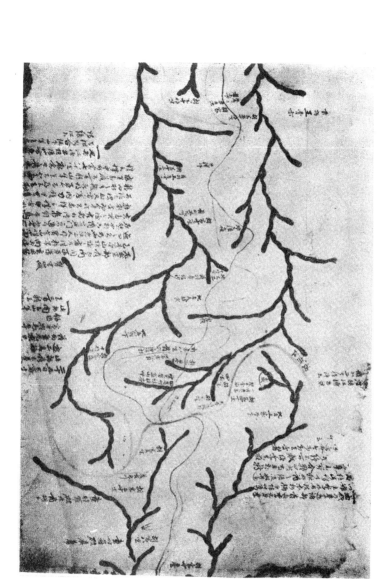

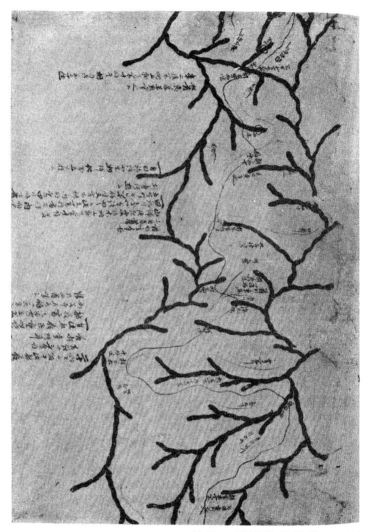

建州紀程圖記 其五

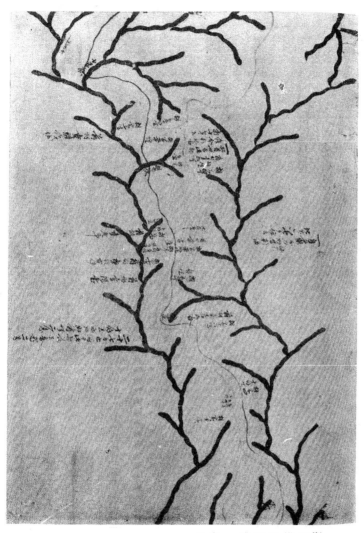

建州紀程圖記 其六

8

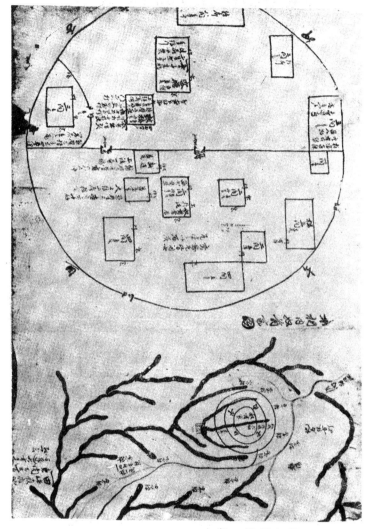

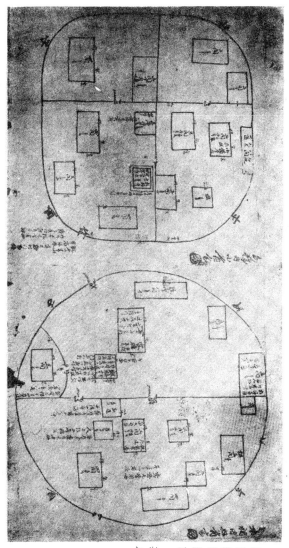

建
州
紀
程
圖
記

其
八

10

○向南、實錄作南向
○南字、實錄脫
○向北、實錄作北向
○十、實錄作一、實
　錄脫
○外、實錄作綠
　皆字、實錄脫

○○
　嵘、實錄作垣
　而字、實錄脫

○外以下至餘凡九字、實錄
　在內字上
○而字、實錄脫
○二二、實錄作二三
○外字、實錄脫
○昏曉、實錄作昏
○掩、實錄作揜
○城字、實錄脫
○器、實錄作諸

一、奴酋家。在小酋家北。向南造排。小酋家。在奴酋家南。向北造排。

一、外城周。僅十里。內城周。二馬場許。

一、外城。先以石築上數三尺許。次布椽木。又以石築上數三尺。又布椽木。如是而終。高可十餘尺。內外皆以粘泥塗之。無雉堞、射臺、隔臺、壕子。

一、外城門。以木板爲之。又無鎖鑰。門閉後。以木橫張。如我國將軍木之制。上設敵樓。盖之以草。內城門與外城同。而無門樓。

一、內城之築。亦同外城。而有雉堞與隔臺。自東門。過南門。至西門。城上設候望板屋。而無上盖。設梯上下。

一、內城內。又設木柵。柵內奴酋居之。

一、外城內。胡家百餘。外城中。胡家纔三百餘。外城外四面。胡家四百餘。

一、內城中。親近族類居之。外城中。諸將及族黨居之。外城外居生者。皆軍人云。

一、外城下底。廣可四五尺。上可一二尺。內城下底。廣可七八尺。上廣同。

一、城中泉井。僅四五處。而源流不長。故城中之人。伐氷于川。擔曳輸入。朝夕不絕。

一、昏曉。只擊皷三通。別無巡更。坐更之事。外城門閉。而內城不閉。

一、胡人木柵。如我國垣籬。家家雖設木柵、堅固者。每部落不過三四處。

一、城上不見防備器具。

11

建州紀程圖記

○自字、實錄脫、下同
○○去、實錄作距、下同
○南以下至江凡十二字、實
　錄脫、實錄脫
○錄字、實錄脫
○云字、實錄脫
○至、實錄作良
○遂、實錄作遣
○等字、實錄脫
○仍下、實錄有留字
○於、實錄作子
○運、實錄作遙

一六二

一。自奴酋城。西北去上國撫順二日程。西去清河一日程。西南去遼陽三日程。南去新堡四日程。
　南去老江三日程。自也老江。南去鴨綠江一日程云。

一。二十八日未時。行抵奴酋家。直到其木柵內所謂客廳。馬臣、佟羊才、歪乃等。來見臣。以
奴酋言。傳于臣曰。崎嶇遠路。跋涉勞苦。厚意至屋。多謝不已。因問文書來否。臣答曰。以
我僉使。以都督委送次將。不可以通事卒隸。草草報謝。兹馳專价。賚送回帖。一路所到。
別無艱楚。何勞苦之有。遂出帖遞與以送。少頃。奴酋出中門外。請臣相見。臣立於奴酋前。
羅世弘。河世國。立於臣左右差後。行相見禮。禮罷。設小酌。使馬臣等。慰臣於客廳。謂臣
仍宿於客廳。臣意。以為若留在此。凡百虜情。無從得聞。諉之曰。身多疾病。願調溫室。
遂舘臣於外城內寵親自哈家。

一。臣等入城之夕。馬臣來言于親自哈曰。馬料在外邊。未及取來。不得送去。今日則你可備呈
云。

一。臣。以賚去盤纏。銅爐口二。匙二十枚。箸二十雙。紙束。魚物等。言于馬臣曰。俺慮途中
或有缺乏之事。將此等物賚來。今別無所用。欲奉都督。此意何如。馬臣曰。不妨事。臣
即令馬臣。送于奴酋兄弟。奴酋兄弟皆受之。而多謝云。

一。奴酋兄弟。送馬臣。佟羊才。逐日朝夕來問。如有缺乏之事。隨即探來云。魚肉與酒。連絡送
來。至於馬料。亦運送不絕。歪乃或連日。或間日來問。臣

12

○此人之外、實錄作此外之

○人字、實錄脫

○臣字、實錄脫

○束以下至部凡六字、實錄脫

○於字、實錄脫

○見下、實錄有之字

○○拍字、實錄脫

○○箕字、實錄脫

○○等下、實錄有臣等二字

○○及、實錄作如

建州紀程圖記

一○馬臣本名時下。佟羊才本名蘇屎。上年。余相公希元相會事。出來滿浦時。改此名云。歪乃

本上國人。來于奴酋處。掌文書云。而文理不通。此人之外。更無解文者。且無學習者。

一○二十九日。小酋請臣相見。後令佟羊才。設小酌以慰之。

一○丙申正月初一日巳時。馬臣。歪乃將奴酋言。來請臣恭宴。臣與羅世弘。河世國往來。奴酋

門族及其兄弟。姻親與唐通事在東壁。蒙古。沙割者。忽可。果乙者。尼麻車。諸僧時。束

溫。兀剌各部在北壁。臣等及奴酋女族在西壁。奴酋兄弟妻及諸將妻。皆立於南壁炕下。奴

酋兄弟則於南行東隅地上。向西北坐黑漆倚子。諸將俱立於奴酋後。酒數巡。兀剌部落新降

將夫者太起舞。奴酋便下椅子。自彈琵琶。聳動其身。舞罷。優人八名。各呈其才。才甚生

踈。

一○是日未宴前相見時。奴酋令馬臣傳言曰。繼自今。兩國如一國。兩家如一家。永結歡好。世

世無替云。盖如我國之德談也。

一○宴時。廳外吹打。廳內彈琵琶。吹洞簫。爬柳箕。餘皆環立。拍手唱曲。以助酒興。

一○諸將進盡於奴酋時。皆脫耳掩。舞時亦脫。唯小酋不脫。

一○初二日。小酋送馬三匹。來請臣等。騎往恭宴。凡百器具。不及其兄遠矣。是日乃國忌。而

欲物色其處事狀往焉。而不食肉。小酋懇勸之。臣答以亡親忌日云。

一○初三日。酋胡寵好難厚。宣亡自哈。女酋椒箕。請臣設宴。奴酋所敎云。

一六三

13

建州紀程圖記　　　　　　　　　　　　　　　一六四

○鳥字、實錄脫

○約、實錄作弱

○只是、實錄作是只

○示、實錄作視

○毋、實錄作無

○等字、實錄脫

○理、實錄作勢

○冒禁犯境、實錄作日犯某處

一。童好羅厚。將宴罷。帶臨一目者。來示曰。此人乃田膩於山羊會近處者。山羊會越邊朴時川。

即捉得驚鳥之處。而你國人。必竊伺偷去。不可禁止耶。臣答曰。其時某處人偷去。其人狀

貌如何。我國法令甚嚴。誰敢越境。以偷你等之物乎。萬無是理云。則好羅厚曰。近無偷去

者。如或有之。另加禁止云。

一。初四日。小酋盜修羊才。請臣曰。軍官不但為兄而來。我亦當接待。遂舘臣於其將多之家。

多之乃小酋四寸兄也。因設酌。入夜而罷。

一。多之間我國人勇弱與否於修羊才。修羊才曰。滿浦宴享時，列立軍數。約有三四百。背貪矢

服。前抱弓帒。箭則羽落而無鏃。弓則前折而後裂。只為他國笑資。如此等輩。不用弓箭。

只將一尺劍。可砍四五百人。但恨臂力有限。兩人相與大噱。臣曰。我寡使。若欲誇示軍威。與

當以悍兵・精卒・強弓・利鏃。大張聲勢。羊才所見者。不是軍兵。只是在庭供給之人。

禁喧軍牢也。

一。多之曰。我王子與你國。將欲結為一家。故你國被擄人。厚價轉貿。多數刷還。我王子毋負

於你國。你國則多殺我探蔘人。採蔘是何等搔害。而殺傷至此也。情義甚薄。深卿怨憾。臣

答曰。我國之法。凡胡人無故潛入我境者。論以賊胡。況你國人。夜間昏黑。闌入數百年會

所不來之地。搶奪馬牛。刦殺人民。山谷間愚氓。蒼皇驚怕。自相廝殺。理所必至。非為一

草之故。凡我國待夷之道。誠心納款者。則撫恤懷柔。自餘冒禁犯境者。則一切以賊胡論。

○笑、實錄作咲

○冒禁犯境、實錄作冒犯越

○境、官宇、實錄作脫

○被、實錄作致

○也、實錄作耶

○軍宇、實錄作耶

○碍、實錄作礙

○閑、實錄作閒、下同

少不饒貸。往在戊子年間。俺國地方飢饉。熊享相望。俺類之歸順望哺於滿浦者。日以數千計。我國各鎮酒食。且給米鹽。賴以生活者何限。然則我國初非有意於勦殺俺輩也。特以俺輩冒禁犯境。自就誅戮也。多之曰。信俺所言。渭原管兵官。緣何革職治罪乎。臣答曰。渭原管兵官被罪者。非獨以勦殺俺輩也。邊上管兵之官。巡邏瞭望。此其職也。渠不謹巡邏瞭望。致令俺輩闌入我境。人民牛畜。多被殺掠。罪於闕赦。所以革職治罪也。若於俺們來到我境之時。瞭望戒嚴。使不得越境。則我民與俺等。俱無所殺之患矣。多之更無所言。只他閑說話。

一。佟羊才曰。俺國宴享時。何無一人身穿錦衣者也。臣曰。衣章所以辨貴賤。故我國軍民。不敢着錦衣。豈如俺國上下同服者乎。羊才無言。

一。多之問臣曰。俺國有飛將軍二人云。然乎。今在那裏。臣答曰。非止二人。在南邊者多。而來此則二人。一爲碧潼郡守。一爲寧遠郡守。而南邊倭賊。已盡驅逐。故其飛將等。近當來防于此處矣。多之曰。吾聞能飛云。欲聞其實。臣曰。兩手各提八十餘斤長劍。馳馬上下絕壁。或出入小戶。略無所碍。或超過大川。或往來樹梢。如履平地。或數日之程。一夜間。可能往返。多之曰。能超過羲步廣川也。臣曰。如波猪江。則可以超過矣。多之顧其左右而吐舌。

一。初五日朝。歪乃持回帖與黑段圓領三件。貂皮六令。藍布四疋。綿布四疋而來。臣與羅世弘

一六五

15

○領下、實錄有各字

○靴、實錄作鞍

○皆下、實錄有府字

○等字、實錄脫

○只、實錄作且

○○鎮、實錄作陣

○惠、實錄作雲

○○○冒字、實錄脫

○道、實錄作邊

○口、實錄作日

○臣行二字、實錄脫

建州紀程圖記

一六六

河世國各一件。貂皮則臣與羅世弘各三令。布疋分與姜守・春起。小酋亦送黑段圓領三件。

黑靴精其三件于臣與羅世弘・河世國。臣言于歪乃・佟羊才曰。我以滿浦軍官。只持文書往

復而已。有何勾幹。膺此兩都督重禮。分貺家丁。尤極未安。承領無名。情願返璧。歪乃。馬

佟羊才。各將臣意。分告兩酋。兩酋云。前者馬臣等。歸滿浦時。所受物件。儀數極多。馬

臣等猶且無辭。拜受而來。今此軍官。如是云云。則來馬臣等。將罰額於何地。下人所給

物不足貴。而不願也。只要除職。若朝鮮除職。則賞之以一尺之布。猶可受也。如不得除職。

還之報。不要他物。只要除職。有一胡。來叫馬臣甚忿。有頭。馬臣回言。王子云。刷

賞之以金帛。而不願也。臣答曰。當歸告僉使。觀其意。欲以與上國及我國結好之意。誇示

胡人。威服諸部也。又曰。毛麟衛胡人。屢犯貴國地方。欲設一鎮於惠山越邊。以遏冒境賊

胡如何。臣答曰。我國東北面。與胡密邇。只隔一江。故專常往來。歸順者往徃窃發。屢興

邊警。西北面則與胡居相隔數百里。故越境而作賊者無多。你有兩耳。豈不飽聞。我知都督

亦必詳悉。馬臣曰。然。臣曰。然則旣知如此。而又欲設鎮何也。曰。今則王子統率諸胡。

號令進退。豈有遠越之理。臣曰。然則上年金歪斗作賊於南道。當都督束之初。亦且如是

他日之事。不待見而後可知也。則對口設鎮。作後日啓釁之端。歪乃曰。然則口設鎮。若不審於始。必

有悔於終。然此非我之所可擅斷。事勢則如是矣。馬臣未及對。歪乃曰。設鎮之事。且悉於

回帖中。你其歸告僉使。立等回話。遂與臣出城。童忽哈邊臣於其家。設酌以餞臣行。酒至

16

〇此條凡二百四十字、實錄脫、研經齊全集所收建州紀程有
〇營、研經齊全集所收建州紀程作管、下同
〇百、研經齊全集所收建州紀程作有
〇於、恐餘之訛
〇堡、浦之訛

〇跡、實錄作迹
〇古下、實錄有將字
〇回字、實錄脫
〇具、實錄作俱
〇裹粮、實錄作粮餉
〇許、實錄作烟
〇烟、實錄作煙
〇畊、實錄作耕

數巡。臣托以日晚而罷。忽哈拜別臣於城外。

一、奴酋回帖云。女直國建州衛管束夷人之主佟奴兒哈赤稟。為夷情事。蒙你朝鮮國。我女直國
二國往來行走營好。我們二國。無有助兵之禮。我屢次營好保守。天朝九百五十於里邊疆。
有遼東邊官。只要害我途功陞賞。有你朝鮮國的人一十七名。我用價轉買送去。蒙國王稟賞。若
我得知。我們二國。若不保心。有你臨城堡對只地方。着我的達子住着看守。你的邊疆。若
有你的高麗地方。生畜不見了。與我達子說知。亦尋送還。你差通事。答滿堡城。到我家來。
若有你的人畜。我送去。我的達子。到你地方。你送還與我。兩家為律。在無歹惜。後日天
朝官害我。你替我方便。壹言呈與天朝通知。我有酬報。星夜力等天朝二國明文。及日回報。
須至稟者。萬曆二十四年正月初五日稟。

一、觀回帖中印跡。篆之以建州左衛之印。

一、發程時。逢蒙古晚者于內城門外。問曰。你久在這裏否。答曰。俺亦初七日。當回還云。

一、正月初四日。胡人百餘騎。各具兵器。裹粮數斗許。建旗出北門。乃烟臺及防備諸處擲奸事
出去云。旗用青、黃、亦、白、黑。各付二幅。長可二尺許。初五日。亦如之。

一、初五日。臣等出來時。汝乙古言於馬臣曰。欲將熊皮、鹿皮、實於滿浦。買牛畊田。你可言
於王子。說與軍官。馬臣入告于奴酋。奴酋曰。朝鮮不許上京之前。你等決不可經往滿浦買
賣云。

建州紀程圖記

建州紀程圖記

○此條凡一百八字。研經齋全集作寳腕

一六八

一。十二月二十八日。到奴酋城外。合抱之木。長可十餘尺。駕牛輸入者。絡繹於道。乃外城外設柵之木云。正月初五日。回還時見之。則運入之數。倍於前日。役軍則三四日程內部落。

任一戶。計其男丁之數。分番赴役。每名輸十條云。

佟交清哈——子托時

女童好羅厚。子忽哈。

女童親自哈。

子毛兒哈赤。壬戌生。子二皆幼。

子奴兒哈赤。己未生。子夕含庚辰生。妻三。其下五子。二女皆幼。

子小兒哈赤。甲子生。子培來。癸未生。妻二。其下三子皆幻。長女則今

女童甫下下。

正月十五日。童時羅破。將作婿云。

一。奴兒哈赤。小兒哈赤同母。毛兒哈赤異母云。

一。奴酋不肥不瘦。軀幹壯健。鼻直而大。面鐵而長。

一。頭戴貂皮。上防耳掩。防上釘象毛。如拳許。又以銀造蓮花臺。臺上作人形。亦飾于象毛前。

一。身穿五綵龍文天益。上長至膝。下長至足。背裁剪貂皮。以爲緣飾。諸將亦有穿龍文衣。緣

一。諸將所戴。亦一樣矣。

一。飾則或以貂。或以豹。或以水獺。或以山鼠皮。

18

○鞋、實錄作靴。

○餘下、實錄有名字、下亦
○○相向於地方二字、實錄作于
○○則烟遊字、實錄作烟遆番
○○○長字、實錄作遆番
○○○如許向路、實錄作適番
○○○北向如許路、實錄作北距
○○○○西向遼東路、實錄作西距
○○○○遼東向路、實錄作西距
○○○○○向字、實錄作脫
○○○○向字、實錄作脫
股遼字以下至別凡六字、實錄

建州紀程圖記

一。護項以貂皮八九令造作。

一。腰繫銀入絲金帶。佩帨巾・刀子・礪石・獐角・一條等物。

一。足執鹿皮兀剌鞋。或黃色。或黑色。

一。胡俗皆剃髮。只留腦後少許。上下二條。辮結以垂。口髭亦留左右十餘莖。餘皆鑷去。

一。奴酋除拜都督十年。龍虎將軍三年云。

一。奴酋出入。別無執器械軍牢等引路。只諸將或二或四作雙。奴酋騎則騎。步則步而前導。餘

一。皆或先或後而行。

一。小酋體胖壯大、面白而方、耳穿銀環。服色與其兄一樣矣。

一。奴酋自其家。南向大吉號里路一日程。北向如許路一日程。西向遼東路一日程。

一。設十堡。將則以酋長之在城中者定送。滿一年相遆。軍則以各堡附近部落調送。十日相遆云。

一。奴酋除遼東地方近處。其餘北東南三四日程內各部落酋長。聚居於城中。勤兵時。則傳箭於

一。諸酋。各領其兵。軍器・軍粮使之自備。兵之多寡。則奴酋定數云。

一。奴酋諸將一百五十餘。小酋諸將四十餘。皆以各部酋長爲之。而率居於城中。

一。烟臺軍人。井家口二戶入接。滿一年相遆。粮餉則計其人數。每朔奴酋備送云。

一。烟臺報變時。不用烟火。只擊木梆。以隣臺相准爲限。相准則輒走避匿。恐被賊害也云。

一。一路逢一胡。載其家藏雜物於所乙外발이。井率家屬而去。問之。則靉陽烟臺候望事前去云。

一六九

19

建州紀程圖記

一七○

○○○○○○○○○○○
纓賜二字、實錄脫
顏實錄作顰
今候、實錄作為
前候二字、實錄作進
奴酋、實錄脫
古介二字、實錄作耕
下今字、實錄作處
今字、實錄脫上年
今年、實錄作上年
家字、實錄作城中

○收、實錄作得

○以下至外凡四字、
　實錄脫

○災、實錄作灾

○犬猫二字、實錄作連絡

○○絡繹、實錄作連絡
也字、實錄脫

○○行毀撤、實錄作欲撤毀
致字、實錄脫

顏有怨苦之狀。

一、粮餉。奴酋於各處部落例置屯田。使其部酋長。掌治畊穫。因置其部。而臨時取用。不於城中積置云。

一、奴酋於大吉號里越邊朴達古介北邊。自今年。欲置屯田云。

一、大吉號里越邊忍川。童阿下農幕。而自今年。永爲荒棄云。問其由。則曰。道路遼遠故也。

一、阿下今在奴酋家。

一、田地品膏。則粟一斗落種。可穫八九石。瘠則僅收一石云。

一、秋收後。不即輸入。堆置於田頭。至氷凍後。以所乙外輸入云。

一、胡人皆逐水而居。故胡家多於川邊。少於山谷。

一、胡家於屋上及四面。并以粘泥厚塗。故雖有火災。只燒蓋草而已。

一、胡人持弓矢。甲冑。糗糧。去去來來。絡繹於道。乃是出入番也云。

一、家家皆畜鷄猪。鵞鴨。羔羊。犬猫之屬。

一、奴酋不用刑杖。有罪者。只以鳴鏑箭。脫其衣。而射其背。隨其罪之輕重。而多少之。亦有打腮之罰云。

一、淸河堡將備酒肉。以人夫六七名。十二月二十八日。領送于奴酋。乃歲遺云。

一、撫順唐通事。來到奴酋家。問其來故。則曰。淸河堡新設烟臺。奴酋自行毀撤。遼東官拿致

20

其次將康古里。棍打二十還送。後慮奴酋嗔怒。將銀子五百兩。慰解其心。令俺先告此意云。

○ 唐通事云。奴酋每請鉄筒於遼東。而不許云。

一○ 上年南道生變時。古未介酋長金歪斗。領兵入寇云。歪斗父周昌哈。向化於我國。賜姓名金秋曾。兼司僕。在京時壯八九年。托以其父歸見事。還其故土。仍不出來云。自奴酋家。去古未介六日程云。

一○ 胡人等言。在前則胡人之凡有出入者。必佩持弓箭。以避相侵害搶掠之患。自王子管束之後。遠近行走。只持馬鞭。王子威德。無所擬議。或云。前則一任自意行止。亦且田獵資生。个則既束行止。又納所獵。雖畏彼不言。中心豈無怨忿云。

一○ 奴酋聚兵三千。合氷即時。一運由末乙去嶺出高山里。一運由列於嶺出裌軒洞。以復渭原之讐。因遼東官及余相公之宣諭罷兵云。

一○ 渭原探蔘胡人等。奴酋乃令其各部落。刷出每名或牛一隻。或銀十八兩徵收。以贖其私自越江之罪。其中貧不能措備銀與牛者。則幷家口拿去使喚云。

一○ 臣留在親自哈家時。有胡人四五來到。令通事。佯睡就臥。而竊聽之。一胡問于親自哈曰。今此軍官。何幹而來。答曰。爲兩國如一國。兩家如一家而來。且將文書。來告其國治渭原管兵官之罪。此後各守封疆。無相侵犯之意。一胡曰。朝鮮多詐。安知解氷前。姑爲信使之往來。以緩吾師乎。且朝鮮人。刈草伐木。田獵於我國地方。我國人所獲者。亦

一七一

21

建州紀程圖記

一七二

○耶、箕錄作也。

○奴以下至下凡二十一字、箕錄脫

○○當字、箕錄作苟

○字、箕錄脫途

○道字、箕錄作留

○○○朝字、箕錄有以字

○○率去三字、箕錄脫

○乎、箕錄作耶

○江、箕錄作海

○德、箕錄作惠

○○願、箕錄作留

○來、箕錄作行

○遠字、箕錄脫

○則字、箕錄作云

○賫、箕錄作云

皆搶奪而去。渠等所為若此。而何禁我們。使不得採蔘耶云。

溫火衛都酋長寬求里之孫甫下下。

一。溫火衛都酋長寬求里之孫甫下下。奴酋妹夫也。奴酋聞遼東及蒙古聚兵之奇。使甫下下。

領兵千餘。一同守城。今則罷去云。甫下下守城時。所領坡山、時番、少可、厚地、所榴。

應古等六部落。皆屬溫火衛云。

一。溫火衛馬老部落酋長竈打夫領兵。與甫下下。往在奴酋城。留七朔。今始罷歸云。

馬臣將上京之奇。問於臣。臣答曰。我國恪守天朝法令。此等事必須奏聞天朝。天朝若許之

則行。不許則不可行。馬臣曰。事當如是。若得上京。則道路何如。臣答以路遠且險。馬臣

曰。揚大朝亦言其帝阻云。楊大朝。余相公率去夜不收與河世國往來虜中者也。

一。馬臣曰。你國沿江地面。曾設降倭云。然乎。臣曰然。馬臣曰。其數幾何。臣答曰。約五六千。

馬臣曰。緣何留置沿江地面。臣答曰。倭奴慕義來降。我國皆給與衣食。俾得安挿。渠輩感

恩懷德。願住邊上。為國禦侮。我國嘉其誠款。分置沿江諸郡矣。馬臣曰。倭子等狀貌壯大

云。然耶。臣曰。形體甚小。能潛行草間。放丸必中。馬臣曰。雖遠且小。能中否。臣曰。

倭銃能中飛鳥。故曰鳥銃。馬臣出鐵盔以示曰。能透得這盔否。臣曰。鳥銃放丸。能穿兩重

真木防牌範以薄鐵者透過。此盔何足道哉。馬臣則曰。豈至於此乎。諸胡之立於左右者。皆

相顧愕然。

一。小酋言。日後凡余使。若有送禮。則不可高下於我兄弟云。

○此、條、實錄置之最末錄

○○皆、實錄作亦

○色下、實錄有夋字

○○西自、實錄作自西

遊下、實錄有部落二字

○○○下、實錄有衞字

○至、實錄作止

○○○畊、實錄作耕

○○日、實錄作果

穢字、實錄脫

程字、實錄脫

○餘字、實錄脫

○奴酋家、實錄作老酋城

○○○二字、實錄脫

去、實錄作距下同

○○晚上、實錄有次將二字

麤上、實錄作馬

○○迎、實錄作匝

太字、實錄脫

建州紀程圖記

一○前曰馬臣、佟羊才。渭浦所受賞物。盡爲奴酋兄弟所奪。渠輩皆有不平之色。

一○建州衞。西自遼東界。東至蔓遮。以我國地方准計。則西自昌城。東至高山里。左衞也老江

上。右衞海西地界云。

一○溫火衞。西自梨坡部落。東至古未介部落云。

一○毛憐衞。咸鏡北道越邊云。

一○蒙古。車上造家。以毳爲幕。飢則食膻肉。渴則飲酪漿云。

一○蒙古。於春畊時。多紮人馬於平野。累日使之踐踏蕘穢。後播泰稷粟菽秫諸種。又使人馬踐

踏。至耘治收穫時。令軍人齊力云。

一○蒙古皆着毛皮衣。

一○毛憐衞酋胡老佟。以戰馬七十餘匹。獐皮百餘令爲禮。十二月初生。投降云。

一○馬臣言。衞凡三十。而投屬者。二十餘衞云。

一○自奴酋家。至蒙古王剌八以所在處。東北去一月程。晚者部落十二日程。沙割者。忽可。

果乙者。尼麻車。諸㺚時五部落北去十五日程。皆以今年投屬云。剌溫東北去二十日程。兀

剌北去十八日程。白頭山東去十日程云。

一○如許酋長夫者。羅里兄弟。患奴酋强盛。請蒙古剌八。兀剌酋長夫者太等兵。癸巳九月。來

侵。奴酋率兵。迎戰於虛諸部落。如許兵大敗。夫者戰死。羅里逃遷。夫者太投降。所獲人

一七三

建州紀程圖記　　　　　　　　　　　　　　　　　一七四

○卒胡百十餘名、實錄作率
　胡百餘人、

○衣下、實錄作正、下同

○自奴酋家北距虜諸三息
　凡十一字、實錄脫、又有

○西字、實錄作正

○夫字、實錄脫

○此條、實錄匧之次條之下
　人、實錄作胡人

○年字、實錄脫

○許字、實錄有等字

○兵字、實錄脫

　子字、實錄作里字

○沙下、實錄有里字

　名丁、實錄作人子字

○여연二字、實錄脫

○運、實錄作來

○家、實錄作城

○亦、實錄作六

○過、實錄作過

○著、實錄作然

○윷下、實錄有一前日馬匹

齊・甲冑。不可勝計。奴酋選所獲蒙古人二十。被錦衣。騎戰馬。使邊其巢穴。二十八歸言
奴酋威德。故刺八令次將晩者等二十餘名・卒胡酉十餘名。持戰馬百匹・裘貂十頭來獻。馬
六十匹。騏六頭與奴酋。卒朝酉十餘名。

一、夫者太投降後。其兄晩太。以馬百匹。欲贖其弟。而奴酋不許。晩太以此。亦爲投屬云。夫
　者太來在奴酋城中。第三年。其家屬上下幷二十餘口。十二月望前。始爲率來云。

一、如許人。多着白氎衣。

一、自癸巳年。如許兵大敗後。遠近諸部。相繼投降云。

一、諸胡中。蒙古・如許。兀剌等兵最强云。

一、十二月二十九日。小酋家有一小兒。自言甘坡人。正月初四日。女人福只。自言以臨海君婢
　子。壬辰年。在鏡城時。與班奴朴其土里被擄。轉賣來此云。初六日。止宿于童愁沙部落時。
　見一男丁。自言吾村甲朴彦守。壬辰年八月。胡人三十餘名。不意突入。與裴守難・河德
　仁・崔莫孫等。一時被擄。踰白頭山西麓。三日半。到臥乙可部落。不十日。轉賣於汝延너
　牙叱大家。前年冬。又來于奴酋城內童昭史家。以穀物載運事來此云。自臥乙可。至汝延
　八日程。其聞幷無人家。自汝延。至奴酋家。亦八日程云。臣遇此三人。皆欲細詢虜情其所
　聞見者。而問答之際。恐生胡人疑慮之心。只令下人盤問。而臣則似若不聞者然。胡人等亦
　呌還。那人使不得久留矣。

24

倅羊才滿浦所受賞物盡爲
奴酋兄弟所奪娎羅亦有不
平之色矣、凡三十一字、不
見上

建州紀程圖記

歲乙未秋九月。遼東鎭守官。走驛書言。奴酋。聚人馬浩大。候氷合渡江。驀突我西
疆。廷臣上言。此不可以爲信。急之。亦不可以爲不信。緩之。其備之之策。則自當
圖之矣。須遣有智有才。能斋事揽者一人。往奴酋所。察虛實以來。上可之。吾族子申
忠一。字恕菴。實膺其選。及其還也。圖其山川。道里。城柵。屏廬于前。錄其士馬。
耕農。問答。事爲于後。爲二通。其一上進。其一自藏。一日。袖其自藏者。來示余。
屬余題其末。余披而閱之。仍記其未徃也。吾見之李學士好問家。往萬里胡地。其逆順
未可知。而憂愁畏懼之意。無一毫形於言酊。非識人臣之義。有徇國之志者。能若是乎。
於吾心固已奇之。今親是圖與是錄。則虜中山川之險易也。道里之遠近也。城柵之寬窄
也。屋廬之多少也。及夫士馬之衆寡也。耕農之稀密也。問答之信詐也。事爲之巧拙也。
昭昭乎白黑分矣。不出楡關三五步。而虜在吾目中矣。信乎其奇者。自古詑
胡者。不惑其虛張猛勢。以爲難。則必信其詐。見鼠形。以爲易。此漢使所以誤高皇也。
王倫所以惘高宗也。今恕菴。只圖其所見耳所聞之實情。
而不言其難。爲之難。不言其易。爲之驕。不言其必來必不來。自以爲得其要領。嗚呼
其自謂能得敵人要領者。鮮不禍人國家。今恕菴。以年少武士。當國家多事之日。其處
事詳愼若此。丞相必自多知人。聖主必喜得幹臣。則他日所就之奇。其可量乎。老夫豫
賀之。時萬曆廿四年丙申四月燈夕後三日。西坰申熟仁仲題

一七五

건주기정도기
建州紀程圖記

『진단학보』 10, 진단학회, 1939.6., 국립중앙도서관 소장.

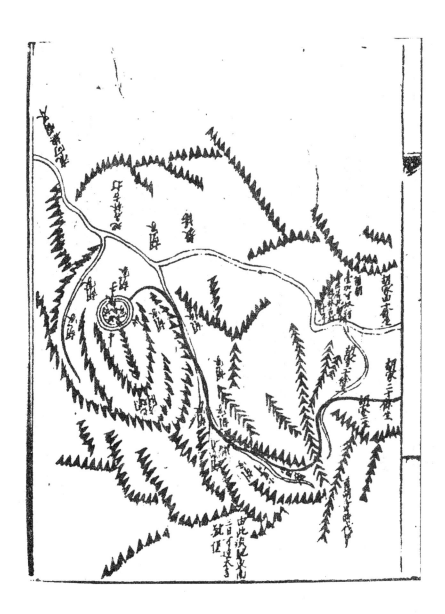

35

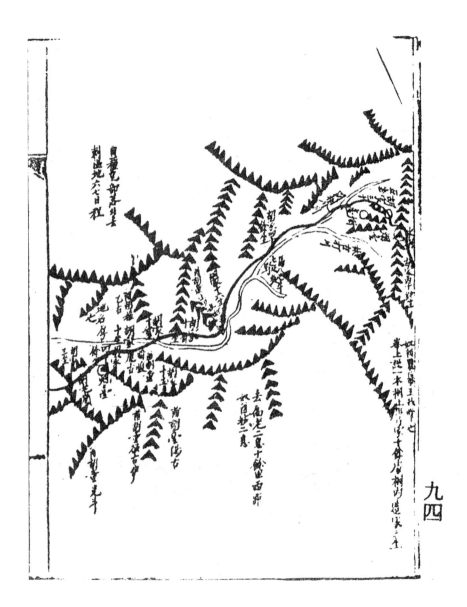

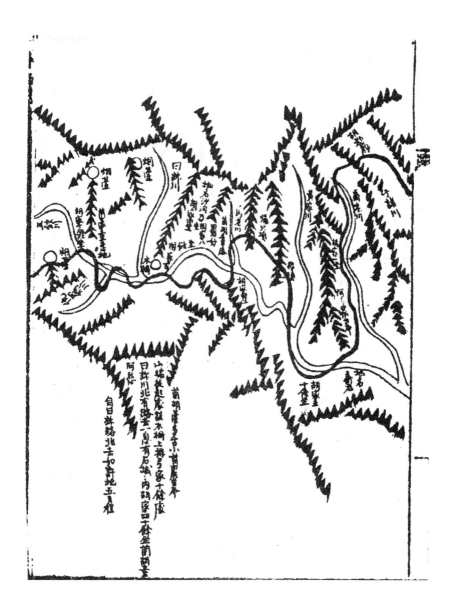

33

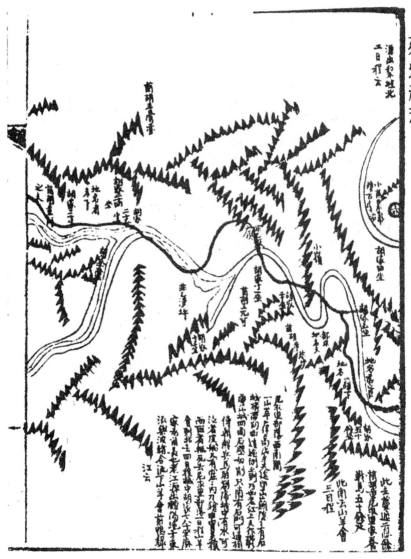

32

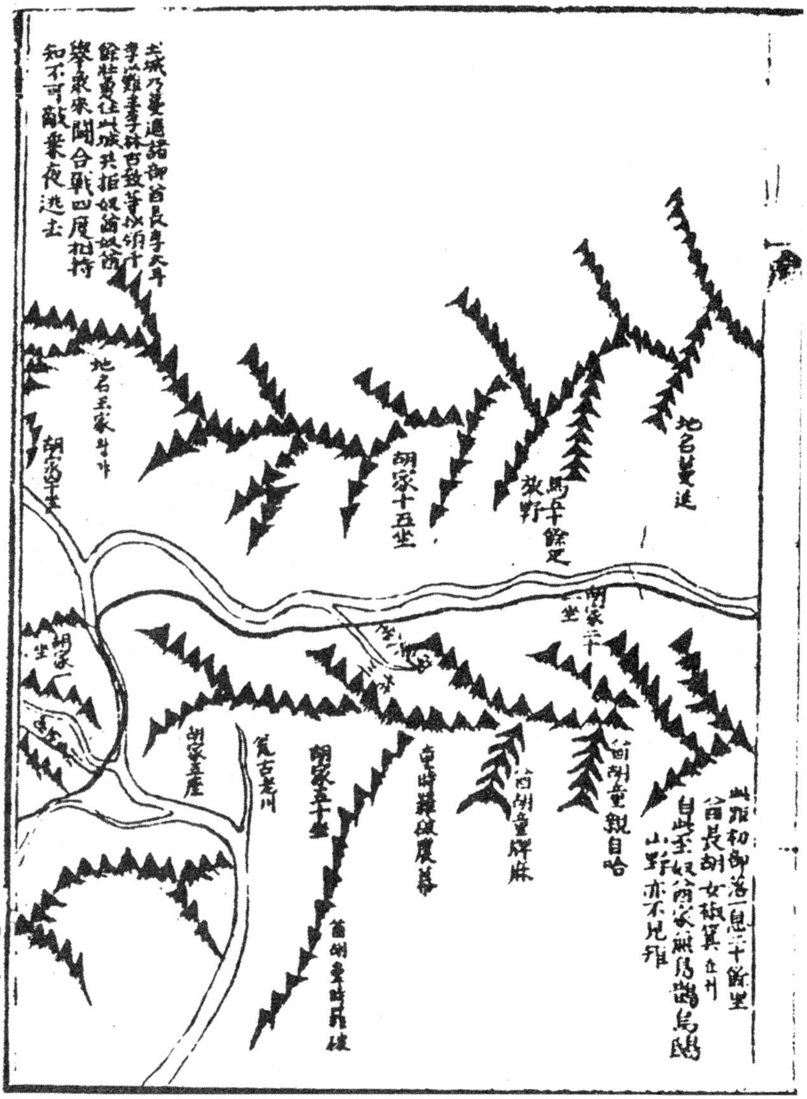

九三

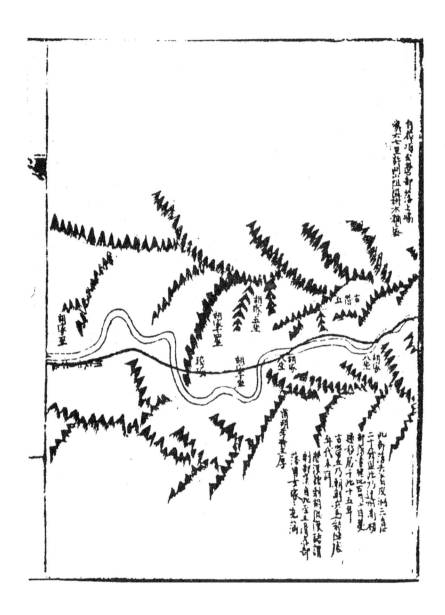

30

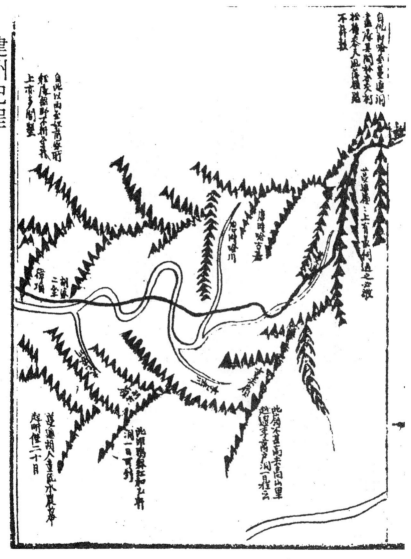

29

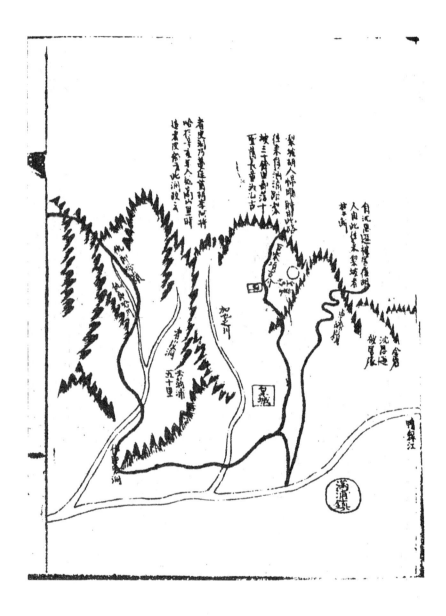

28

諸蒙古如許冗剌等兵最強如許人多着白氊衣

小前家有一小兒自言甘坡人又有女人福只者自

言臨海君岬子壬辰在鏡城與班奴朴其土里被擄

轉賣來此云正月初六日忠一止宿臺樓沙部落見

一男子目言吾村甲士朴應守壬辰八月遇胡人三

十餘與襄守難河德仁崔莫孫等一時被擄輸白頭

山西麓三日而至卧乙可部落不一月轉賣於汝延

牙吡大家去年冬又來于奴前城內臺昭史家為輸

穀物至此自卧乙可至汝延行可八日其間並無人

家自汝延至奴前家亦八日語未幾胡人叫還

己九月來侵奴酋迎戰於虛諸部落大破如許兵夫
酋也奈戰宛羅里逃遯夫者太投降所獲人盔甲胄
不可勝計奴酋選所獲蒙古人二十被錦衣騎戰馬
使還其巢二十人歸言奴酋恩德剌八今次將晚者
等二十餘人從卒胡百十餘人以戰馬六十疋橐駞
六頭與奴酋戰馬四十疋橐駞四頭與小酋其將領
等守堠待給與錦衣自是遠近諸部相繼投降
夫者太投降其兄晚太以馬百疋欲贖其第奴酋不
許晚太亦投屬夫者太在奴酋城中已三年其家屬
二十餘口以十二月始寧來

毛憐衛首胡老佟以戰馬七十餘疋撒皮百餘今為

禮十二月初投降馬匹言衛凡三十投屬者二十餘

衛云

自奴酋家距蒙古王剌八州所居東北行可一月晚

者部落行可十二日沙剌者忽可果乙者尼麻車謂

順時五部落可北去可十五日皆於今年投屬剌溫東

北去二十日元剌北去十八日白頭山東去十日而

至

如許葉林苗長夫者哈齊羅里也細林兄爭惡奴苗孫

戲請蒙古剌八元剌首長夫者太衧占巴等部兵以發

建州紀程

爭也前日滿浦所給馬匹俗羊才賞物盡為奴首兄

爭所奈馬匹等皆有不平之色

建州衛西自遼東界東至蔓遮準以我國地方西自

昌城東至高山里五衛也老江上石衛海西地界溫

火衛西自梨坡部落東至古未分部落毛憐衛在咸

鏡北道隔江相望

蒙古皆着皮衣車上造家以毳為幕飢食膻肉渴飲

酪漿春咘時多聚人馬於平野累日蹂躪而糞之撒

黍稷蜀秫諸種又放人馬踐之以至耘治收穫亦令

軍人齊力

24

相公所率去皆不叛與河世國往來虜中者也

馬臣曰你國沿江地而留置降倭云然吾忠一荅曰

然馬臣曰汝何日約五六千馬臣曰緣何留置荅曰

倭奴慕義來降我國皆給與衣食俾得安揷伊等感

懷恩德願住還上爲國家禦侮我國家嘉其誠分置

沿江諸郡山臣曰倭子狀貌壯大否曰甚少能潛行

艸間放丸䏻中飛鳥放曰鳥銃馬臣出示鐵盔曰䏻

透得此盔否曰能穿兩重真木防牌籠以薄鐵者於

此盔乎何有馬臣顧左右而皆愕然

小酋送言他日你俞使若有送禮不可高下於吾兄

九一

23

師乎且朝鮮人刈草伐木縱獵於我國地方化我人
所獲皆擄奪而去反禁我使不得採蔘何也
溫火衛都指揮長臺姜求愚之孫南下下奴酋妹夫也
奴酋開遷東及蒙古聚兵使市下下領兵千餘同守
城今已罷去市下下守城時所領坡山時當小乙可
厚地所樞應古芽六部落皆屬溫火衛
馬臣將上京事問忠一荅曰我國恔守　天朝法令
此等事必須奏聞　天朝天朝若許之則行不許則
不可行馬臣曰事當如是若得上京道路何如荅曰
路遠且險馬臣曰楊天朝亦言其脩阻云楊大朝余

建州紀程

出高山里一隊由列於嶺出塹軒洞以復渭原之饑

因運東官及余相公軍諭罷兵

以荀令各都剌出渭原採蔘人丁每人徵牛一頭或

銀十八兩以贖其私自犯越罪貧不能當者並拿家

口以備使喚

忠一留親自哈宿時有胡人四五來到忠一令通事

等詳睡卧而竊聽之一胡問親自哈曰彼軍官田何

幹來答曰為兩國如一國兩家如一家而來且將文

書來告其國治渭原筐兵官此後各守封疆無相侵

犯一胡曰朝鮮多詐安知氷解前始為通信以緩吾

21

又言奴酋每請銃筒於遼東而不許云

前年慶生南道時右末介酋長金歪斗領兵入寇春

尋父肉昌哈向化於我國賜姓名金秋若東同僕仕

於京者八九年托以歸見父還其部落不後來朝云

自奴酋家去百末介可六日許

胡人言從前胡人兀有往來必佩弓矢以避倭膚擔

掠自王子管束只持馬鞭王子威德無所擬議或云

前則任自田獵今號管束行止必有田獵必納王子

雖畏彼不言中心豈無怨惡

胡人相言奴酋聚兵三千待氷合時一隊由車去頡

少栢山谷凡製屋屋極及四傍并以粘泥厚塗故牢

有火災只燒蓋草家皆畜鵝猪鵞鴨羊犬猫之屬

其有罪者不用刑狀脫其衣以鳴鏑射背隨罪輕重

而多少之亦有打腮之罰云路見胡人持弓矢甲冑

糗粮去來相續於道乃是遮邏者而都是殘芳

清河堡將備酒肉餉六七人以十二月二十八日蕐

送奴酋乃歲饋云

撫順通事抵奴酋忠一問其故曰清河堡新設烟臺

奴酋自行毀撤遠東官拿致其次將康古里棍打二

十復慮奴酋嗔怪將銀子五百兩慰解之今俺先告

如許路亦一日西設十堡去遠來可一日許奴酋選

親信諸胡往戍之交一年而遞

奴酋領各部酋長一百五十餘小酋領各部酋長四

丁餘諸酋長皆居城中凡有調發定卒伍多寡得籌

於諸酋長諸酋長各領其部落具器糧以待催遞來

傍近虜不調姻臺軍並家口以虜滿一年而代之每

朔計其口給糧餉凡報農時只擊木柵以隣臺相準

為限既準報走遠恐視賊客故也

田土旣則種粟一斗收八九石瘠則收一石栽穀慨

埋田畔冰後輸入部落皆逐水而居胡家多於川邊

毛目穿五綠龍文帖裏上長至膝下長至足貂皮飾

其緣腰帶銀飾金帶佩帨刀礪石抻角一条等件足

穿鹿皮兀剌鞋或黃或黑諸將亦有龍紋衣餙緣或

以貂或以鈚或以水獺或以山鼠皮俗皆剃髮只留

腦後少許上下二條辮垂髮亦留左右十餘莖餘皆

鎮去奴酋出八只諸將或二戓四雙引之奴酋騎則

騎步則步奴酋除枑都督者十年辣龍虎將軍者三

年云

小酋體胖壯大面白而方耳穿銀環服色與其兄同

奴酋家而設一堡去大吉號里可一日北散一堡去

17

建州紀程

駕牛輸入餉續云

佟交淸哈子托時托長女嫁童好羅孛有子忩哈

次子即奴兒哈赤生乙未有妻三人頂辰生子万舍

又有五子二女皆幼第二子毛兒哈赤止壬戌子二

皆幼次女嫁童親自哈生一子而衰其妻茅三子小

兒哈赤壬甲子有妻二人癸未止子培來又有三子

昨初長女以今正月十五日與童時羅破作婿奴兒

哈赤小兒哈赤軀幹壯健雙直而大鐵面甚長頭戴貂帽

奴兒哈赤同世毛兒哈赤異母云

釘象毛如拳許又銀製蓮花臺臺上作人形以餙象

你差過事咨滿堡城到我家來若有你的人萧求送

去我酌遼子到你地方你送還與我兩家為律在無

万情後日　天朝官害我你省我方便垚言旦與

天朝通知我有删報星夜力寺　天朝二國明文及

日四報領至壺者萬曆二十四年正月初五日稟臨

達州左衛之印

忠一路見胡百餘嬌各具兵器裝糧數千过旗出北

門乃烟臺及防備諸盧摘奸事也旗用青黄赤白黒

各縣二幅長可三尺奴酋將設柵謝修近郎落毎一

戶訴其丁迷採城外合抱木毎一名翰十株方中式

則你等本可徃滿蒲賣買云臺恕哈遊忠一至家

散的以錢酒敢巡忠一以日既而眠奴萠四帖云女

直國建州衛管寨夷人之主佟奴兒咎赤寨為夷婦

事蒙你 朝鮮國我女直國二國徃來行走管好我

們二國無有助兵之禮我屢次管好保守 天朝九

百五十於里邊疆有遼東邊官只要吾我述如陛賞

有你朝鮮國的人一十七名我用價將買送去蒙

國王寒賞我得知我們二國若不保心有你臨城堡

對只地方著我的逹子住着者何你的邊疆若有你

的高麗地方往高不見了與我逹子說知求好送逯

14

建州紀程

冒曉賊胡如何荅曰我國東北而與胡密邇只隔一

江飛常徃來歸順者往往竊發屢興遮警西北而觀

胡部隔遠殿百里越境作賊者無多都督亦必詳悉

馬臣曰然荅曰既知如此何胡設鎮曰王子今方統

率諸胡號令進退寧有違越者忠一曰前年金廷丹

作賊南道當都督管束初亦如是他日事可知設鎮

徃作啟釁之端必有悔也王乃曰設鎮事具悉㕜帖

你其歸告僉使立等回話遂同出城按乙古言于馬

臣曰欽將熟皮鹿皮賣蒲浦買牛耕田你可言于王

子說與軍官馬臣入告奴酋奴酋曰朝鮮不許上京

13

書往復有何勾幹領此兩都督重禮分貺家丁无所

不安情願還呈正乃佟羊才囬告兩酋前言前日馬

匠等歸自蒲浦領受物甚厚今軍官所言若是馬匠

等得無愧乎下人所給无不足貴只表行賂言未已

一胡野馬匠甚惠有頃囬言王子云利還之報不要

他物只要除職若朝鮮除職則賞之以一足之布猶

可受也如不蒙除職雖賞以金帛不願受也忠一荅

曰當歸告僉使忠一案其意欲以與上國及我國結

好之意誇示羣胡威服諸部也又曰毛隣衛胡人屢

化貴國地方我國設一鎭於患山堡相睨壁虐心過

12

等近當來防此處多之日審能飛否荅曰兩手能提

八十餘斤長劒馳馬上下絶壁或出八小戶無所碍

或躍過大川或超上樹梢徃來如平地一任間徃還

數百餘里多之曰能躍過幾許荅曰如婆猪江可

以一躍而過多之顧左右而吐舌

初五日歪乃持毌帖及黑緞圓領三件貂皮六令藍

布四疋綿布四疋與忠一及世弘世國衣各一件貂

皮與忠一世弘各三令布分與姜宇及忠一奴春起

小葍亦送黑緞圓領三件黑靴三件與忠一世弘世

國各一忠一言于佟羊才曰我以滿浦單官只將文

11

國多饋酒食且給米鹽頓以生活者甚衆由是觀之

我國豈有意勦殺耶特你等冒禁犯境自乾誅殺也

多之曰信甫所言謂原管兵官緣何革職治罪乎荅

曰遷上管兵官不謹瞭望致令你輩關入所以革職

若早戒嚴使你們不得越境則我民與你等豈至所

狄佟羊才曰你國宴享時何無一人身穿錦衣者荅

曰民章所以辨貴賤我國軍民不敢着錦衣豈如你

國上下同服乎多之曰你國有飛將軍二人云然否

荅曰非止二人在南邊者極多而来此者只二人一

爲碧潼郡守一爲寧遠郡守南邊倭已盡驅逐𪙧將

八八

示軍威當以悍兵精卒強弓利鏃大張聲勢羊才而
見只是在庭供給人興禁喧軍卒也多之曰我王子
欲興甫國結為一家你國被擄人辱價轉買多毀刷
還我王子毋貪你國多殺我採蔘人採蔘是何
等挽吾而殺傷至此也忠一答曰國法凡胡人無故
潛入我境者以賊胡論況你國人乘夜閧入搶奪牛
馬劫殺人民山谷間愚氓蒼黃自相斬殺理所必然
非為採蔘故也凡我國待夷之道誠心納欵者撫恤
懷柔冒禁犯境者不饒命徃在我子年中你國地方
飢饉餓莩相望你類之歸順待哺者曰以數十計我

9

蒙古新降將夫者太起舞奴酋下椅自彈琵瑟舞罷

優人八名進衛其技齟齬不精顧外擊金皷廳內彈

琵琶吹簫㭊柳箕餘皆環立拍手而歌諸將進杯於

奴酋腕耳掩舞時亦然唯小酋不腕

及其兄遠甚伊日乃　國忌而忠一要探虜情而往

初二日小酋遣馬三正迸忠一騎往索寨凡需用不

不食肉小酋慇懃沓日山親忌日

初三日首胡臺好羅厚臺己自哈女酋椒箕邀忠一

設宴奴酋所教也臺好羅厚將贐一日者示忠一日

此乃山羊會傷近獵者山羊會越邊朴時川多產貂

二十九日小西飛與忠一相見令佟羊才設小酌以慰

之

丙申正月初一日巳時奴酋遣馬臣傳言曰緣自今

兩國如一國兩家如一家永結歡好世〻無替云盡

如我國德談也仍請忠一與宴忠一與世弘國往

焉奴酋門族及其兄爭姻親與上國通事在東壁下

蒙古沙割者恕可果乙者厄麻申諸愆時判温兀判

各部在北壁下忠一世國世弘及奴酋女族在西壁

下奴酋及諸將妻皆五於南壁炕下奴酋兄弟於東

南隅地上設咨椅子而坐諸將俱五奴酋後酒數巡

行禮罷設小酌畧忠一病客館忠一爲探廣情托疾

病乞處溫室遂館于外城內臺親荀客家馬臣囑親

自畧日馬草在外遲未輸今日你可辦備忠一以所

費銅鍋二口匙二十枚箸二十雙紙束鼈魚之屬遺

馬臣給奴苗曰俺慮途中或有鈇之嶮此等物今無

所用奉獻于都督兄弟奴苗並感謝頻送酒肉

及馬草問有鈇之馬臣佟羊才朝夕來問歪乃或問

日未問馬臣名時下佟羊才名蘇原上年因會余相

公希元於滿浦改今名歪乃本土國人逃入胡掌文

書胡中無文唯此人粗解

建州紀程

朝夕不絕胡人設柵如我國垣籬而多不堅周西北

去撫順二日西去清河一日西南去靉陽三日南去

新堡四日南去也老江三日自也老江南去鴨綠江

一日

二十八日未時忠一抵奴酋家直到木柵內客廳為

留俺羊才歪乃等傅奴酋言曰崎嶇遠路跋涉勞苦

厚意良感蓉曰我僉使以都督來送次將不可以過

事平隷草草報謝茲馳專价費送回帖一路所到別

無跟逵何勞苦之有遂出帖連與之少頃奴酋士中

門外請相見忠一五奴酋前世弘世國五五右善後

5

又壘石礙三尺而設樓通計城高可十餘尺內以
糊泥塗之無雉堞射臺隔臺壕子城下廣可四五尺
上廣可一二尺析木為門扇無鎖鑰閉時以木橫排
之上設樓覆夢內城制如外城無樓有雉堞隔臺城
門東南西設板屋而無覆以備堠望設稱上下城下
廣可七八尺上廣可一二尺內城中胡家百餘皆親
近族顆也外城中胡家三百餘皆諸將族黨也環外
城而居者也百餘皆宰胡也內城中入設木柵奴酋
居之皆晚只擊鼓三通無徹巡外城關內城不閉城
中井僅四五處限源不長羣胡伐氷于川搪曳以輸

4

永令冠我西疆朝廷遣武出身中忠一偵之忠一以
十一月二十二日待胡人鄉導從鄉通事羅世弘河
世國鎮奴姜守等午離滿浦鎮渡鴨綠江與中朝將
官余希先行二十八日而至奴酋家以所經山川道
里城柵歷歷慮錄之為二軸以其一進于　朝以其一
藏之家靖闆國方略云丙申春明遣官一員同朝鮮
官二員從者二百人來太祖令我軍孟甲觀兵于外
遇于妙洪科地迎入城優禮答送之者是也
奴酋家在北而南向小酋家在南而北向外城周可
十里內城周可馳馬再旋外城壘石段三八上設樓

建州紀程

萬曆乙未秋九月遼東都司走驛言奴酋聚人馬候

【영인】

건주기정
建州紀程

成海應, 《研經齋全集·外集》 권50.

守雖嚴其勢危矣今日以江原道防禦為不至於緊急者其料

敵之計誤矣其監司不可輕視兩措置等事亦當十分嚴密山

意商議或指授於監司各別規畫施行言于備邊司○南部主

簿申忠一書啓臣於上年十二月十五日到江界適值府使

濂出在懷遠館招兩胡鎮以酒食各給米布後臣與鄉通事羅

十日發行二十一日到滿浦鎮以待鄉道胡人之來是日向暮

回十七日還官逐與相會問邊上虜情之可問者備辨籃縷二

許項以防備撿勅事出在其境內亦屬鎮堡仍留本府以待其

梨坡酋胡童女乙古童愯應古等出來二十二日朝前僉使柳

世弘河世國鎮奴酋家奴姜守及臣奴春起等並騎牛離滿浦米渡

鴨綠江前向奴酋家在小酋家北南向造排小酋家在奴酋

事載錄于圖一奴酋家在小酋家北南向造排小酋家在奴酋

家北向造排一外城周僅一里內城周二馬場許一外城先以

石築上數三尺又布綠木如是兩終高可十餘尺內外以粘泥

塗之無雉堞射臺隔臺壕子一外城門以木板為之又無鎖鑰

門闢後以木橫張如我國將軍木之制上設敵樓盖之以草內

城門與外城門同而無門樓一內城之築亦同外城有垣堞與

隔臺自東門過南門至西門城上設候望扳屋而無上盖設梯

上下一內城之內又設木栅栅內奴酋居之一外城中胡家繞

三百餘內城中胡家百餘外城底四面胡家四百餘一內城中

親近族類居之外城中諸將及族黨居之外城底居生者皆軍

人云一外城下底廣可四五尺上可二三尺內城下底廣可七

八尺上廣同一城中泉井僅四五處源流不長故城中之人伐

氷于川搖曳輸入朝夕不絶一昏曉只擊三通別無巡更坐更

之事外城門閉而內城不閉一胡人木栅如我國垣籬家家雖

設木栅堅固者每部落不過三四豪一城上不見防備諸員

一奴酋城西北距　上國撫順二日程西距淸河一日程西南

距靉陽三日程南距新堡四日程南距鴨綠江一日程西二十

八日未時行抵老酋家直到其木栅內所謂客廳馬臣佟羊才

歪乃等来見臣以奴酋言傳于臣曰崎嶇遠路跋涉勞苦厚意

良塵多謝不已因問文書来否臣荅曰我會使以都督委遣次
将不可以通事卒隷草草報謝兹專价賚送回帖一路所到
別無颣楚何勞苦之有遂出帖遞與以送小頃奴酋出中門外
請臣相見臣立於奴酋前羅世弘河世國立於臣左右差後行
相見禮罷設小酌使馬臣慰臣於客廳謂臣仍留宿於客廳
臣意以為若留在此凡百虜情無從得聞諗之曰身多疾病願
調温室逐館臣于外城内童親自哈家一臣等入城之夕馬臣
来言于親自哈曰馬料在外邊未及取来不得送去今日則价
可備呈云一臣以賚去盤纏銅爐口二匙二十枚箸二十雙紙
東魚物等言于馬臣曰俺慮途中或有缺乏之事將此等物賚
来令別無呀用欲奉于都督此意如何馬臣曰不妨事臣所令
馬臣送于奴酋兄弟奴酋兄弟皆受之而多謝云一奴酋兄弟
送馬臣佟羊才逐日朝夕来問如有缺乏事隨即探来云魚肉
與酒連絡送来至於馬料亦連送不絶歪乃或逐日或間日来
問一馬臣本名時下佟羊才本名蘇屎上年以余相公拑會事出

來滿浦時改此名云盃乃本上國人來于奴酋掌文書而文

理不通此外之人更無解文者且無學習者一二十九日小酋

兄弟請臣相見後令佟羊才設小酌以慰之一丙申正月初一

日巳時馬臣盃乃將奴酋言來請燕宴臣與羅世弘河世國往

燕奴酋門族及其兄爭姻親與唐通事在東壁蒙古沙割者怱

可果乙者尼麻車諸遑時在北壁臣等及奴酋女族在西壁奴

酋兄爭妻及諸將妻皆立於南壁炕下奴酋後酒數巡元剌部

地上向西北坐黑添倚子諸將俱立於奴酋便下倚子自彈琵琶聳動其身舞

落新降將夫者太起舞奴酋便下倚子自彈琵琶聳動其身舞

罷優人八名各呈其才甚生疎一是日未宴前相見之時奴

酋令馬臣傳言曰繼自今兩國如一國兩家如一家水結歡妗

世世無替云蓋如我國之德談也一宴時廳外吹打廳內彈琵

琵吹洞簫紕柳餘皆環立拘手唱曲以助酒與一諸將進盞於

奴酋時皆脫耳擡舞時亦脫惟小酋不脫一初二日小酋送馬

三匹來請臣等臣等騎往燕宴凡百器具不如其兄遠矣是日

宣祖大王實錄卷之七十一

四十二

乃
國忌而欲殺色其慶事狀徃爲而不食肉小酋懇勸之臣
卷以已親忌日云一初三日酋胡童好羅厚童已自給女酋椒
箕請臣設宴奴酋呀教云一童好羅厚將宴罷帶瞎一目者來
示曰此人乃田獵於山羊會近慶者山羊會越邊朴時川即捉得
驚之慶而价國人必窺偷去不可禁止耶臣荅曰其時某慶
人偷去其人狀貌如何我國法令甚嚴誰敢越境以偷价等之
物乎萬無是理云則好羅厚曰近前無偷去者如或有之另加禁
止云一初四日小酋送羊才請臣曰軍官不但爲兄而來我
亦當接待遂館臣於其將多之家乃小酋四寸兄也因設
酌入夜而罷一多之問我國人勇弱與否於佟羊才曰
濊浦宴享時列立軍數弱有三四百背貪矢服前抱弓帒箭則
弱落而無鏃弓則前拆而後裂只爲他國笑資如此等輩不用
弓箭只將一尺釖可斫四五百但恨臂力有限兩人相與大噉
臣曰我愈使若欲誇視軍威當以悍兵精卒強弓利鏃大張聲
勢羊才呀見者不是軍兵是只在庭供給之人與禁喧軍牢也

5

一多之曰我王子與你國將欲結為一家故你國被擄人厚加
轉買多數刷還我王子無貳於你國則多殺我採蔘人
採蔘是何擾害而殺傷至此也情義甚薄深嗣怨憾臣荅曰我
國之法凡胡人無故潛入我境者論以賊胡況你國人夜間昏
黑闌入數百年曾所不來之地搶奪牛馬惱殺人民山谷間愚
氓蒼皇驚怕自相厮殺勢所必至非為一草之故凡我國待夷
之道誠心納款者則撫恤懷柔自餘冒犯禁境者則一切以賊
胡論必不饒貸徃在戊子年間你國地方饑饉餓殍相望你類
之歸順望哺於滿浦者日以數千計我國各饋酒食且給米塩
賴以生活者何限然則我國初非有意於勤殺你輩也特以你
輩冒犯越境自就誅戮也多之曰信你呀言渭源管兵緣何革
職治罪乎臣荅曰渭源管兵官被罪者非獨以勤殺你輩也邊
上管兵之官巡邏瞭望此其職也㒲不謹巡邏瞭望致令你輩
闌入我境人民牛畜多致殺掠罪在固赦所以革職治罪也若
於你們來到我境之時瞭望戒嚴使不得越境則我民與你等

宣祖大王實錄卷之七十二

四十三

6

俱無斬殺之患矣多之更無所言只他閒說話一倅羊才曰倅
國宴享時何無一人身穿錦衣者耶臣曰衣章耶以辨貴賤故
我國軍民不敢著錦衣豈如倅國上下同服者孛羊才無言一
多之問臣曰倅國有飛將二人云然耶今在那裏臣荅曰非止
二人在南邊者多而來此則二人一為碧潼郡守一為寧遠郡
守而南邊倭賊已盡驅逐故其飛將等近當來防于此慶矣多
之曰我聞能飛云欲聞其實臣曰兩手各提八十餘斤長釰馳
馬上下絕壁或出小戶略無呀礙或超過大川或徃來樹梢如
履平地或數日之程一夜間可以趍過矣多之顧其曰能超過幾步廣
川也臣曰如波猪江則可以趍過矣多之顧其左右而吐舌一
初五日朝孟乃持回帖黑段團領三件貂皮六令藍布四疋綿
布四疋而來臣與羅世弘河世國各一件貂皮則臣與羅世弘
各三令布疋則分與姜守春起小茜亦送黑段團領各三件黑
鞍精具三件于臣與羅世弘河世國臣言于孟乃佟羊才曰我
以淵浦軍官只持文書徃復而已有何勾幹膺此兩都督府重

宣祖大王實錄卷之七十二

禮分旣家丁尤極未安承領無名情願及璧歪乃佟羊才各將

臣意分告兩酋兩酋云前者馬臣等歸滿浦時所受扬件儀數

極多馬臣等猶且無辭拜受而來今此軍官如是云則受來

馬臣將置顏於何地下人所給物不足貴只表行賕而已言未

記有一胡來叫馬臣甚急有頃馬臣回言王子云刷還之報不

要他物且要除職若朝鮮除職則賞之以一尺之布猶可受也

如不得除職賞之以金帛而不願也臣荅曰當歸告僉使觀其

意欲以與 上國及我 國結好之意誇示胡人威服諸部也

又曰毛麟衛胡人屢犯貴國地方欲設一陣於雲山越邊凶過

境賊胡如何臣荅曰我 國東北面與胡家通只隔一江故尋

常往來歸順者往往竊發屢興邊警西北面則與胡居相隔數

百里故越境而作賊者無多价有兩耳堂不飽聞我知都督亦

必詳悉馬臣曰然臣曰然則旣知如此而又欲設鎭何耶曰今

則王子統率諸胡諞令進退宣有違越之理臣曰然則上年金

歪斗作賊於南邊當都督管束之初亦且如是他日之事不待

8

見而後可知也則對曰設陣作後日啓釁之端尼當設施若不
善於始必有悔於終然此非我之所可擅斷事勢則如是矣馬
臣未及對歪乃曰設鎮之事且悉於回帖中你其歸告僉使立
等回話遂與臣出城童忽哈邀臣於其家設酌以餞酒至數巡
臣托以日晚而罷忽哈拜別臣於城外一觀回帖中迹篆之
以建州左衛之印一發初七日當還云一正月初四日胡人曰
你以在這裏苦曰俺亦初七日當還蒙古將晚者于內城門外問曰
百餘騎各俱兵器粮餉數斗許建旗出比門乃煙臺及防備憂
攔奸事出去云云用青黃赤白黑各付二幅長可二尺餘初五
日亦如之一初五日臣等出來時波乙古言於馬臣曰欲將熊
皮廳皮賣於滿浦買牛耕田你可言於王子說與軍官馬臣入
告于奴酋奴酋曰朝鮮矛許上京之前价等決不可徑往滿浦
買賣云一十二月二十八日到奴酋城外設柵之木云正月初五日回
尺駕牛輸入者絡繹於道乃外城外設撅之木長可十餘
還時見之則運入之數倍於前日役軍則三四日程內部落每

一戸計其男丁之數分番赴役每名輪十条云一奴兒哈赤小
兒哈赤同毋毛兒哈赤異毋云一奴酋不肥不瘦軀幹壯健臭
直兩大面鐵而長一頭戴貂皮上防耳掩防上釘象毛如拳許
又以銀造蓮花臺上作人形亦餙于象毛前諸將所戴亦一
樣矣一身穿五緣龍文天益上長至膝下長至足背裁剪貂皮
以為緣餙諸將亦有穿龍文衣緣餙則或以貂或以水
獺或以山鼠皮一護項以貂皮八九令造作一腰繫銀入絲金
帶佩帨巾刀子礪石獐角一条物等一足納鹿皮兀剌靴或黃色
或黑色一胡俗皆剃髮只留腦後小許上下二条辮結以垂口
毘亦留左右十餘莖餘皆鑷去一奴酋除拜都督十年龍虎將軍
三年云一奴酋出入別無執器械軍牢等引路只諸將或二或
四作雙奴酋騎則騎步則步而前導餘皆或先或後而行一小
酋體胖壯大面白兩方耳穿銀環脲色與兄一樣矣一奴酋自
其家南距大吉號里一日程北距如許向路一日程各設一堡
西距遼東向路一日程設十堡將則以酋長之在城中者定送

滿一年相遞軍則以各堡附近部落調送十日相遞云一奴酋

除遼東近慶其餘北東南三四日程內各部落酋長聚居于城

中動兵時則傳箭於諸酋各領其兵軍器軍糧使之自備兵之

多寨則奴酋定數云一奴酋諸將一百五十餘名小酋諸將四

十餘名皆以各部酋為之而率居於城中一煙臺人并家口

二戶入接滿一年遞番糧餉等計其人數每朔奴酋備送云一

煙臺報變時不用煙火只擊木梆以隣臺相准為限相准則輒

去問之則煙臺為望事進去云頗有怨苦之狀時取用不

走避匿恐被賊害也云一路一胡載其家藏雜物並家屬而

落例置屯田使其部酋長掌治耕穫因置其處而瞰

於城中積置云一奴酋於大吉號里越邊朴達嶺北邊自上

年欲置屯田云一大吉號里越邊忍川童阿農幕而自上年永

為荒棄云問其由則曰道路遼遠故也阿下在奴酋城中一田

地品膏則粟一斗落種可穫八九石瘠則僅得一石云一秋收

後不即輸入埋置於田頭至氷凍後輸入云一胡人皆逐水而

11

居故胡家多於川邊必於山谷一胡家於屋上及四面并以粘

泥厚塗故雖有火灾只燒盖草而已一家皆畜鷄猪鵝鴨羔

羊之屬一胡人持弓矢甲冑糗粮去来来連絡於道乃是出

入番云而都是殘劣一無壯勇一奴酋不用刑杖有罪者只以

鳴鏑箭脫其衣而射其背随其罪之輕重而多少之亦有打腮

之罰云一清河堡将備酒肉以人夫六七名十二月二十八日

領送于奴酋乃歲遺云一撫順唐通事言奴酋撒毀遼東官拿其次将唐古

則曰清河堡新設烟臺奴酋自欲撒毀遼東官拿其次将唐古

里棍二十還送後應奴酋嗔恠将銀子伍百兩慰解其心令俺

先告此意云一唐通事言奴酋每請銃筒於遼東而不許云一

上午南道生釁時古未介酋長金歪斗領兵入寇云歪斗父周

昌哈向化於我國賜姓名金秋有蠱司僕在京時仕八九年挖

以其父歸見事還其故土仍不出来云自奴酋家距古未介六

日程一胡人等言在前日胡人之尼有出入者必佩持弓矢

以避相侵害搶掠之患自王子管束之後遠近行走只持馬鞭

王子威德無所議擬或言前則一任自意行止亦且田獵資生
今則既束行止又納所獵雖畏彼不言中心豈無怨苦云一奴
酋聚兵三千合冰即時一運由末乙巨嶺出高山里一運由列
於嶺出加乙軒洞以復渭原之讐因遼東官及余相公之宣諭
罷兵一渭原操蔘胡人等奴酋乃令其各部落刷出每名或
牛一隻或銀十八兩徵收以贖其私自越江之罪其中貧不能
措備銀與牛者則並家口拿去使喚云一臣留在親自咍家時
有胡人四五來到臣欲聞其語令通事佯醉臥而竊聽之一
胡問于親自咍曰今此軍官何幹而來咨曰為兩國如一國兩
家如一家而來且將文書來告其國治渭原管兵官之罪此後
各守封疆無相侵犯之意一胡曰朝鮮多詐安知解氷前姑為
信使之往來以綏吾師乎且朝鮮人刘草伐木田獵於我國地
方我國所獲者亦皆搶奪而去酋長童姜求里之孫何禁我們使
不得採蔘也云一溫火衛都酋長童姜求里之孫甬下下領兵
千餘一同守城今則罷去云甬下下守城時所領坡山時番小

乙可厚地呀樞應古等六部落皆屬溫火衛云一溫火衛馬老

部落酋長童打夫領兵與南下往在奴酋城留七朔今始罷

歸云一馬臣将上京之事問於臣臣荅曰我國恪守 天朝法

令此等事必須 奏聞 天朝許之則行不許則不可

臣曰楊大朝亦言衜阻云楊大朝以余相公夜不收與河世國

行馬臣曰事苟如是著得上京途路如何臣荅曰路遠且險馬

往來虜中者也一馬臣曰你國沿海地面留置降倭云然耶臣

曰然馬臣曰其數幾何臣荅曰約五六千馬臣曰緣何留置沿

江地面臣荅曰倭奴慕義行降我國皆給與衣食俾得安插渠

輩感恩懷惠留住邊上為國禦侮我國嘉其誠欵分置沿江

諸郡矢馬臣曰倭子等狀貌壮大云然耶臣曰形體甚小䑲潜

行草間放丸必中否馬臣曰雖且小䑲中否臣曰倭銃能中飛鳥

故曰鳥銃馬臣出鐵盃以示曰能透得這盃否臣曰鳥銃放丸

能穿兩重真木防牌籠以薄鐵者透過此盃何足道哉馬臣曰

豈至於此乎諸胡之立於左右者皆相顧愕然一小酋云日後

价儉使若有送禮則不可高下於我兄弟云一建州衛自西遼

東界東至蔓遮部落以我國地方准計期西自昌城東止高山

里左衛也老江上右衛海西衛地界云一溫火衛西自黎坡部

落東止古未介部落云一毛降衛咸鏡北道越邊云一蒙古車

上造家以毳為幕飢則食膻肉渴則飲酪漿後播黍粟蜀秋諸種又

多聚人馬於平野累累使之踐躙糞穢後播黍粟蜀秋諸種又

使人馬踐躙至耘治收獲時令軍人齊力云一蒙古皆菁毛

皮衣一毛麟衛酋胡老佟以戰馬七十疋徵皮百餘令為禮一自

二月初生投降云一馬臣言衛凡三十而投屬者二十餘云十

老酋城至蒙古王剌八斤座慶東北距一月程次特晚者

部落十二日程沙割者忽可果乙者尼馬車諸億時五部落北

距十五日程皆以今年投屬云剌溫東北距二十日程兀剌北

距十八日程白頭山東距十月程云一如許酋長夫者羅里兄

柰慮奴酋強盛請蒙古王剌八兀剌酋長夫者太等兵癸巳九

月柬侵奴酋率兵匝戰於盧諸部落如許兵大敗夫者戰死羅

15

里逃還夫者投降呀獲人畜甲冑不可勝計奴酋選呀獲蒙古
人二十被錦衣騎戰馬使還其巢穴二十人歸言奴酋咸德故
剌八令次將晩者等二十餘名率胡百餘人持戰馬百疋束馳
十頭來戲馬六十疋與奴酋馬四十疋馳四頭與小酋
其特領等奴酋皆厚待給與錦衣自奴酋家北距諸三息
云一夫者太投降後其兄晩太以馬百疋欲贖其弟而奴酋不
許晩太以此亦為投屬云夫者太在奴酋城中第三年其家屬
上下并二十餘名十二月望前始為率束云一如許胡人多晝白㾄衣一
兵大敗後遠近諸部相繼投降云一十二月二十九日小酋家
諸胡中蒙古如許兀剌等最強云
有一小兒自言甘坡人正月初四日女人福只自言以臨海君
婢壬辰年在鏡城與班奴朴其土里被擄轉賣來此云初六日
止宿于童愁沙里部落時見一男子自言吾村甲士朴彦守壬
辰年八月胡人三十餘人不意突入與裴守難河德仁崔莫孫
等一時被擄踰白頭山西麓三日半到卧乙可部落不十日

16

轉賣於汝延牙叱大家前年冬又來于奴首城内童昭史家以

穀物載来事来此云自卧乙可至汝延八日程其間并無人家

自汝延至奴首城六八日程云臣過此三人皆欲細詢虜情

其所聞見者而問答之際恐生胡人疑慮之心只令下人盤問

而臣則似亦不聞者然胡人等亦吽還那人使不得久留矣一

前日馬臣佟羊才滿浦曾受賞物盡為奴酋兄弟所奪渠輩亦

有不平之色矣○上教政院曰觀申忠一以慮情詗探事中往來者書啓

老乙可赤之勢極為非常終必有大可憂者今年則頼兵判運籌

決策姑得以無事矣然安知來冬不為侵軼今天下南北有此

大賊此天地間氣化之一憂者我國介於其間腹背受敵所謂

又疥且痔豈不寒心双今凡干防備盡力措置必修築山城積

穀鍊兵鎮堡之不可守者改之勿以姑息而憚焉形勢之可以

據險處築之勿以新設而難焉守令邊將不可不擇差將士軍

民不可不撫循晝夜規畫蓄力而待之或可免於鯨吞豕突

之患未可知也此係都體察使所管地方不可尋常泛然會議

건주기정
建州紀程

《선조실록》 권71, 41a~49a.

여기서부터 영인본을 인쇄한 부분입니다. 이 부분부터 보시기 바랍니다.

역주자 신해진(申海鎭)

경북 의성 출생
고려대학교 국어국문학과 및 동대학원 석·박사과정 졸업(문학박사)
현재 전남대학교 인문대학 국어국문학과 교수
BK21플러스 지역어 기반 문화가치 창출 인재양성 사업단장
인문학연구원장

저역서 『심양왕환일기』(보고사, 2014)
       『심양사행일기』(보고사, 2013)
       이외 다수의 저역서와 논문

건주기정도기 建州紀程圖記

2017년 11월 16일 초판 1쇄 펴냄

지은이 신충일
역주자 신해진
펴낸이 김흥국
펴낸곳 도서출판 보고사

책임편집 이경민
표지디자인 손정자

등록 1990년 12월 13일 제6-0429호
주소 경기도 파주시 회동길 337-15 보고사 2층
전화 031-955-9797(대표)
       02-922-5120~1(편집), 02-922-2246(영업)
팩스 02-922-6990
메일 kanapub3@naver.com/bogosabooks@naver.com
http://www.bogosabooks.co.kr

ISBN 979-11-5516-748-9 93910
ⓒ 신해진, 2017